土木・環境系コアテキストシリーズ E-7

公共事業評価のための経済学

石倉智樹・横松宗太 共著

コロナ社

土木・環境系コアテキストシリーズ 編集委員会

編集委員長

Ph.D. 日下部 治 (東京工業大学)
〔C：地盤工学分野 担当〕

編　集　委　員

工学博士　依田 照彦 (早稲田大学)
〔B：土木材料・構造工学分野 担当〕

工学博士　道奥 康治 (神戸大学)
〔D：水工・水理学分野 担当〕

工学博士　小林 潔司 (京都大学)
〔E：土木計画学・交通工学分野 担当〕

工学博士　山本 和夫 (東京大学)
〔F：環境システム分野 担当〕

2011 年 3 月現在

刊行のことば

　このたび，新たに土木・環境系の教科書シリーズを刊行することになった。シリーズ名称は，必要不可欠な内容を含む標準的な大学の教科書作りを目指すとの編集方針を表現する意図で「土木・環境系コアテキストシリーズ」とした。本シリーズの読者対象は，我が国の大学の学部生レベルを想定しているが，高等専門学校における土木・環境系の専門教育にも使用していただけるものとなっている。

　本シリーズは，日本技術者教育認定機構（JABEE）の土木・環境系の認定基準を参考にして以下の6分野で構成され，学部教育カリキュラムを構成している科目をほぼ網羅できるように全29巻の刊行を予定している。

　　　A分野：共通・基礎科目分野
　　　B分野：土木材料・構造工学分野
　　　C分野：地盤工学分野
　　　D分野：水工・水理学分野
　　　E分野：土木計画学・交通工学分野
　　　F分野：環境システム分野

　なお，今後，土木・環境分野の技術や教育体系の変化に伴うご要望などに応えて書目を追加する場合もある。

　また，各教科書の構成内容および分量は，JABEE認定基準に沿って半期2単位，15週間の90分授業を想定し，自己学習支援のための演習問題も各章に配置している。

　従来の土木系教科書シリーズの教科書構成と比較すると，本シリーズは，A

刊行のことば

分野（共通・基礎科目分野）にJABEE認定基準にある技術者倫理や国際人英語等を加えて共通・基礎科目分野を充実させ，B分野（土木材料・構造工学分野），C分野（地盤工学分野），D分野（水工・水理学分野）の主要力学3分野の最近の学問的進展を反映させるとともに，地球環境時代に対応するためE分野（土木計画学・交通工学分野）およびF分野（環境システム分野）においては，社会システムも含めたシステム関連の新分野を大幅に充実させているのが特徴である。

科学技術分野の学問内容は，時代とともにつねに深化と拡大を遂げる。その深化と拡大する内容を，社会的要請を反映しつつ高等教育機関において一定期間内で効率的に教授するには，周期的に教育項目の取捨選択と教育順序の再構成，教育手法の改革が必要となり，それを可能とする良い教科書作りが必要となる。とは言え，教科書内容が短期間で変更を繰り返すことも教育現場を混乱させ望ましくはない。そこで本シリーズでは，各巻の基本となる内容はしっかりと押さえたうえで，将来的な方向性も見据えた執筆・編集方針とし，時流にあわせた発行を継続するため，教育・研究の第一線で現在活躍している新進気鋭の比較的若い先生方を執筆者としておもに選び，執筆をお願いしている。

「土木・環境系コアテキストシリーズ」が，多くの土木・環境系の学科で採用され，将来の社会基盤整備や環境にかかわる有為な人材育成に貢献できることを編集者一同願っている。

2011年2月

編集委員長　日下部　治

まえがき

　本書の大部分は経済学の理論に依拠する内容であるが，想定している読者層は，経済学部の学生や経済学者ではなく，土木工学・環境工学およびこれらに関連する学部に所属する学部上級生，大学院生や，公共事業評価に携わる実務者などである．本書は，経済学部のテキストとして一般的な"公共経済学"とは内容が異なり，経済学の一応用分野としてではなく「社会基盤政策≒公共政策」という視点から，工学的に経済分析の応用を必要とする場面，特に社会基盤政策の計画と評価の場面において必要とされる知識と技術を学ぶという立場に立っている．

　まず，これらの想定読者層が直面している，あるいは卒業後に直面するであろう実務的状況について説明しよう．土木（社会基盤）分野に関連する公共投資プロジェクトの実施に際して，事業の是非や必要性に対する社会からの視線は厳しさを増している．プロジェクトの計画においては，プロジェクトがもたらす効果の評価もあわせて提示することが要求されるようになり，費用対効果分析，費用便益分析は，計画のプロセスに組み込まれつつある．このため，土木分野における公共投資プロジェクトに携わる者にとって，プロジェクト評価に関する知識の重要性が高まっている．そして，投資評価のために必須ともいえる知識が経済学の理論である．以上を踏まえ，本書は，土木分野における公共事業評価において要求される知識や技術を学ぶことを基本的な目的としている．

　また，経済学と土木工学は，どちらも人間社会を支えるための学問である点と，どちらも資源や技術の制約がある中での最適化を考えるという数理的基礎を土台にしている点において共通している．したがって，土木技術者が土木工学を修めるために経済学を学ぶことは自然な道筋ともいえる．

まえがき

本書は大きく分けて，基礎的なミクロ経済学の理論，費用便益分析の理論と手法，費用便益分析の周辺領域をなす経済分析手法という三つの部分から構成されている。経済学の専門書では，ミクロ経済理論のテキスト，費用便益分析のテキスト，公共経済学のテキストなど，それぞれ専門の内容に特化したものが標準的である。大学での講義科目を考えると，経済学部や経済学専攻では，例えば，ミクロ経済学，マクロ経済学，計量経済学，公共経済学などのように，経済学の中での専門分野ごとに科目が提供される。ところが，土木工学・環境工学の学部，大学院においては，経済学の知識を提供する講義科目数は専門課程内で多くても2科目であり，土木計画学や交通計画などの講義科目内での一部内容として取り扱われることや，場合によっては卒業・修了までいっさい経済学に触れることがないという状況すらありうるのである。そして，公共投資プロジェクト評価に関する実務に携わったときに，いきなり経済学の理解を要求されるという場面に遭遇する。このような背景があるため，土木工学・環境工学出身の人には，経済学とはハードルが高いもの，なにやらよくわからない理論を振りかざすもの，といった認識を持つ人がいることは否定できない。

そこで本書は，大学での1学期の講義期間において，公共投資プロジェクト評価に必要となる最小限の知識を提供できるよう，実際の公共投資評価に密接に関連する内容に絞り込むことを心がけた。また，実務者にとっても，数冊の専門的テキストを読破するよりも容易に，費用便益分析などの公共投資評価に直結する内容を学べるような入門書となることを意識した。もちろんその代償として，経済学をより深く理解したい方にとって，各章の内容が"薄い"ものになっていることは否めない。幸いなことに，前述のように経済学のテキストには各専門分野に特化した多くの良書が存在し，本書でも適宜参照している。さらに高度な知識を習得したい読者は，本書のレベルを飛び越えて，ぜひチャレンジしていただきたい。

最後に，本書執筆の機会を与えてくださった京都大学・小林潔司先生，辛抱強く編集にご尽力いただいたコロナ社の皆様に心よりの感謝の意を表します。

2013年4月

石倉智樹，横松宗太

目 次

1章 社会基盤政策と経済学

1.1 なぜ土木技術者が経済学を学ぶのか　*2*
1.2 本書が扱う範囲　*4*

2章 消費者行動

2.1 家計の選好　*7*
2.2 効用最大化問題　*9*
2.3 支出最小化問題　*12*
2.4 需要関数の性質　*14*
　演習問題　*20*

3章 生産者行動

3.1 企業活動の目的と制約　*22*
3.2 生産関数と限界生産性　*23*
3.3 利潤最大化問題　*25*
3.4 費用最小化問題　*28*
3.5 費用関数の性質　*29*
3.6 固定費用，サンク費用と供給関数　*34*
　演習問題　*38*

4章 完全競争市場

4.1 完全競争市場の均衡　　40

4.2 純粋交換経済における均衡　　42

4.3 生産経済における均衡　　46

4.4 パレート効率性　　48

4.5 厚生経済学の基本定理　　51

演習問題　　54

5章 不完全競争市場

5.1 独占と寡占　　56

5.2 独占市場の均衡　　57

5.3 独占の要因と規制　　58

5.4 寡占市場の均衡　　62

5.5 製品差別化と独占的競争　　64

演習問題　　67

6章 公共プロジェクトの必要性

6.1 市場の失敗と公共プロジェクト　　69

6.2 公共財の概念　　70

6.3 公共財の供給　　73

6.4 大規模性と長期性　　75

6.5 政府の失敗と公共プロジェクト評価　　75

演習問題　　77

7章 経済評価の指標

7.1 評価指標の合理性　　79

7.2 便益の定義：等価変分と補償変分　　79

  7.2.1 等価変分と補償変分の定義　　79

　　　　7.2.2　等価変分と補償変分の関係　*82*

　7.3　消 費 者 余 剰　*83*

　演 習 問 題　*88*

8章　費用便益分析の基礎

　8.1　費用便益分析の基本的な考え方　*90*

　8.2　便益の発生と帰着，効率性と公平性　*91*

　　　　8.2.1　発生ベースの評価手法　*91*

　　　　8.2.2　帰着ベースの評価手法　*92*

　8.3　パレート効率性と補償原理　*94*

　8.4　割引率と現在価値　*97*

　8.5　費用便益分析の指標　*99*

　　　　8.5.1　便益と費用の現在価値　*99*

　　　　8.5.2　純現在価値法　*100*

　　　　8.5.3　内部収益率法　*101*

　　　　8.5.4　費 用 便 益 比　*101*

　演 習 問 題　*103*

9章　費用便益分析の実践と応用

　9.1　費用便益分析の実践　*105*

　9.2　二重計測の問題と直接・間接効果　*106*

　9.3　需 要 予 測　*109*

　9.4　費用便益分析のマニュアル　*113*

　9.5　非市場財の便益計測手法　*114*

　　　　9.5.1　CVM　*114*

　　　　9.5.2　旅 行 費 用 法　*116*

　　　　9.5.3　ヘドニックアプローチ　*117*

　演 習 問 題　*119*

10章 不確実性

- 10.1 土木計画と不確実性　*121*
- 10.2 ベイズの定理　*122*
- 10.3 期待値原理　*125*
- 10.4 期待効用理論　*126*
- 10.5 プロジェクトの便益指標　*130*
- 10.6 リアルオプションアプローチ　*133*
- 演習問題　*136*

11章 長期の社会基盤政策

- 11.1 社会基盤の長期的特性　*139*
- 11.2 アセットマネジメント　*140*
- 11.3 社会資本の生産性　*141*
- 11.4 経済成長理論と社会基盤　*142*
  - 11.4.1 ソローモデル　*142*
  - 11.4.2 最適成長モデル　*146*
  - 11.4.3 内生的成長理論と社会資本のマネジメント　*149*
- 演習問題　*150*

12章 国民経済計算と産業連関表

- 12.1 国民経済計算の役割と体系　*152*
  - 12.1.1 SNA体系　*152*
  - 12.1.2 生産勘定　*153*
  - 12.1.3 所得支出勘定　*155*
  - 12.1.4 蓄積勘定　*155*
  - 12.1.5 勘定行列形式　*156*
- 12.2 産業連関表　*159*

12.3 地域と地域間の産業連関表　*161*
演 習 問 題　*164*

13章　産業連関分析と応用一般均衡分析

13.1 産業連関分析の基礎　*166*
 13.1.1 産業連関分析の考え方と基本的なモデル　*166*
 13.1.2 レオンチェフ逆行列の意味　*168*
 13.1.3 輸入を考慮した産業連関モデル　*169*
 13.1.4 産業連関分析の課題　*171*
13.2 応用一般均衡分析　*173*
 13.2.1 応用一般均衡モデルの理論と定式化　*173*
 13.2.2 応用一般均衡分析の適用　*178*
演 習 問 題　*179*

14章　さらに進んで勉強する人のために

14.1 外　部　性　*181*
14.2 公共財の私的供給　*184*
14.3 世代重複モデルと動学的効率性　*190*
14.4 おわりに ― 土木エンジニアによる経済分析　*197*
演 習 問 題　*198*

引用・参考文献　*200*
演習問題解答　*207*
索　　　　引　*219*

1章 社会基盤政策と経済学

◆本章のテーマ

社会基盤の意味や経済学の基礎的概念を踏まえて，社会基盤の政策を考えるために，なぜ土木技術者が経済学を学ぶ必要があるのかについて概説する。本書がカバーする内容についても概観する。

◆本章の構成（キーワード）

1.1 なぜ土木技術者が経済学を学ぶのか
    社会基盤，経済学，最適化
1.2 本書が扱う範囲
    政策評価

◆本章を学ぶと以下の内容をマスターできます

☞ 社会基盤とはなにか
☞ 経済学とはどのような学問か
☞ なぜ土木技術者が経済学を学ぶのか

1.1　なぜ土木技術者が経済学を学ぶのか

　土木という言葉から連想されるものはなにか。例えば，道路，鉄道，港湾，空港など交通社会基盤や，電力や通信のネットワークなどが挙げられる。また，橋梁，トンネル，上下水道などの構造物，鉄鋼やコンクリートなどの建設材料，河川，海岸，地盤などの自然，さらには防災，環境保全，都市計画・国土計画なども，「土木」が対象とする範疇に入るであろう。

　これらはいずれも，**社会基盤**（infrastructure）施設に関わるという共通点を持つ。社会基盤をなす構造物や部材・材料はもちろんのこと，上で挙げた河川，海岸，地盤は，社会基盤施設が立地するところであり，また治水，治山などにおいて社会基盤施設が向き合う対象でもあるので，社会基盤と密接に関連する分野である。防災，環境保全は，目指すべき社会の状態や，それを実現するための行為を指すものであり，そのどちらに対しても社会基盤が果たす役割は大きい。そして，都市や国土は，社会基盤によって支えられる，人々の社会的組織体そのものである。

　「社会基盤」の英語での対訳は "infrastructure" であるが，これはラテン語で「下に」「下部に」を意味する "infra" という接頭辞と構造 "structure" が結び付いた単語である。すなわち，直接的に訳すと「下部構造」であり，産業活動や社会生活の基盤となる（支えとなる）施設・構造物という多くの人が抱く社会基盤のイメージそのものを表しているともいえよう。土木工学の分野では，こうした定義をもって社会基盤を捉えられることがほとんどであるが，これは狭義の infrastructure の概念でもある。広義には，人間社会を支えるシステムとして捉えることもでき，人間が手を加えていない自然と人間社会との間にある有形無形のものすべてが infrastructure であるとも解釈できる。この意味においては，政府，法律，教育など，必ずしも構造物ではない制度的なものも含まれうる。

　社会基盤の範囲を狭義に捉えたとしても広義に捉えたとしても，人間社会を支えるという本質的な意義に変わりはない。学問分野において，人間社会を対

象とする科学は「社会科学」の分野とされ，自然の理を対象とする「自然科学」の分野と区別して扱われる。したがって，社会基盤と人間社会との関連が，社会科学の対象となることも，容易に理解できるであろう。おもな社会科学の分野として，一般には経済学のほかに法学，哲学，心理学などが挙げられるが，中でも経済学は，高度に体系化された理論的枠組みに基づくことから「社会科学の女王」と称されることもある†。

　経済 "economy" の語源は，ギリシャ語の "oikonomia"（オイコノミア）という言葉であるが，これは家を意味する "oikos" と法やルールを意味する "nomos" を組み合わせてできたものであり，家政術や家計術としての意味を持っている。その後，国家の経済活動を対象とする言葉として，英語では political economy が用いられるようになり，これを 18 世紀末に経済学者マーシャル（Alfred Marshall）が economics という語で呼んだことから，経済学としての意味を持つ "economics" という単語が誕生したといわれている。日本では，福沢諭吉が political economy を「經濟と譯す」としたことが，「経済学」が economics の訳語となったきっかけである。「経済」は，古い中国の言葉である「経世済民」または「経国済民」の略語であるといわれ，世をおさめ（治め：経）民をすくう（救う：済）という意味で用いられる。このことだけでも，経済学の本来の意義と，社会基盤を以て世を支えるという土木工学の目的とは，もともと合致することがわかる。

　また，経済学の理論は，有限の資源をどのように配分すれば最適となるかという**最適化理論**（optimization theory）の概念を中心として成り立っており，資源配分の科学と表現することもできる。例えば，個人や組織の行動規範を理論として模写するミクロ経済理論では，限られた予算の中での最適な消費計画，一定の生産技術の制約下での生産費用の最小化といった経済活動が扱われ，これらが経済モデルとして理論化されている。社会基盤（施設）も人間社会のために作られた施設・構造物であるので，人間社会が作り，人間社会が費用を負担して，人間社会が恩恵を被るものである。そのため，限られた財源，人的資源，時間資源を使って，どのように社会基盤の政策を決定すべきかを考えるこ

---

† このことに批判的な意見もある。

とが求められる．社会基盤の政策とは，計画，建設，運営，維持管理，更新，廃棄など，人の手によって社会基盤の状態を変えることすべてが含まれる．このように捉えると，社会基盤の政策においても，さまざまな場面で最適化を考える必要性があることと，それゆえ経済学の理論とも親和性が高いことが理解できるであろう．

1.2　本書が扱う範囲

　社会基盤政策の実務において，最も経済学が適用されることが多い場面は，政策評価であろう．政策評価とは，政策を実施すべきか，複数の政策代替案からどれを選択すべきかといった政策実施の判断が求められるときに，政策によって社会経済にどのような変化がもたらされるか[†]を評価することである．「評価」を文字どおりに，「価値」を「評する」こととして捉えるならば，政策を実施することの価値を算出することが必要とされるが，これは社会基盤政策の**費用便益分析**（cost benefit analysis）として位置付けられる．そこで，本書においても，費用便益分析を核として，その基礎となるミクロ経済理論，便益計測の理論，実務における実際の応用状況に関する内容を中心に据えている．

　種々の公共政策分野の中で，土木分野の公共事業，特に交通社会資本整備事業は，費用便益分析の適用を最も積極的に推進してきた分野でもある．そこでは，多くの費用便益分析の適用事例が蓄積され，単なる経済理論の応用先としてだけではなく，現実の費用便益分析事例から発見された新たな課題が，手法論の研究におけるシーズとしてフィードバックされることもある．本書では，そうした土木分野での費用便益分析の実践に関わる内容も豊富に扱っている．

　8章で詳しく解説されるが，一般的な費用便益分析は，政策に要する費用と政策の効果（を貨幣価値換算した便益）を比較し，その政策が費用面でのデメリット以上にメリットをもたらすかどうかのみを問題とする．このことは，効率性の面からの政策評価と呼ばれ，政策を実施することが社会の資源を効率的に活

[†] 事後評価においては，どのような変化がもたらされたかが問題となる．

用しているかどうかのテストであると解釈できる。しかし，費用便益分析が示す情報は，あくまで狭義の政策評価である。実際の政策実施判断において，効率性以上にしばしば問題となるのは，当該政策によって，いつの，どこの，だれに，どれだけの影響が及ぼされるのかである。これらを考慮することは，広義の政策評価といえるものであり，効率性という一側面だけで判断できるものではない。例えば，交通システムの整備は，利便性が高まるその沿線に対して望ましい効果をもたらす一方で，整備対象外の地域に対しては，人口や産業の流出をもたらす可能性もある。特に，施設立地により近隣にマイナスの影響が生じる施設整備政策においては，NIMBY（not in my back yard）や総論賛成各論反対といった地域間や個人間・組織間コンフリクトの存在が，政策判断を困難にすることが多い。このような政策の評価に際して，是非の客観的判断が困難であっても，政治的には判断を下さなければならない場面は数多くある。本書では，そうした判断の材料となる情報を得るためのいくつかの経済分析手法についても言及している。

　そのほかにも，社会基盤が持つ長期性という特徴，災害リスクなどわれわれが直面する不確実性，分析の基礎となる経済統計データなど，社会基盤政策に関係が深い経済学的トピックスが本書で扱われる。本書は，経済学部のテキストとして一般的な「公共経済学」とは内容が異なる。経済学の一応用分野としてではなく，「社会基盤政策≒公共政策」という視点から，社会基盤政策に携わる者が，工学的に経済分析の応用を必要とする場面，特に社会基盤政策の計画と評価を想定し，それに密接に関わる内容を学ぶことが本書の目的である。

　このため，学術分野としての経済学自体を深く学ぶためには，筆者らもより専門的なテキストが適当であると考えている。本書のところどころでそうした高度なテキストを紹介しているので，より深く学びたい読者はぜひ参照していただきたい。

2章 消費者行動

◆本章のテーマ

本章では消費者理論の基礎を学ぶ。効用最大化問題において需要関数を，支出最小化問題において補償需要関数を導き，両者の関係について理解する。また，需要関数の性質を調べる。価格の変化が財のマーシャル需要に与える効果は，代替効果と所得効果に分解される。その関係はスルツキー方程式によって記述される。また，財やサービスは，価格や所得の変化に対する需要量の増減によってさまざまな分類がなされる。それらの反応の度合いを示す指標として弾力性が用いられる。

◆本章の構成（キーワード）

2.1 家計の選好
  合理性，効用関数，限界効用
2.2 効用最大化問題
  需要関数，間接効用関数
2.3 支出最小化問題
  補償需要関数，支出関数
2.4 需要関数の性質
  需要曲線，代替効果，所得効果，スルツキー方程式，弾力性

◆本章を学ぶと以下の内容をマスターできます

☞ 家計の問題と合理的な行動は，数式を用いてどのように表現されるのか
☞ 効用最大化問題から需要関数と間接効用関数を導くことはできるか
☞ 支出最小化問題から補償需要関数と支出関数を導くことはできるか
☞ 代替効果と所得効果とはなにか
☞ 正常財，ギッフェン財，上級財，下級財とはなにか

2.1 家計の選好

経済学では消費者の単位として**家計**(household)を扱うのが一般的である。家計とは生計をともにする，すなわち資金制約を共有する個人のまとまりを意味し，その代表例は個人や世帯である。そして土木計画のための経済分析では，多くの場合において完全に**合理的**(rational)な家計を想定する。家計が合理的であるとは，利用できる情報を正しく理解して，自分自身が財・サービスの消費から得る満足や，そのための支出に関して，完全な計算ができることをいう。しかし，この想定はしばしば非現実だとの批判を受ける。経済学における人間像に関しては，これまでに膨大な哲学的な思索がなされており，それらは本書の域を超えるものである。さしあたり以下のように考えればよいであろう。土木計画のための経済分析では合理的な家計を想定するが，このことは必ずしも現実のすべての家計が完全に合理的だと主張しているわけではない。インフラの整備をはじめとした土木計画の効果を評価するための代表的人物像を一つ想定しなければならないときに，完全合理的な家計を想定するほかに方法はないと考えているからである。すなわち，合理的な家計が「自分でできることはきちんとした」上で自力では到達できないような消費や活動のレベルが，新たな土木プロジェクトの目的となり，それらの評価額を当該プロジェクトの便益と考えるという論理に依拠しているわけである。

財・サービスの消費から得る満足のことを**効用**(utility)という。また，n種類の財・サービスの消費量の組み合わせを，ベクトルを用いて$\boldsymbol{x}=(x_1,x_2,\cdots,x_n)$と表すとき，$\boldsymbol{x}$の消費を1次元の効用水準$u$に対応付ける関数を**効用関数**(utility function)という。すなわち効用関数$U(\cdot)$により$u=U(\boldsymbol{x})$が計算される。2種類の財$\boldsymbol{x}=(x_1,x_2)$の場合，効用関数のグラフは**図2.1**(a)のように描かれる。また，図2.1(b)は図2.1(a)を$x_2=\bar{x}_2$の断面で切った(x_1,u)平面である。このグラフで$x_1=x_1^0$における傾きは

$$\mathrm{MU}_1(x_1^0,\bar{x}_2)=\left.\frac{\partial U(x_1,\bar{x}_2)}{\partial x_1}\right|_{x_1=x_1^0} \tag{2.1}$$

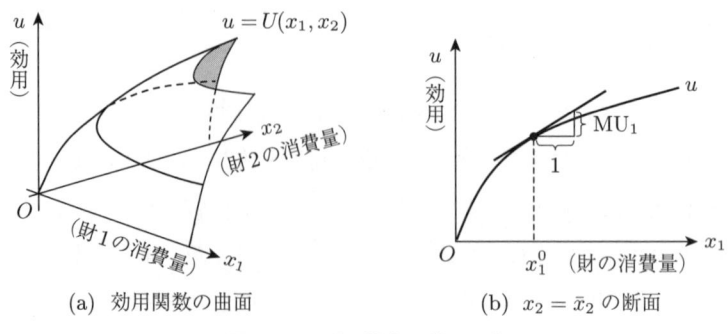

(a) 効用関数の曲面　　　　(b) $x_2 = \bar{x}_2$ の断面

図 **2.1**　2 財の場合の効用関数

に相当し，**限界効用**（marginal utility）と呼ぶ．なお，経済学における「限界」とは「追加的 1 単位の」という意味であり，$\mathrm{MU}_1(x_1^0, \bar{x}_2)$ は $(x_1^0, \bar{x}_2)$ のところから財 1 を追加的に 1 単位消費するときの効用の増分を意味している．図 2.1 (b) のグラフは右上がりの曲線であるが，その傾きは徐々に小さくなっている．そこに見るように，通常，限界効用は減少していく．つまり，ケーキをたくさん食べるほど，さらなる 1 個のケーキの効用は下がっていく．数式で表すと，$\partial^2 U(x_1, \bar{x}_2)/\partial x_1^2 < 0$ が任意の $\bar{x}_2$ の断面で成立する．

また，**図 2.2** は図 2.1 (a) を水平に切ったときの (x_1, x_2) 平面である．$u = u^0$ 断面に対応する曲線は $U(x_1, x_2) = u^0$ を満たす (x_1, x_2) の軌跡であり，**無差別曲線**（indifference curve）と呼ばれる．「無差別」とは，この曲線上の組み合わせは効用水準が同一であるため「どれでもよい」という意味である．任意の (x_1^1, x_2^1) における無差別曲線の傾きは，$U(x_1, x_2) = u^0$ の全微分が 0 となる式を整理することによって，以下のように表される．すなわち

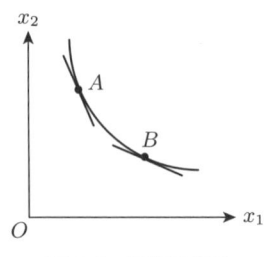

図 **2.2**　無差別曲線

$$dU(x_1, x_2) = \frac{\partial U(x_1^1, x_2^1)}{\partial x_1}dx_1 + \frac{\partial U(x_1^1, x_2^1)}{\partial x_2}dx_2 = 0$$

$$\Leftrightarrow \left.\frac{dx_2}{dx_1}\right|_{u=u^0} = -\frac{\mathrm{MU}_1(x_1^1, x_2^1)}{\mathrm{MU}_2(x_1^1, x_2^1)} = -\mathrm{MRS}(x_1^1, x_2^1) \qquad (2.2)$$

$\mathrm{MU}_i(x_1^1, x_2^1)$ $(i=1,2)$ は，式 (2.1) に示すように，(x_1^1, x_2^1) における財 i の限界効用を表している．したがって，無差別曲線の傾きの大きさは2財の限界効用の比で与えられ，その比を**限界代替率**（marginal rate of substitution, MRS）と呼ぶ．無差別曲線は通常，原点に向かって凸となる．なぜなら，図 2.2 で同じ無差別曲線上の点 A と点 B を比べると，点 A（点 B）のほうが x_1 が少なく（多く）貴重である（豊富にある）ため，x_1 の限界効用が高い（低い）．よって x_1 を1単位減らすときに補われるべき x_2 の量が多くなくてはならない（少なくてすむ）．ゆえに点 A（点 B）のほうが傾きの絶対値が大きくなる（小さくなる）．

なお，効用関数は，家計の選択に関して，ある集合の中の任意の二つの消費ベクトルを比較することができるという**完全性**（completeness）や，消費ベクトル x よりも y を好み，y よりも z を好めば，x よりも z を好むといえるという**推移性**（transitive）など，いくつかのもっともらしい公理が満たされていれば存在することが証明される．すなわち，効用関数は選択公理から導かれる演繹的な概念である．また，効用水準の意味を心理学的に考えすぎる必要はない．

2.2　効用最大化問題

家計が消費計画を立てる問題を考えよう．ここでは単純化のため，財の種類は2種類 (x_1, x_2) とする．最適消費問題は以下のように表される．

$$\max_{x_1, x_2} U(x_1, x_2) \qquad (2.3)$$

$$\text{subject to}\quad p_1 x_1 + p_2 x_2 \leq I \qquad (2.4)$$

p_1, p_2 はそれぞれ財 1，財 2 の価格であり，I は可処分所得である．式 (2.4) は**予算制約式**（budget constraint）を表す．財を多く消費するほど効用が上がると

き，すなわち選好が**単調性**（monotonicity）を満たすとき，所得を余らせることは無駄であるので，不等式の予算制約式 (2.4) は等式で満たされる。そのことを考慮に入れて，ラグランジュ未定乗数法（method of Lagrange multipliers）により上記の問題を解けばよい。ラグランジュ乗数（Lagrange multiplier）を λ と表すと，ラグランジュ関数 L と最適化条件は以下のようになる。

$$L(x_1, x_2, \lambda) = U(x_1, x_2) + \lambda(I - p_1 x_1 - p_2 x_2) \tag{2.5}$$

$$\frac{\partial L(\cdot)}{\partial x_1} = \frac{\partial U(x_1^*, x_2^*)}{\partial x_1} - \lambda^* p_1 = 0 \tag{2.6}$$

$$\frac{\partial L(\cdot)}{\partial x_2} = \frac{\partial U(x_1^*, x_2^*)}{\partial x_2} - \lambda^* p_2 = 0 \tag{2.7}$$

$$\frac{\partial L(\cdot)}{\partial \lambda} = I - p_1 x_1^* - p_2 x_2^* = 0 \tag{2.8}$$

上付きの "*" は最適解であることを表す。式 (2.6), (2.7) より次式を得る。

$$\mathrm{MRS}(x_1^*, x_2^*) = \frac{\mathrm{MU}_1(x_1^*, x_2^*)}{\mathrm{MU}_2(x_1^*, x_2^*)} = \frac{p_1}{p_2} \tag{2.9}$$

よって，限界代替率は価格比に一致する。このことは (x_1, x_2) 平面上で無差別曲線と予算制約線が接する点に (x_1^*, x_2^*) を選ぶことが最適であることを示している。式 (2.6)～(2.8) を解くことにより，**需要関数**（demand function）$x_1^*(p_1, p_2, I)$, $x_2^*(p_1, p_2, I)$ と，ラグランジュ乗数の最適値 $\lambda^*(p_1, p_2, I)$ を得る。それらは外生的な経済環境 (p_1, p_2, I) の関数になる。このように効用最大化問題で得られる需要関数は，次節で示す補償需要関数と区別する際には**マーシャルの需要関数**（Marshallian demand function）と呼ばれる。効用 $U(x_1^*, x_2^*)$ を全微分し，そこに式 (2.6), (2.7) の関係を代入すると

$$\begin{aligned} dU(x_1^*, x_2^*) &= \frac{\partial U(\cdot)}{\partial x_1} dx_1 + \frac{\partial U(\cdot)}{\partial x_2} dx_2 \\ &= \lambda^* p_1 dx_1 + \lambda^* p_2 dx_2 = \lambda^* dI \end{aligned} \tag{2.10}$$

となり，したがって

$$\lambda^* = \frac{dU(x_1^*, x_2^*)}{dI} \tag{2.11}$$

2.2 効用最大化問題

を得る。よって，ラグランジュ乗数は所得の限界効用を意味することがわかる。より正確にいうと，家計の合理的消費計画によって到達する最大の効用水準が，所得の 1 単位の増加によってさらにどれくらい上昇するかを示している。最適解 $x_1^*(\cdot), x_2^*(\cdot)$ を効用関数 (2.3) に戻すことによって

$$V(p_1, p_2, I) = U(x_1^*(p_1, p_2, I), x_2^*(p_1, p_2, I)) \tag{2.12}$$

を得る。経済環境 (p_1, p_2, I) の関数として表される効用の最大値 $V(p_1, p_2, I)$ を**間接効用関数**（indirect utility function）と呼ぶ。

家計の選好を表す代表的な効用関数の一つに，**コブ=ダグラス型効用関数**（Cobb-Douglas utility function）$U(x_1, x_2) = x_1^\alpha x_2^{1-\alpha}$ がある。これを用いると，需要関数や所得の限界効用，間接効用関数は，以下のように決まる。

$$x_1^*(p_1, p_2, I) = \frac{\alpha}{p_1} I \tag{2.13}$$

$$x_2^*(p_1, p_2, I) = \frac{1-\alpha}{p_2} I \tag{2.14}$$

$$\lambda^*(p_1, p_2, I) = \left(\frac{\alpha}{p_1}\right)^\alpha \left(\frac{1-\alpha}{p_2}\right)^{1-\alpha} \tag{2.15}$$

$$V(p_1, p_2, I) = \left(\frac{\alpha}{p_1}\right)^\alpha \left(\frac{1-\alpha}{p_2}\right)^{1-\alpha} I \tag{2.16}$$

先に間接効用関数が得られているとき，次式によって容易に需要関数を得ることができる。

$$x_i^*(p_1, p_2, I) = \frac{-\dfrac{\partial V(\cdot)}{\partial p_i}}{\dfrac{\partial V(\cdot)}{\partial I}} \quad (i = 1, 2) \tag{2.17}$$

上式は**ロワの恒等式**（Roy's identity）と呼ばれている。証明は以下のように与えられる。

間接効用関数 (2.12) を p_i $(i = 1, 2)$ について微分して，1 階の条件式 (2.6)，(2.7) の関係を代入すると

$$\frac{\partial V(\cdot)}{\partial p_i} = \sum_{j=1,2} \frac{\partial U(x_1^*(\cdot), x_2^*(\cdot))}{\partial x_j} \frac{\partial x_j^*(\cdot)}{\partial p_i} = \lambda^* \sum_{j=1,2} p_j \frac{\partial x_j^*(\cdot)}{\partial p_i} \tag{2.18}$$

となる。また，1階の条件式 (2.8) を p_i について微分すると

$$-x_i^*(\cdot) - \sum_{j=1,2} p_j \frac{\partial x_j^*(\cdot)}{\partial p_i} = 0 \tag{2.19}$$

となる。これを式 (2.18) に代入すると，次式を得る。

$$\frac{\partial V(\cdot)}{\partial p_i} = -\lambda^* x_i^*(\cdot) \tag{2.20}$$

式 (2.18) と同様に，間接効用関数を I について微分すると

$$\frac{\partial V(\cdot)}{\partial I} = \lambda^* \sum_{j=1,2} p_j \frac{\partial x_j^*(\cdot)}{\partial I} \tag{2.21}$$

となる。1階の条件式 (2.8) を I について微分すると

$$1 - \sum_{j=1,2} p_j \frac{\partial x_j^*(\cdot)}{\partial I} = 0 \tag{2.22}$$

となる。これを式 (2.21) に代入すると，次式を得る。

$$\frac{\partial V(\cdot)}{\partial I} = \lambda^* \tag{2.23}$$

上式は式 (2.11) と等価である。式 (2.20) と式 (2.23) よりロワの恒等式 (2.17) を得る。 (証明終)

2.3 支出最小化問題

家計の目的を支出の最小化と設定することもできる。支出最小化問題は以下のように定式化される。

$$\min_{x_1, x_2} p_1 x_1 + p_2 x_2 \tag{2.24}$$

$$\text{subject to} \quad U(x_1, x_2) \geq u \tag{2.25}$$

ここでは，満たすべき効用水準 u がパラメータとして与えられ，これが制約条件となる。すなわち，家計は所与の効用水準 u を達成するという要求を満たしながら，最小の支出を実現する財の組み合わせ (x_1, x_2) を選ぶ。効用最大化問

題のときと同様に，ラグランジュ未定乗数法を用いて1階の最適化条件を導き，それらを整理すると，以下の関係を得る．

$$\mathrm{MRS}(x_1^h, x_2^h) = \frac{\mathrm{MU}_1(x_1^h, x_2^h)}{\mathrm{MU}_2(x_1^h, x_2^h)} = \frac{p_1}{p_2} \tag{2.26}$$

上付きの h は本問題の最適解であることを表す．効用最大化問題の最適化条件 (2.9) と同様に，限界代替率が価格比に一致するという条件が導かれる．支出最小化問題の最適解として得られる需要関数は**補償需要関数**（compensated demand function）または**ヒックスの需要関数**（Hicksian demand function）と呼ばれ，$x_i^h(p_1, p_2, u)$ のように表される．補償需要関数を目的関数に代入することによって，支出の最小値が得られる．

$$e(p_1, p_2, u) = p_1 x_1^h(p_1, p_2, u) + p_2 x_2^h(p_1, p_2, u) \tag{2.27}$$

$e(p_1, p_2, u)$ は**支出関数**（expenditure function）と呼ばれる．

支出関数と補償需要関数の間には，以下の有名な関係が存在する．支出関数 $e(p_1, p_2, u)$ が (p_1^*, p_2^*) において微分可能で，$p_i > 0$ ならば

$$x_i^h(p_1^*, p_2^*, u) = \frac{\partial e(p_1^*, p_2^*, u)}{\partial p_i} \quad (i = 1, 2) \tag{2.28}$$

が成立する．この関係は**マッケンジーの補題**（McKenzie's lemma）と呼ばれている[†]．以下，マッケンジーの補題を証明する．

関数 $g(p_1, p_2)$ を以下のように定義する．

$$g(p_1, p_2) = e(p_1, p_2, u) - \{p_1 x_1^h(p_1^*, p_2^*, u) + p_2 x_2^h(p_1^*, p_2^*, u)\} \tag{2.29}$$

支出関数 $e(p_1, p_2, u)$ は市場の価格が (p_1, p_2) のときに支出を最小化するため

$$e(p_1, p_2, u) \leqq p_1 x_1^h(p_1^*, p_2^*, u) + p_2 x_2^h(p_1^*, p_2^*, u) \tag{2.30}$$

が成立する．よって $g(p_1, p_2) \leqq 0$ である．また

$$e(p_1^*, p_2^*, u) = p_1^* x_1^h(p_1^*, p_2^*, u) + p_2^* x_2^h(p_1^*, p_2^*, u) \tag{2.31}$$

[†] 生産者理論の中のシェパードの補題（Shepard's lemma）に対応するため，こちらもシェパードの補題と呼ばれることも多い．シェパードの補題については3章で取り上げる．

であるので，$g(p_1^*, p_2^*) = 0$ であり，このとき $g(p_1, p_2)$ は最大値をとる．したがって，式 (2.29) の偏導関数に関して

$$\left.\frac{\partial g(p_1, p_2)}{\partial p_i}\right|_{(p_1, p_2) = (p_1^*, p_2^*)}$$
$$= \left[\frac{\partial e(p_1, p_2, u)}{\partial p_i} - x_i^h(p_1^*, p_2^*, u)\right]_{(p_1, p_2) = (p_1^*, p_2^*)} = 0 \quad (i = 1, 2) \tag{2.32}$$

が成り立つ．上式を整理するとマッケンジーの補題 (2.28) を得る．　（証明終）

効用最大化問題では所得 I が与件であったため，マーシャルの需要関数の構成は $x_i^m(p_1, p_2, I)$ であったことに注意しよう．ただし，上付きの m はここではマーシャルの需要関数であることを意味する．二つの需要関数は明確に異なるが，両者の間にはいくつもの重要な等価性が存在する．例えば

$$x_i^h(p_1, p_2, V(p_1, p_2, I)) \equiv x_i^m(p_1, p_2, I) \tag{2.33}$$

が成立する．上式は，効用最大化問題で達成された効用水準の最大値 $V(p_1, p_2, I)$ をターゲットの効用水準とした費用最小化問題の解である補償需要関数が，もとの効用最大化問題の（マーシャルの）需要関数と一致することを意味している．この関係を用いると，観察不可能な効用水準 u を回避して，ヒックスの需要関数を推計することができる．このように，効用最大化問題と支出最小化問題の関係を巧みに利用しながら分析を進めることを，**双対性アプローチ**（duality approach）という．

2.4　需要関数の性質

与件である経済環境が変化するときに内生変数がどのように変化するかを調べることを，**比較静学分析**（comparative statics analysis）という．比較静学分析を通じて，需要関数の性質を調べることができる．まず，価格を一定としたもとで所得 I が増加するとき，財 1 と財 2 の需要は**図 2.3** (a) のように変化

2.4 需要関数の性質

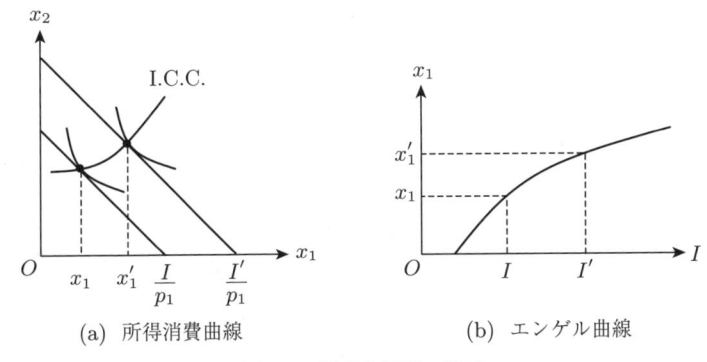

(a) 所得消費曲線

(b) エンゲル曲線

図 2.3 所得と消費の関係

する．この曲線 I.C.C. を**所得消費曲線**（income-consumption curve）と呼ぶ．また，図 2.3 (b) は所得と一つの財の消費の関係を描いたものであり，**エンゲル曲線**（Engel curve）と呼ぶ．

つぎに，ある一つの財の価格のみが変化するときの消費の変化について考えよう．ここでは，財 2 の価格 p_2，所得 I を一定として，財 1 の価格 p_1 が上昇する場合を考える．**図 2.4** (a) において p_1 の上昇は予算制約線の傾きの絶対値の増加に対応する．曲線 P.C.C. は財 1, 2 の需要の軌跡であり，**価格消費曲線**（price-consumption curve）と呼ばれる．この図から p_1 と x_1 の関係を取り出して描いたものが図 2.4 (b) であり，これが財 1 の**需要曲線**（demand curve）である．需要曲線を描くときには，価格を縦軸におき，それに応じた需要水準を横軸におく習慣がある．図 2.4 (b) のように，価格が低下すると需要が増加する財を**正常財**（normal goods）と呼ぶ．ほとんどの財は正常財である．ただし，稀に価格が低下すると需要がかえって減少する財が存在する．そのような財を**ギッフェン財**（Giffen's goods）と呼ぶ．

図 2.4 (c) では，再び (x_1, x_2) 平面を用いて，財 1 の価格が p_1 から p_1' へと上昇する場合の変化に着目する．このとき，最適消費計画は A から A' へと変化する．この変化は二つの変化に分解することができる．A と同じ無差別曲線上にあり，変化後の価格比に等しい傾きを持つ点を B としよう．いま，A から A' への変化は，A から B への変化と B から A' への変化に分解することがで

(a) 価格消費曲線

(b) 需要曲線

(c) 代替効果と所得効果

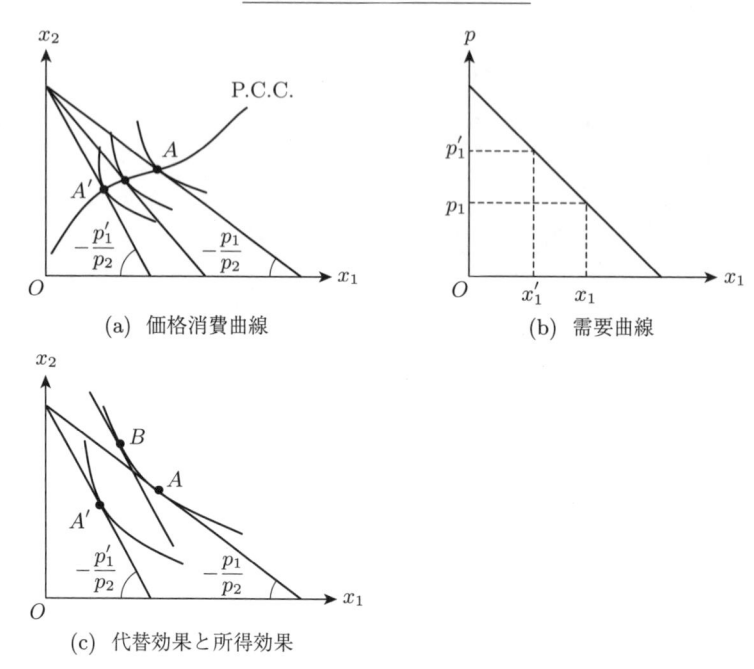

図 2.4 価格と消費の関係

きる。前者は，効用を一定に保ったまま価格比が変わったときに消費の組み合わせが変わる効果を表しており，**代替効果**（substitution effect）と呼ばれる。一方，後者は，財 1 の価格が高くなったことにより実質所得が減少したことの影響を示しており，**所得効果**（income effect）と呼ばれる。まとめると，価格が p_1 から p_1' に変化するときの A から A' への変化，すなわち価格効果は，代替効果と所得効果の和によって構成される。

$$\text{価格効果} = \text{代替効果} + \text{所得効果} \tag{2.34}$$

このように価格効果を分解することを**スルツキー分解**（Slutsky decomposition）という。スルツキー分解の代数的表現は**スルツキー方程式**（Slutsky equation）と呼ばれ，以下のように与えられる。

$$\frac{\partial x_j^m(\bm{p}, I)}{\partial p_i} = \frac{\partial x_j^h(\bm{p}, V(\bm{p}, I))}{\partial p_i} - \frac{\partial x_j^m(\bm{p}, I)}{\partial I} x_i^m \tag{2.35}$$

2.4 需要関数の性質

x_j^m, x_j^h はそれぞれマーシャルの需要関数と（ヒックスの）補償需要関数である。$\boldsymbol{p}$ は価格ベクトルを表す。図 2.4 (c) の例では $\boldsymbol{p} = (p_1, p_2)$ であるが，スルツキー方程式は任意の数の財の市場で成立する。また，i と j が同じ場合にも，異なる場合にも成立する。以下に証明を示す。

家計が市場環境 $(\boldsymbol{p}, I)$ において達成する最大の効用水準を $u = V(\boldsymbol{p}, I)$ と表す。マーシャルの需要関数と補償需要関数の間には，以下の関係が恒等的に成立している。

$$x_j^h(\boldsymbol{p}, u) \equiv x_j^m(\boldsymbol{p}, e(\boldsymbol{p}, u)) \tag{2.36}$$

両辺を p_i で微分し，$\boldsymbol{p}$ において評価すると，つぎの関係を得る。

$$\frac{\partial x_j^h(\boldsymbol{p}, u)}{\partial p_i} = \frac{\partial x_j^m(\boldsymbol{p}, I)}{\partial p_i} + \frac{\partial x_j^m(\boldsymbol{p}, I)}{\partial I} \frac{\partial e(\boldsymbol{p}, u)}{\partial p_i} \tag{2.37}$$

移項すると

$$\frac{\partial x_j^m(\boldsymbol{p}, I)}{\partial p_i} = \frac{\partial x_j^h(\boldsymbol{p}, u)}{\partial p_i} - \frac{\partial x_j^m(\boldsymbol{p}, I)}{\partial I} \frac{\partial e(\boldsymbol{p}, u)}{\partial p_i} \tag{2.38}$$

となる。左辺は価格 p_i が変化したときの需要の変化である。右辺第 1 項は価格が変化したときの補償需要の変化分，すなわち，効用を一定に保つために最小限の所得が補われる状況での需要の変化がどれだけであるかを表している[†]。すなわち，無差別曲線の上での消費の変化を表しており，代替効果に相当する。右辺第 2 項は，価格 p_i が変化したときに効用を一定に保つために必要な最小限の所得の変化 $\partial e(\boldsymbol{p}, u)/\partial p_i$ と，所得の変化に対する需要の変化 $\partial x_j^m(\boldsymbol{p}, I)/\partial I$ の積である。すなわち，実質所得の変化による需要の変化を表しており，所得効果に対応する。右辺第 2 項にマッケンジーの補題 (2.28) を適用すると，スルツキー方程式 (2.35) が得られる。　　　　　　　　　　　　　　（証明終）

ある財の価格が低下する場合には，所得効果は実質所得が増加することによる効果となる。所得が増加すると需要量が増加する財は**上級財** (superior goods)，

[†] ここにおいてよくわかるように，補償需要関数の「補償」という名前は，効用をある水準に保つために最小の所得が補償されるときの需要であることを意味している。

減少する財は**下級財**（inferior goods）と呼ばれる。例えば，所得が増加すると，インスタントラーメンを食べる機会は減り，高級イタリアンレストランのパスタへと向かうようになる。なぜ，このようなことが起こるのか。需要量はその商品の価格だけに依存して決まるわけではなく，代替関係や補完関係にある他の財の価格や市場規模にも依存しているからである。そのことを少しフォーマルに表現すると，以下のようになる。

経済学では**弾力性**（elasticity）という指標が便利な指標として用いられている。**需要の価格弾力性**（price elasticity of demand）というときには，ある財の価格が1％変化したときに，その財あるいは他の財の需要が何％変化するかを示す。すなわち弾力性 ε は

$$\varepsilon_{ii} = -\frac{\frac{dx_i}{x_i}}{\frac{dp_i}{p_i}} = -\frac{dx_i}{dp_i}\frac{p_i}{x_i} \tag{2.39}$$

$$\varepsilon_{ij} = \frac{\frac{dx_i}{x_i}}{\frac{dp_j}{p_j}} = \frac{dx_i}{dp_j}\frac{p_j}{x_i} \quad (i \neq j) \tag{2.40}$$

により定義される。ただし，x_i は財 i の需要を，p_i は財 i の価格を表す。式 (2.39) は着目している財のそれ自身の価格（自己価格）について，式 (2.40) は別の財の価格（交叉価格）についての弾力性である。なるべく正の値として扱うために，自己価格弾力性にはマイナスの符号を付けることが多い。弾力性は変化率同士の比率であるため，無次元量になる。よって，例えば日本とアメリカの変化率を比較するときに，価格が「1円上がったときの変化」と「1ドル上がったときの変化」との間で単位の調整をする必要がなくなる。また，弾力性を $\varepsilon = (dx/dp)/(x/p)$ のように見ると，「限界」と「平均」の比率と解釈することもできる。

交叉価格弾力性は，財・サービスの連関関係を示す指標であるとともに，財・サービスの競合性の程度を示している。例えば，東京から神戸に出張するとき，新幹線の料金が上がれば飛行機を使う人は増えるだろう。航空運賃が下がれば，

新幹線の需要は減るだろう。一方，神戸空港へのアクセスを担う新交通システムの需要は増えるだろう。交叉価格弾力性 ε_{ij} が正であるとき，財 i と財 j は（粗）**代替財**（gross substitutes）であるといい，負であるとき（粗）**補完財**（gross complements）であるという。簡単にいうと，取って代わる関係を代替関係，一緒に組み合わせて使う関係を補完関係という。上記のギッフェン財は，下級財のうちで所得効果が代替効果よりも強く働く商品である。その財の価格が減少するときの代替効果は正となるが，所得効果がそれを打ち消す以上の大きさで負になる。所得効果が負になる理由は，背後に強い代替関係を持つ財が存在し，その財が大きな正の所得効果を持つからである。所得の増加に伴ってインスタントラーメンを食べる機会が減る理由は，高級パスタを食べればラーメンを食べたときと同じくらいの栄養と満腹感を得られるという代替関係が存在し，給料が上がったらぜひ高級レストランでパスタを食べたいという所得効果が存在するからである。

所得と需要の間には**需要の所得弾力性**（income elasticity of demand）が存在する。財 i について定義すると，弾力性 ε は

$$\varepsilon_{iI} = \frac{\dfrac{dx_i}{x_i}}{\dfrac{dI}{I}} = -\frac{dx_i}{dI}\frac{I}{x_i} \tag{2.41}$$

で表される。I は所得を表している。所得弾力性の絶対値が小さい財は必需品，所得弾力性が正で大きい財はぜいたく品に相当する。公共交通サービスを例にとってみよう。交通行動は一般的に仕事やレジャー活動を行うことを目的としている。そのため，交通サービス需要は派生需要と呼ばれ，本源的活動の需要構造に大きく依存する。例えば，過疎地域において日常的に医療サービスを受ける高齢者にとって，バスサービスは必需品（サービス）である。それに対して，海外旅行は家計が資金にゆとりがあるときに楽しむ活動であり，所得弾力性が大きい。そのための航空サービスはぜいたく品（サービス）に属するといえる。

演習問題

〔**2.1**〕 効用関数を $U(x_1, x_2) = \alpha \ln x_1 + (1-\alpha) \ln x_2$ と設定して，価格が (p_1, p_2) で所得が I である家計の効用最大化問題を解き，需要関数と間接効用関数を導け．また，ロワの恒等式が成立することを確認せよ．

〔**2.2**〕 上の問題と同じ効用関数と価格のもとで，達成すべき効用水準を u として支出最小化問題を解き，補償需要関数と支出関数を導け．

〔**2.3**〕 同様の設定で，スルツキー方程式の成立を確認せよ．すなわち，価格変化による需要の変化を，代替効果を表す第 1 項と，所得効果を表す第 2 項に分解せよ．

3章 生産者行動

◆本章のテーマ

本章では生産者理論の基礎を学ぶ。利潤最大化問題と費用最小化問題の最適化条件を理解する。また，費用関数の性質を調べる。費用は短期と長期，固定と可変，平均と限界の視点によって分類される。各種の費用関数の間には，いくつもの幾何学的な関係がある。例えば，長期平均費用曲線は短期平均費用曲線群の下側の包絡線となる。さらに本章では，サンク費用が存在するときの供給関数を導く。市場価格がある範囲にあるときには，企業は赤字が発生していても生産を行う。

◆本章の構成（キーワード）

3.1 企業活動の目的と制約
　　利潤，技術の制約，市場の制約
3.2 生産関数と限界生産性
　　限界生産性逓減・逓増，規模に関する収穫
3.3 利潤最大化問題
　　要素需要関数，利潤関数
3.4 費用最小化問題
　　費用関数
3.5 費用関数の性質
　　短期・長期，可変費用・固定費用，平均費用・限界費用
3.6 固定費用，サンク費用と供給関数
　　生産中止価格，損益分岐価格

◆本章を学ぶと以下の内容をマスターできます

☞ 利潤最大化問題と費用最小化問題から要素需要関数を導くことはできるか
☞ 各種の費用関数と費用曲線は，たがいにどのような関係にあるのか
☞ サンク費用があるとき，企業の生産はどのようになるのか

3. 生産者行動

| **3.1** | 企業活動の目的と制約 |

　大部分の経済分析において，企業は**利潤**（profit）を最大化するように活動すると仮定される．利潤とは収入と費用の差のことである．企業の**利潤最大化問題**（profit maximization problem）は，産出水準と投入水準をどれだけにするか，産出物をいくらで売り投入物にいくら支払うかを決定する問題になる．

　それらを決定する際に，企業は技術の制約と市場の制約という 2 種類の制約に直面している．技術の制約は生産計画の実行可能性に関わる物理的制約である．自然科学における発見や工学的な技術進歩は，この制約を緩和する．すなわち，新しい製品を作れるようになったり，より少ない資源の利用で同じ水準の産出を実現できるようになったり，一度用いた資源を繰り返し使うことができるようになったりする．土木施設などのハードのインフラストラクチャは，企業の技術的な生産可能性を高める役割を果たす．例えば，工業用地や空港・港湾・高速道路網などの交通インフラを整備することによって，企業誘致を計画的に行うことができる．

　一方，市場の制約は，他の経済主体の行動が企業に及ぼす効果に関する制約である．例えば，消費者はある製品の購入に際して，ある水準以上の支払いをしようとはしない．また，ある場所にレジャー施設ができたために，近くの飲食店の売上が上昇することもある．一方，他店で同じサービスが提供されているとき，自分の店が他店の価格以上の価格を付けると即座に顧客を失うことになる．それに対して，人々の生活にとって必要不可欠な財・サービスが一つの企業により独占的に供給されている場合，その企業が自由に価格をつり上げた結果，消費者の生計を圧迫して社会全体の厚生が低下することもある．土木計画はそのようなことが起こらないように，企業行動を規制したり，そのようなサービスを公営企業により供給させたりする政策を考える．ソフトのインフラストラクチャである制度は，経済主体間の相互作用により生じるジレンマや非効率性をコーディネートする役割を持つ．再び企業誘致を例にとれば，立地企業に対する助成，低利融資，優遇税制などのインセンティブ措置を施したり，人

材確保に向けた斡旋や人材育成支援などに取り組んだりすることも，土木計画の役割である．以上のように，企業が直面する市場の制約は，土木計画によっても，拘束的となったり緩和されたりする．

3.2 生産関数と限界生産性

企業は労働，機械設備，土地，原材料，エネルギーといった，さまざまな**生産要素**（input）を用いて，さまざまな**産出物**（output）を生み出している．これらの生産要素には，機械設備や土地のように短期的には投入量を変更することができない**固定要素**（fixed factor）と，労働や原材料，エネルギーのように短期的に投入量を調整することができる**可変要素**（variable factor）とがある．したがって，**短期**（short run）とは固定要素が存在するような生産計画期間のことを意味する．一方，**長期**（long run）とはすべての要素の投入量をコントロールできる生産計画期間のことを指す．

生産技術は，企業の生産可能性，すなわち投入物と産出物のどのような組み合わせが実行可能であるかによって表現される．いくつかの種類の数式表現が可能であるが，複数の生産要素で 1 種類の産出物を作る場合には，以下のように**生産関数**（production function）を用いることができる．

$$y = f(\boldsymbol{x}) \tag{3.1}$$

$\boldsymbol{x} = (x_1, x_2, \cdots, x_n)$ は n 種類の生産要素のベクトルである．技術 $f(\cdot)$ によって，最大の産出可能量が y として与えられる．生産要素が 2 種類，すなわち $\boldsymbol{x} = (x_1, x_2)$ の場合の生産関数は，**図 3.1** (a) のような曲面で表される．曲面とその下の空間全体を**生産可能集合**（production possibility set）と呼ぶ．すなわち，生産関数は生産可能集合のフロンティアに相当している．曲面よりも下の空間の中の点は，その生産要素の組み合わせから最大の産出を達成しているわけではなく，技術的に非効率な生産計画である．なお，インフラを明示的に考慮するとき，企業にとってはインフラは固定要素である．ただし，インフ

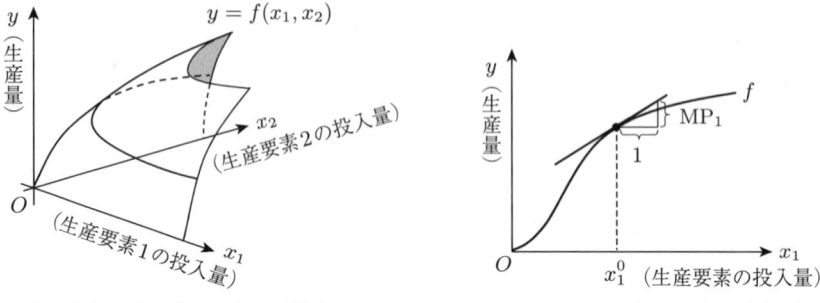

(a) 生産関数の曲面と生産可能集合 (b) $x_2 = \bar{x}_2$ のときの生産要素 1 と生産量の関係

図 3.1 生産要素が 2 種類の場合の生産関数

ラの水準による影響を調べるような分析目的がない場合には，インフラを明示的に変数としては扱わず，その働きを生産関数形に陰に組み込む場合が多い．

生産の技術的特性を示す重要な性質として，**限界生産性**（marginal productivity）がある．2 種類の生産要素 $\boldsymbol{x} = (x_1, x_2)$ の場合を例にとると，(x_1^0, x_2^0) における生産要素 x_1 に関する限界生産性 MP_1 は

$$\mathrm{MP}_1(x_1^0, x_2^0) = \left.\frac{\partial f(x_1, x_2^0)}{\partial x_1}\right|_{x_1 = x_1^0} \tag{3.2}$$

と定義される．すなわち，ある (x_1^0, x_2^0) から第 1 要素を 1 単位増やしたときの産出の増分を意味している．図 3.1 (b) は，短期において一方の生産要素 x_2 がある水準 $\bar{x}_2$ に固定されているときの限界生産性 MP_1 の例を示している．x_1 が小さい領域においては，x_1 を増加させるに従って，生産関数の傾き，すなわち限界生産性が増大している．これは生産の拡大によって効率が上がっていくことを表している．それに対して，x_1 が大きい領域になると限界生産性が減少している．これは，生産性が他方の要素にも依存していることによる．例えば，第 1 要素が労働，第 2 要素が工場の建物や機械設備だとしよう．労働者が増えすぎると，一定規模の工場では窮屈になってきたり，機械の数を増やさなければ労働力を持て余すようになってきたりする．それによって労働の限界生産性が徐々に悪化する．この性質は**限界生産性逓減の法則**（law of diminishing marginal productivity）と呼ばれ，多くの生産技術が持つ自然な性質と考え

られている。なお，限界生産性が増加することは**限界生産性逓増**（increasing marginal productivity）と表現される。限界生産性逓増の領域では，図 3.1 (b) の曲線が下に凸になる。代数的には，第 i 要素について限界生産性が逓減であるか逓増であるかは

$$\frac{\partial \mathrm{MP}_i}{\partial x_i} = \frac{\partial^2 f(x_1, x_2)}{\partial x_i^2} \quad (i = 1, 2) \tag{3.3}$$

の符号が負であるか正であるかにより決まる。

以上の限界生産性逓減・逓増の性質は，特定の可変生産要素を増加させたときに産出がどのように変化するかを説明するものであったが，長期的に全ての生産要素を増加させていくときの産出の変化を示す指標として，**規模に関する収穫**（returns to scale）がある。生産関数 $y = f(\boldsymbol{x}) = f(x_1, x_2, \cdots, x_n)$ において，生産へのすべての投入要素を $t\ (>1)$ 倍したときに，もとの産出水準も t 倍，すなわち $f(t\boldsymbol{x}) = ty$ になれば，生産技術は**規模に関して収穫一定**（constant returns to scale），t 倍を下回る場合には**規模に関して収穫逓減**（decreasing returns to scale），t 倍を上回る場合には**規模に関して収穫逓増**（increasing returns to scale）という。例として，生産技術が $f(\boldsymbol{x}) = x_1^\alpha x_2^\beta$ のコブ＝ダグラス型で与えられるときには，$f(t\boldsymbol{x}) = t^{\alpha+\beta} x_1^\alpha x_2^\beta = t^{\alpha+\beta} f(\boldsymbol{x})$ になる。よって，$\alpha + \beta = 1$ のときに規模に関して収穫一定，$\alpha + \beta < 1$ のときに収穫逓減，$\alpha + \beta > 1$ のときに収穫逓増となる。

3.3 利潤最大化問題

ある企業の生産技術が関数 $y = f(\boldsymbol{x}) = f(x_1, x_2, \cdots, x_n)$ で表されるものとする。ここでは n 種類の生産要素 x_i のうち，$i = 1$ から $n'\ (< n)$ までが可変要素で，残りの $i = n' + 1$ から n が固定要素とする。すなわち，生産要素ベクトル $\boldsymbol{x}$ は，可変要素ベクトル $\boldsymbol{x}_v = (x_1, \cdots, x_{n'})$ と固定要素ベクトル $\boldsymbol{x}_f = (x_{n'+1}, \cdots, x_n)$ によって構成されているものとする。また，産出物 y の価格が p で，各生産要素 x_i の価格がそれぞれ w_i であるとする。要素価格ベク

トル $\boldsymbol{w}$ は，可変要素価格ベクトル $\boldsymbol{w}_v = (w_1, \cdots, w_{n'})$ と固定要素価格ベクトル $\boldsymbol{w}_f = (w_{n'+1}, \cdots, w_n)$ によって構成される。企業にはいずれの市場でも価格を変える力はないと仮定する。このとき，企業の利潤最大化問題は以下のように表される。

$$\max_{x_i \ (i=1,\cdots,n')} py - \sum_{i=1}^{n} w_i x_i \tag{3.4}$$

$$\text{subject to} \quad y = f(x_1, x_2, \cdots, x_n) \tag{3.5}$$

利潤最大化問題は，可変要素投入量 $\boldsymbol{x}_v$ によって目的関数を最大化する問題となる[†]。制約条件 (3.5) を目的関数 (3.4) の y に代入して 1 階の最適化条件を導くと，以下のようになる。

$$p \frac{\partial f(\boldsymbol{x}^*)}{\partial x_i} = w_i \quad (i = 1, \cdots, n') \tag{3.6}$$

すなわち，各可変生産要素の限界生産物の価値は，その要素の価格に等しくなければならない。要素 i に関する条件 (3.6) を，要素 j に関する同条件 (3.6) により除することで，以下の関係式を得る。

$$\mathrm{MRT}_{ij} = \frac{\mathrm{MP}_i}{\mathrm{MP}_j} = \frac{w_i}{w_j} \quad (i, j = 1, \cdots, n', \ i \neq j) \tag{3.7}$$

MRT_{ij} は限界代替率の比であり，**限界変形率** (marginal rate of transformation) と呼ばれる。上式は二つの要素の間の限界変形率が要素価格比に等しいことを示している。

利潤最大化問題の解として，最適な可変要素投入量 $x_i^*(p, \boldsymbol{w}, \boldsymbol{x}_f)$ $(i = 1, \cdots, n')$ が得られる。$x_i^*(p, \boldsymbol{w}, \boldsymbol{x}_f)$ は**要素需要関数** (factor demand function) と呼ばれる。要素需要関数を目的関数にフィードバックすることによって，以下のように利潤の最大値が求まる。

$$\pi(p, \boldsymbol{w}, \boldsymbol{x}_f) = p f(\boldsymbol{x}_v^*(p, \boldsymbol{w}, \boldsymbol{x}_f), \boldsymbol{x}_f)$$

[†] 固定要素にかかる固定費用 $\sum_{i=n'+1}^{n} w_i x_i$ は定数項となるため，最適解に影響を与えない。よって，固定費用を目的関数から除いて短期利潤の最大化問題としても，最適な可変投入量は変わらない。

3.3 利潤最大化問題

$$-\left\{\sum_{i=1}^{n'} w_i x_i^*(p, \boldsymbol{w}, \boldsymbol{x}_f) + \sum_{i=n'+1}^{n} w_i x_i\right\}$$
$$= pf(\boldsymbol{x}_v^*(p, \boldsymbol{w}, \boldsymbol{x}_f), \boldsymbol{x}_f) - \{\boldsymbol{w}_v \boldsymbol{x}_v^*(p, \boldsymbol{w}, \boldsymbol{x}_f) + \boldsymbol{w}_f \boldsymbol{x}_f\} \quad (3.8)$$

$\pi(p, \boldsymbol{w}, \boldsymbol{x}_f)$ は**利潤関数**（profit function）と呼ばれる。

前章のロワの恒等式やマッケンジーの補題で見た展開と同様に，先に利潤関数 $\pi(p, \boldsymbol{w}, \boldsymbol{x}_f)$ がわかっているとすると，利潤関数から最適な産出水準 y^* や要素需要 x_i^* ($i=1,\cdots,n'$) を導くことができる。

$$y^*(p, \boldsymbol{w}, \boldsymbol{x}_f) = \frac{\partial \pi(p, \boldsymbol{w}, \boldsymbol{x}_f)}{\partial p} \tag{3.9}$$

$$x_i^*(p, \boldsymbol{w}, \boldsymbol{x}_f) = -\frac{\partial \pi(p, \boldsymbol{w}, \boldsymbol{x}_f)}{\partial w_i} \quad (i=1,\cdots,n') \tag{3.10}$$

この関係は**ホテリングの補題**（Hotelling's lemma）と呼ばれている。証明の方法はいくつもあるが，包絡線定理の考え方に沿った以下の方法が，最も直接的である。

利潤関数 (3.8) を p で微分すると

$$\begin{aligned}\frac{\partial \pi(p, \boldsymbol{w}, \boldsymbol{x}_f)}{\partial p} &= f(\boldsymbol{x}_v^*(p, \boldsymbol{w}, \boldsymbol{x}_f), \boldsymbol{x}_f) \\ &\quad + p\sum_{j=1}^{n'} \frac{\partial f(\boldsymbol{x}_v^*(p, \boldsymbol{w}, \boldsymbol{x}_f), \boldsymbol{x}_f)}{\partial x_j}\frac{\partial x_j^*(\cdot)}{\partial p} - \sum_{j=1}^{n'} w_j \frac{\partial x_j^*(\cdot)}{\partial p} \\ &= f(\cdot) + \sum_{j=1}^{n'} \left\{p\frac{\partial f(\cdot)}{\partial x_j} - w_j\right\}\frac{\partial x_j^*(\cdot)}{\partial p} = f(\cdot) = y^*\end{aligned} \tag{3.11}$$

となる。三つ目の等式は，1階の最適化条件 (3.6) より中括弧の中がゼロになることにより得られる。要素需要 x_i^* ($i=1,\cdots,n'$) も同様にして導かれる。

$$\frac{\partial \pi(p, \boldsymbol{w}, \boldsymbol{x}_f)}{\partial w_i} = p\sum_{j=1}^{n'} \frac{\partial f(\boldsymbol{x}_v^*(p, \boldsymbol{w}, \boldsymbol{x}_f), \boldsymbol{x}_f)}{\partial x_j}\frac{\partial x_j^*(\cdot)}{\partial w_i} - \sum_{j=1}^{n'} w_j \frac{\partial x_j^*(\cdot)}{\partial w_i} - x_i^*$$

$$= \sum_{j=1}^{n'} \left\{ p \frac{\partial f(\cdot)}{\partial x_j} - w_j \right\} \frac{\partial x_j^*(\cdot)}{\partial w_i} - x_i^* = -x_i^* \qquad (3.12)$$

（証明終）

以上の導出過程における「1 階の最適化条件 (3.6) より中括弧の中がゼロになる」というくだりは，以下の含意を持っている．式 (3.12) を $d\pi = -x_i^* \, dw_i$ と表すと，第 i 要素価格 w_i の微小な上昇は，もとの最適生産計画上の第 i 要素の投入量 x_i^* にかかる価格が上がる分だけの利潤の減少をもたらすことがわかる．これは w_i 上昇の直接効果である．一方で，w_i の上昇は生産計画全体を変化させるという間接効果を持つ．しかし，最適計画 $p(\partial f(\cdot)/\partial x_j) - w_j = 0$ $(j = 1, \cdots, n')$ がすでに実現しているから，最適計画からの微小の投入量変化 $\partial x_j^*/\partial w_i$ がもたらす利潤への影響はゼロになる．したがって，間接効果のインパクトはなくなる．要素価格変化による利潤の変化は，直接効果のみで与えられることになる[†]．

3.4　費用最小化問題

利潤最大化問題は産出量と投入量を同時に決定するため，技術が規模に関して収穫一定あるいは逓増の場合には解が決まらず，モデル分析において不便が生じることがある．そういうときには**費用最小化問題** (cost minimization problem) で企業行動を分析することが適切となる場合がある．費用最小化問題では，産出水準 y を外生的に与えて，y を生産するための最小費用を実現する投入要素ベクトル $\boldsymbol{x}$ を決定する．再び $\boldsymbol{x}_v$ を可変要素，$\boldsymbol{x}_f$ を固定要素と考えよう．

$$\min_{x_i \ (i=1,\cdots,n')} \sum_{i=1}^{n} w_i x_i \qquad (3.13)$$

$$\text{subject to} \quad y = f(x_1, x_2, \cdots, x_n) \qquad (3.14)$$

[†] 通常問題にはならないが，固定要素 x_i $(i = n'+1, \cdots, n)$ も $x_i = -\partial \pi(\cdot)/\partial w_i$ の関係を満たしている．ここでも可変要素に関する間接効果がなくなることによって同様の関係が得られる．

最適化の 1 階の条件を整理すると，次式が得られる．

$$w_i = \lambda^* \frac{\partial f(\boldsymbol{x}^*)}{\partial x_i} \quad (i = 1, \cdots, n') \tag{3.15}$$

ただし，λ^* は制約条件式 (3.14) に対応したラグランジュ乗数の最適解を表す．任意の可変要素 x_i と x_j に関する最適化条件式を用いて λ^* を消去すると，式 (3.7) と同様に，限界変形率が価格比に等しいという表現が従う．最適解 $\boldsymbol{x}_v^*(\boldsymbol{w}, y, \boldsymbol{x}_f)$ によって最小化された目的関数は $C(\boldsymbol{w}, y, \boldsymbol{x}_f)$ のように表され，**費用関数**（cost function）と呼ばれる．

3.5 費用関数の性質

生産関数が生産の技術的可能性を描く重要な手段であるのと同様に，費用関数は企業の経済的可能性を描く重要な手段である．費用関数は短期費用か長期費用か，限界費用か平均費用かにより分類される．既述のように，短期費用とは生産要素の一部が固定要素である場合の費用であり，長期費用とはすべての要素投入量をコントロールできる場合の最小費用である．短期費用関数は前節の問題 (3.13) の解を用いて，次式のように表される．

$$C(\boldsymbol{w}, y, \boldsymbol{x}_f) = \boldsymbol{w}_v \boldsymbol{x}_v^*(\boldsymbol{w}, y, \boldsymbol{x}_f) + \boldsymbol{w}_f \boldsymbol{x}_f \tag{3.16}$$

右辺第 1 項は**短期可変費用**（short run variable cost, SVC）であり，第 2 項が**固定費用**（fixed cost, FC）である．上式より，以下のような費用の概念が導かれる．

短期平均可変費用(short run average variable cost, SAVC)

$$= \frac{\boldsymbol{w}_v \boldsymbol{x}_v^*(\boldsymbol{w}, y, \boldsymbol{x}_f)}{y} \tag{3.17}$$

短期平均固定費用(short run average fixed cost, SAFC)

$$= \frac{\boldsymbol{w}_f \boldsymbol{x}_f}{y} \tag{3.18}$$

短期平均費用(short run average cost, SAC)

$$= \frac{C(\boldsymbol{w}, y, \boldsymbol{x}_f)}{y} = \text{SAVC} + \text{SAFC} \tag{3.19}$$

短期限界費用(short run marginal cost, SMC)

$$= \frac{\partial C(\boldsymbol{w}, y, \boldsymbol{x}_f)}{\partial y} \tag{3.20}$$

短期の可変費用, 固定費用, 平均費用の代表的な形を図 3.2 に示す。

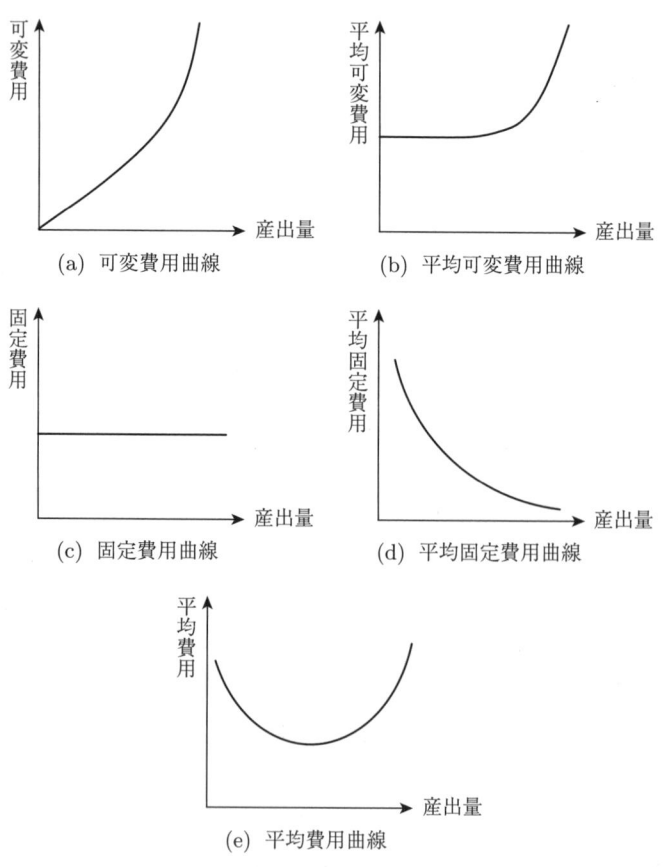

(a) 可変費用曲線

(b) 平均可変費用曲線

(c) 固定費用曲線

(d) 平均固定費用曲線

(e) 平均費用曲線

図 3.2 短期の可変費用, 固定費用, 平均費用の代表的な形

3.5 費用関数の性質

長期の問題では，企業は $\bm{x}_f$ を最適に選択する．最適な固定要素投入量を $\bm{x}_f^*(\bm{w}, y)$ と表すと，最適な可変要素投入量は $\bm{x}_v^*(\bm{w}, y) = \bm{x}_v^*(\bm{w}, y, \bm{x}_f^*(\bm{w}, y))$ となり，長期費用関数は

$$C(\bm{w}, y) = \bm{w}_v \bm{x}_v^*(\bm{w}, y) + \bm{w}_f \bm{x}_f^*(\bm{w}, y) \tag{3.21}$$

となり，長期平均費用，長期限界費用を以下のように定義することができる．

長期平均費用(long run average cost, LAC)

$$= \frac{C(\bm{w}, y)}{y} \tag{3.22}$$

長期限界費用(long run marginal cost, LMC)

$$= \frac{\partial C(\bm{w}, y)}{\partial y} \tag{3.23}$$

例として，短期において労働 l が可変要素で，資本 k が固定要素である場合を考えよう．生産技術はコブ＝ダグラス型 $y = l^\alpha k^\beta$ で与えられるものとする．資本が $\bar{k}$ の水準に固定されているとき，費用最小化問題は以下のように表される．

$$\min_l \; wl + r\bar{k} \tag{3.24}$$
$$\text{subject to} \quad y = l^\alpha \bar{k}^\beta \tag{3.25}$$

w は賃金率であり，r は利子率である．それぞれ労働，資本の（レンタル）価格に相当する．この問題の決定変数は l のみであるので，実質的に l は制約条件 (3.25) のみによって決められる．

$$l = (y\bar{k}^{-\beta})^{\frac{1}{\alpha}} \tag{3.26}$$

したがって，短期費用関数は

$$C(w, r, y, \bar{k}) = w(y\bar{k}^{-\beta})^{\frac{1}{\alpha}} + r\bar{k} \tag{3.27}$$

となる．その他の費用は以下のようになる．

$$\text{SAVC} = w(y^{1-\alpha}\bar{k}^{-\beta})^{\frac{1}{\alpha}}, \quad \text{SAFC} = \frac{r\bar{k}}{y} \tag{3.28}$$

$$\text{SAC} = w(y^{1-\alpha}\bar{k}^{-\beta})^{\frac{1}{\alpha}} + \frac{r\bar{k}}{y}, \quad \text{SMC} = \frac{w}{\alpha}(y^{1-\alpha}\bar{k}^{-\beta})^{\frac{1}{\alpha}} \tag{3.29}$$

図 3.2 (e) には U 字型の短期平均費用曲線が描かれている．そこには最小の平均費用を実現する産出水準 y^* が存在する．それに対して，長期においては，すべての費用が可変である限り，平均費用が逓増することはない．最適水準 y^* を生産する過程を何度も繰り返すことができるからである．したがって，長期においては，平均費用は一定になるか逓減するかのどちらかである．しかしながら，場合によっては，長期的固定要素が存在するため，長期の平均費用も U 字型を示すことがある．例えば，社会全体の生産を考えるときには，土地は長期的固定要素となるし，人口の制約によって労働も固定要素になりうる．ある種の天然資源やエネルギーについても，投入量を完全に自由には選択できない場合がある．また，企業にとってはインフラは長期的固定要素となる．

短期平均費用関数と長期平均費用関数の幾何的な関係を**図 3.3** に示す．三つの U 字型の短期平均費用曲線 SAC_1，SAC_2，SAC_3 は，それぞれ固定要素の

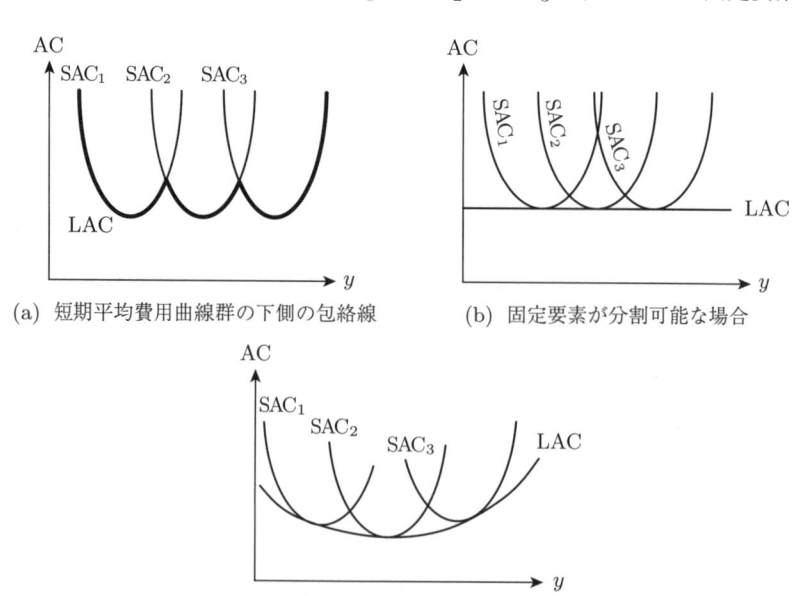

(a) 短期平均費用曲線群の下側の包絡線

(b) 固定要素が分割可能な場合

(c) 長期的固定要素が存在する場合

図 3.3 短期平均費用曲線と長期平均費用曲線の関係

3.5 費用関数の性質

水準が異なる．SAC と LAC の間には，図 3.3 (a) のように，LAC 曲線は SAC 曲線群の下側の包絡線になるという基本的な関係がある．そして，固定要素の水準を多様に選択できるようになると，SAC 曲線の数が増えていき，図 3.3 (b) のように，LAC は逓増しない形になる．一方，長期的固定要素が存在する場合には，図 3.3 (c) のように LAC 曲線も U 字型となる．

平均費用曲線が U 字型を示し，最適産出水準 y^* が存在する場合，y^* において平均費用と限界費用が一致することが知られている．そのことを以下に証明しよう．

$y \leq y^*$ では平均費用は減少するので

$$\frac{d}{dy}\left(\frac{c(y)}{y}\right) = \frac{yc'(y) - c(y)}{y^2} \leq 0 \tag{3.30}$$

となる．ここで $c'(y) = dc(y)/dy$ である．上式を整理すると

$$c'(y) \leq \frac{c(y)}{y} \quad \text{for} \quad y \leq y^* \tag{3.31}$$

となる．上式は，y^* の左側では限界費用が平均費用を下回ることを示している．同様の分析から

$$c'(y) \geq \frac{c(y)}{y} \quad \text{for} \quad y \geq y^* \tag{3.32}$$

が得られ，y^* の右側では限界費用は平均費用を上回る．二つの不等式から次式が従う．

$$c'(y) = \frac{c(y)}{y} \quad \text{for} \quad y = y^* \tag{3.33}$$

（証明終）

限界費用曲線と平均可変費用曲線の間にも同様の関係がある．**図 3.4** は三つの曲線の関係をまとめている．1 単位を生産するときの限界費用 MC は平均可変費用 AVC に等しいため，図 3.4 (a) では MC と AVC の切片が一致している．なお，長期において規模に関して収穫一定の場合には，図 3.4 (b) に示すように三つの曲線が一致する．このときには固定要素がないため AC と AVC は一致する．

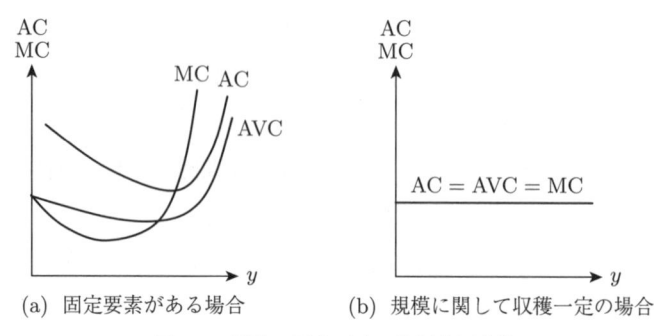

図 3.4 平均，平均可変，限界費用曲線

(a) 固定要素がある場合
(b) 規模に関して収穫一定の場合

費用関数と要素需要関数の間には，以下の有名な関係がある．費用関数 $C(\boldsymbol{w}, y)$ が $(\boldsymbol{w}, y)$ において微分可能であれば，第 i 要素の投入量 $x_i^*(\boldsymbol{w}, y)$ は次式を満たす．

$$x_i^*(\boldsymbol{w}, y) = \frac{\partial C(\boldsymbol{w}, y)}{\partial w_i} \tag{3.34}$$

この関係は**シェパードの補題**（Shepard's lemma）と呼ばれている．証明は演習問題とする．

3.6 固定費用，サンク費用と供給関数

問題 (3.24) で例として挙げたように，資本は短期的には固定要素として捉えられることが多い．その理由は，資本が本来的にストックされる財であることに関係している．時間を考慮した問題を議論する際には，**ストック**（stock）と**フロー**（flow）の区別が必要になる．ストックとは，ある時点における存在量のことである．時間を通じて蓄積されたり，切り崩されたりして量が変化するモノの，ある時点における量を指す．ある時点で貯水池にたまっている水の量や，銀行口座の預金の額はストックである．ある年度末の時点の日本の道路の総延長もストックである．それに対して，フローとはある期間のストックの変化量のことである．ある期間に貯水池に流れ込んだ水の量，ある月に銀行口座に振り込まれた給料，ある年度に建設された道路の長さなどがフローに当たる．

3.6 固定費用，サンク費用と供給関数

工場や機械設備などの資本は，生産計画を立てる時点でストックとしてすでに存在することが多い。そのようなときでも資本には費用がかからないわけではなく，固定費用を発生させている。代表的な固定費用としては**維持・修繕費用** (maintenance and repair cost)，**利子費用** (interest cost)，**機会費用** (opportunity cost)，**減価償却費用** (depreciation cost) などがある。維持・修繕費用は，生産設備ストックが本来の性能を維持できるように日常的に支払う費用である。利子費用は，例えば借入をして資金を調達し機械設備を設置した場合の，毎期の利子支払いのことである。それに対して，自己資金で機械設備を設置した場合，帳簿上では利子費用は発生しない。しかし，もし自己資金を設備設置に使わなければ，市場で資金を運用して利子収入を得られたはずである。すなわち，設備設置に使わなければ得られたであろう利益を失っていることになる。このような逸失利益を機会費用という。また，一定期間後に機械設備の寿命が来る場合，その設備は耐用年数の間，少しずつ価値が減価していくものと考えるのが自然である。そのとき毎年の価値の減少分が費用に計上されると考える。これを減価償却費用という。減価償却費用は，機械設備の耐用年数経過後も事業を継続することを前提に，同じ機械を買い直すために積み立てておく費用と捉えることもできる。

一方，生産をやめて機械設備を売却する場合，機械の現在価値（当初の価値から減価償却費用を差し引いたもの）で機械を売却できるかどうかが問題となる。機械を現在価値で売却できる場合，機械にかかる費用は回収可能である。しかし，機械の用途が限定されているために買い手が見つかりにくいなどの理由で，機械を現在価値未満の額でしか売却できない場合もある。あるいは売却できず，廃棄しなければならない場合もある。そのように，ひとたび投下した後に回収不可能となる資金を**サンク費用** (sunk cost) と呼ぶ。

サンク費用が存在する場合の生産計画について分析しよう。ここでは費用関数 $C(\boldsymbol{w}, y, \boldsymbol{x}_f)$ において，過去に固定要素 $\boldsymbol{x}_f$ を購入する際に投じた費用は，完全にサンクしているものとする。以下，表記の簡単化のために費用関数を $C(y)$ と記す。利潤最大化問題 (3.4) を以下のように表現する。

$$\max_y \; py - C(y) \tag{3.35}$$

1 階の最適化条件は以下のようになる.

$$p = C'(y) \tag{3.36}$$

ここでは 1 階の条件を満たす生産水準が二つ存在する場合を取り上げよう. 費用関数 $C(y)$ が図 3.5 (a) のような形状をしており, よって限界費用関数 $\mathrm{MC}(y)$ が図 3.5 (b) のように U 字型をしているものとする. 1 階の条件を満たす y を小さいほうから $y^0(p), \tilde{y}(p)$ と表す. $y^0(p)$ は利潤を極小化する水準であり, 2 階の最適化条件を満たしていない. この場合, $y > y^0(p)$ の範囲では生産量 $\tilde{y}(p)$ が利潤を最大化し, $y < y^0(p)$ の範囲では生産量 0 が利潤を最大化する. それでは生産量 $\tilde{y}(p)$ と 0 のどちらが大域的に利潤を最大化するのか.

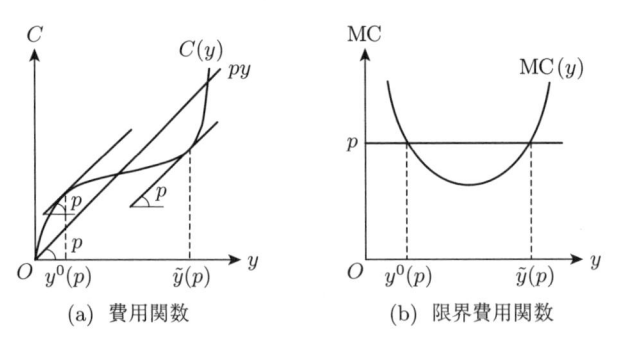

図 3.5 費用と限界費用

図 **3.6** に示すように, 平均可変費用 AVC の最小値を p^{SD}, 平均費用 AC の最小値を p^{BE} とする. 前節で述べたように, 限界費用曲線 MC は AVC 曲線と AC 曲線の最小値を通る. そこでは MC 曲線は増加局面にあるため, 生産量の水準はそれぞれ $\tilde{y}(p^{\mathrm{SD}}), \tilde{y}(p^{\mathrm{BE}})$ である. 初めに MC 曲線と AVC 曲線の位置関係に着目しよう. $p \geq p^{\mathrm{SD}}$ の範囲では $\mathrm{MC}(\tilde{y}(p)) \geq \mathrm{AVC}(\tilde{y}(p))$ であり, 逆も逆である. 以下の展開が従う.

$$p \geq p^{\mathrm{SD}} \Leftrightarrow p \geq \mathrm{AVC}(\tilde{y}(p))$$

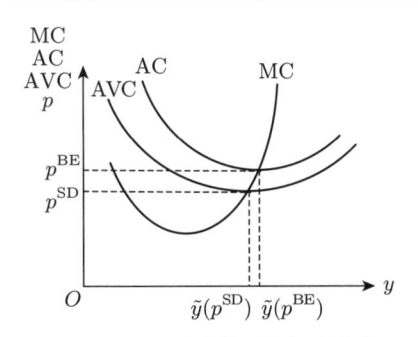

3.6 固定費用, サンク費用と供給関数

図 3.6 生産中止価格・損益分岐価格

$$\Leftrightarrow p\tilde{y}(p) \geqq \tilde{y}(p) \cdot \mathrm{AVC}(\tilde{y}(p)) = \mathrm{VC}(\tilde{y}(p))$$

$$\Leftrightarrow p\tilde{y}(p) - C(\tilde{y}(p)) \geqq \mathrm{VC}(\tilde{y}(p)) - C(\tilde{y}(p)) = -\mathrm{FC}(\tilde{y}(p))$$

$$\Leftrightarrow \pi(\tilde{y}(p)) \geqq \pi(0) \tag{3.37}$$

VC は可変費用, FC は固定費用を表す。$p < p^{\mathrm{SD}}$ のときには, 上式のすべての不等号 "$\geqq$" が "$<$" に入れ替わる。$\pi(0) = -\mathrm{FC}(\tilde{y}(p))$ はすでに固定要素への支出が行われたあとの利潤であるため, 0 にはならないことに注意しよう。以上より, 価格 p が平均可変費用関数の最小値 p^{SD} より高ければ (低ければ), 内点 $\tilde{y}(p)$ での利潤 $\pi(\tilde{y}(p))$ は端点 0 での利潤 $\pi(0)$ を上回る (下回る)。価格が p^{SD} を下回ると生産を中止するほうが望ましい。よって, p^{SD} を**生産中止価格** (shutdown price) と呼ぶ。以上の生産ルールを供給関数 $S(p)$ としてまとめると, 以下のようになる。

$$S(p) = \begin{cases} 0 & \text{if } p < p^{\mathrm{SD}} \\ \tilde{y}(p) & \text{if } p \geqq p^{\mathrm{SD}} \end{cases} \tag{3.38}$$

同様に, MC 曲線と AC 曲線の位置関係に着目する。式 (3.37) と同様の式展開により, 以下が成り立つ。

$$p \geqq p^{\mathrm{BE}} \Leftrightarrow \pi(x(p)) \geqq 0 \tag{3.39}$$

$p < p^{\mathrm{BE}}$ のときには, 右の不等号も "$<$" に替わる。以上のように, 価格が p^{BE} よりも大きくなる (小さくなる) と操業は黒字になる (赤字になる)。p^{BE} を**損**

益分岐価格 (breakeven price) と呼ぶ．したがって，価格 p が $p^{\mathrm{SD}} \leqq p < p^{\mathrm{BE}}$ の範囲にある場合には，赤字が発生しているにもかかわらず生産が行われる．すでに固定要素に投資をしているため，生産を行った場合のほうが赤字額を減らせるからである．しばしば赤字でも操業を続けている企業が見られるが，それはこのような根拠によっていることがある．なお，固定費用がサンク費用でない場合，すなわち資本を売却することにより固定費用をゼロにできる場合の供給関数は

$$S(p) = \begin{cases} 0 & \text{if } p < p^{\mathrm{BE}} \\ \tilde{y}(p) & \text{if } p \geqq p^{\mathrm{BE}} \end{cases} \tag{3.40}$$

となり，価格が p^{BE} 未満のときには，企業は生産を行わないことによって赤字の発生を避けることができる．

演習問題

〔**3.1**〕 シェパードの補題を証明せよ．証明にはいくつかの方法があり，2 章のマッケンジーの補題や本章のホテリングの補題で用いた方法も参考になる．

〔**3.2**〕 ある企業の短期の費用関数が $C(y) = y^3 - 60y^2 + 1\,500y + 30\,000$ であるとする．ただし y は生産量を表す．産出物の市場価格を p とする．また，固定費用はすべてサンク費用とする．

1) 固定費用を求めよ．
2) 平均費用 $\mathrm{AC}(y)$，平均可変費用 $\mathrm{AVC}(y)$，限界費用 $\mathrm{MC}(y)$ を求め，図 3.6 と同様の図を示せ．
3) 利潤最大化問題を解いて，利潤を極大にする産出量 y^* を求めよ．また，$y^* > 0$ の内点解を得るための p の条件を示せ．
4) 生産中止価格 p^{SD} と供給関数 $S(p)$ を求めよ．

4章 完全競争市場

◆本章のテーマ

本章では完全競争市場の均衡について学ぶ。複数の消費者や生産者がいる経済において均衡価格が満たす条件を理解する。また，ワルラス法則が恒等的に成立していることによって，n 個の市場のうちの $n-1$ 個の市場が均衡していれば，残りの1個の市場は均衡していることを知る。ある実現可能な資源配分が，他のいかなる実現可能な資源配分にもパレート支配されないとき，その配分はパレート効率的であるという。市場の普遍性と完全競争の条件が満たされていれば，ワルラス均衡はパレート効率的になる。

◆本章の構成（キーワード）

4.1 完全競争市場の均衡
    均衡価格，集計的需要関数，集計的供給関数
4.2 純粋交換経済における均衡
    エッジワースボックス，総超過需要関数，ワルラス法則，ワルラス均衡
4.3 生産経済における均衡
    労働市場，賃金率，ワルラス均衡
4.4 パレート効率性
    パレート支配，パレート改善，契約曲線，コア
4.5 厚生経済学の基本定理
    厚生経済学の第1・第2基本定理，効用可能性フロンティア

◆本章を学ぶと以下の内容をマスターできます

☞ プライステイカーとしての最適化行動から市場均衡を導けるか
☞ 純粋交換経済と生産経済における均衡条件と価格比を導けるか
☞ パレート効率性の概念や厚生経済学の基本定理とはなにか

4.1 完全競争市場の均衡

2章と3章では個々の消費者と企業の行動を明らかにした。そこでは財の市場価格が与件とされ，各主体の行動は市場価格への反応として記述された。本章では市場で価格が決まるメカニズムに着目する。そのために市場の全体を捉える。市場において価格は取引主体の間の接点となる。ある価格のもとで需要が供給を上回れば，その価格では財が不足し，需要の一部を満たすことができない。そのとき財を買うことができない需要者は，より高い価格を申し出ることによって財を手に入れようとする。財の供給者はより高い価格を申し出る需要者に財を売る。このことによって価格は引き上げられる。反対に，供給が需要を上回れば財が過剰となり，売ることができない供給者によって価格は引き下げられる。このように価格の調整は需要と供給が等しくなるまで続き，最終的には需要と供給が等しい状態，すなわち**均衡**（equilibrium）に到達する。そのときの市場価格を**均衡価格**（equilibrium price）と呼ぶ。

市場に参加している経済主体が多数であれば，個々の経済主体は市場価格を自分の力で変更することはできない。すなわち，自分だけが他の企業よりも高く財を売ったり，他の消費者よりも安く財を買ったりすることはできない。このような市場を**完全競争市場**（perfectly competitive market）と呼ぶ。完全競争市場では経済主体は**プライステイカー**（price taker）（価格受容者）となる。

ある財に対する消費者 i の需要関数を価格 p の関数として $d^i(p)$ と表すと，n 人の消費者の需要の合計は $D(p) = \sum_i d^i(p)$ と表される。$D(p)$ は**集計的需要関数**（aggregate demand function）と呼ばれる。図 4.1 に示すように，集計的需要曲線は個々の需要曲線を水平方向に足した曲線として描かれる。同様に，企業 j の供給関数を $s^j(p)$ と表すと，**集計的供給関数**（aggregate supply function）は $S(p) = \sum_j s^j(p)$ により与えられる。図 4.2 に示すように，集計的供給曲線は個々の供給曲線を水平方向に足した曲線として描かれる。図

4.1 完全競争市場の均衡

4.3 に示すように，市場均衡は集計的需要曲線と集計的供給曲線が交差する点 $Q(X^*, p^*)$ に決まる．このとき均衡価格 p^* によって需要と供給が一致する．すなわち $X^* = D(p^*) = S(p^*)$ が成立する．

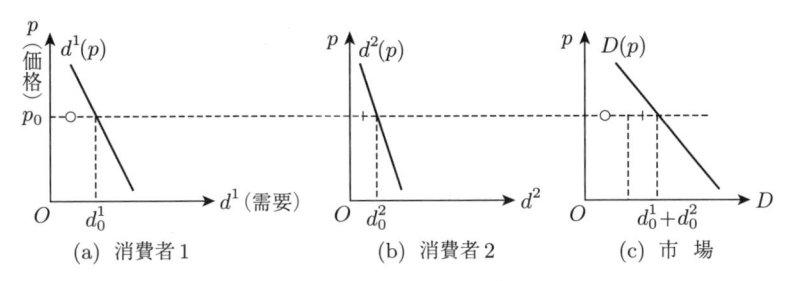

図 4.1 市場の需要曲線

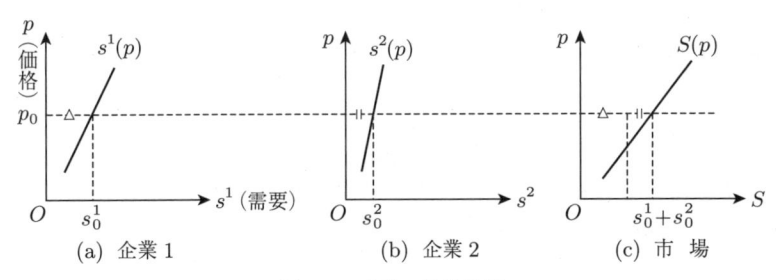

図 4.2 市場の供給曲線

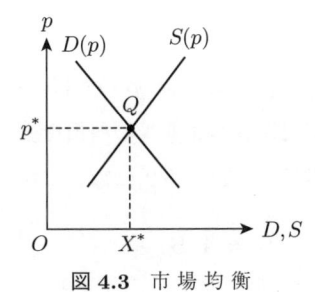

図 4.3 市場均衡

4.2 純粋交換経済における均衡

前節では一つの市場のみを取り上げた.このように経済の中の一部の市場の均衡だけを問題にする分析は,**部分均衡分析**(partial equilibrium analysis)と呼ばれる.それに対して,経済のすべての市場の均衡を同時に分析することを**一般均衡分析**(general equilibrium analysis)という.以下,本章では二つの一般均衡分析を取り上げる.

初めに,財の生産はなされずに,複数の消費者が複数種類の財を自由に交換する経済について考える.このような経済を**純粋交換経済**(pure exchange economy)という.最も簡単な例として,2人の消費者と2種類の財のケースを考える.2人の消費者を消費者 A, B, 2種類の財を第1財,第2財とする.当初,各消費者は2財を $\boldsymbol{e}^i = (e_1^i, e_2^i)$ $(i = A, B)$ の組み合わせで保有しているとする.2人の消費者が財の交換をした後のそれぞれの消費ベクトルを $\boldsymbol{x}^i = (x_1^i, x_2^i)$ と表し,効用関数を $U^i(x_1^i, x_2^i)$ により表す.2財の価格を p_1, p_2 により表す.2人の消費者はプライステイカーとして振る舞うものとする.消費者 i の効用最大化問題は,以下のように表される.

$$\max_{x_1^i, x_2^i} U^i(x_1^i, x_2^i) \tag{4.1}$$

$$\text{subject to} \quad p_1 x_1^i + p_2 x_2^i = p_1 e_1^i + p_2 e_2^i \tag{4.2}$$

所得は価格に依存して,$p_1 e_1^i + p_2 e_2^i = \boldsymbol{p} \cdot \boldsymbol{e}^i$ によって与えられる.ただし,$\boldsymbol{p} \cdot \boldsymbol{e}^i$ は価格ベクトルと初期保有ベクトルの内積を表す.2章で学んだように,1階の最適化条件は,限界代替率が価格比に等しくなる条件により与えられる.

$$\frac{\text{MU}_1^i(x_1^{i*}, x_2^{i*})}{\text{MU}_2^i(x_1^{i*}, x_2^{i*})} = \frac{p_1}{p_2} \quad (i = A, B) \tag{4.3}$$

ただし,$\text{MU}_j^i(\cdot) = \partial U^i(\cdot)/\partial x_j^i$ は第 j 財の限界効用を表す.需要関数は価格比と所得に依存して,$x_j^{i*}(p_1/p_2, \boldsymbol{p} \cdot \boldsymbol{e}^i)$ と表される.消費者 A と消費者 B の最適化行動は,それぞれ図 4.4(a), (b) によって表される.図の例では,消費者 A は第1財を $e_1^A - x_1^{A*}$ だけ売って得た所得で,第2財を $x_2^{A*} - e_2^A$ だけ買う.

4.2 純粋交換経済における均衡

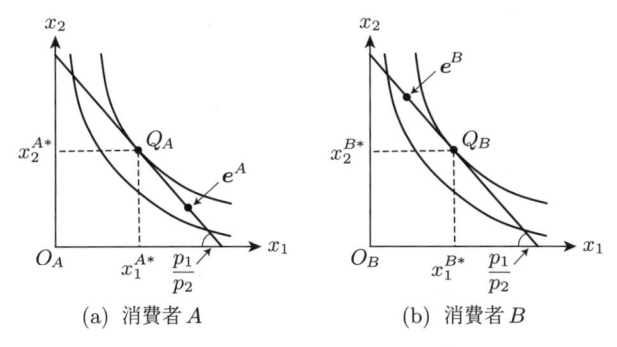

(a) 消費者 A 　　　　(b) 消費者 B

図 **4.4**　2 人の消費者の最適消費

消費者 B については，第 1 財を $x_1^{B*} - e_1^B$ だけ買い，第 2 財を $e_2^B - x_2^{B*}$ だけ売る．消費者 A の第 1 財と，消費者 B の第 2 財が交換されることになる．

経済の均衡には，需要と供給が一致することによって到達する．よって，この経済では，2 財について

$$x_1^{B*}\left(\frac{p_1^*}{p_2^*}, \boldsymbol{p}^* \cdot \boldsymbol{e}^B\right) - e_1^B = e_1^A - x_1^{A*}\left(\frac{p_1^*}{p_2^*}, \boldsymbol{p}^* \cdot \boldsymbol{e}^A\right) \tag{4.4}$$

$$x_2^{A*}\left(\frac{p_1^*}{p_2^*}, \boldsymbol{p}^* \cdot \boldsymbol{e}^A\right) - e_2^A = e_2^B - x_2^{B*}\left(\frac{p_1^*}{p_2^*}, \boldsymbol{p}^* \cdot \boldsymbol{e}^B\right) \tag{4.5}$$

が成り立つ．左辺は需要を，右辺は供給を表す．図 4.3 で見たように，二つの財市場の均衡価格は，上記の等式を満たすように決まる．

この交換経済の均衡は，グラフを用いると理解しやすい．**図 4.5** は，図 4.4 (b) を逆さにした図と図 4.4 (a) とで，$\boldsymbol{e}^A$ と $\boldsymbol{e}^B$ の位置を一致させ，さらに予算制約線が重なるようにくっつけたものである．両消費者は同じ価格に直面しているため，予算制約線の任意の傾き p_1/p_2 のもとで四角形は長方形になる．長方形の横の辺の長さは第 1 財の総量を，縦の辺の長さは第 2 財の総量を表す．各辺において原点 O_A からの長さが消費者 A の保有量，右上の原点 O_B からの長さが消費者 B の保有量となる．この経済は点 E から出発し，点 Q で均衡する．価格比が p_1^*/p_2^* のとき，図 4.4 (a) の点 Q^A と図 4.4 (b) の点 Q^B が図 4.5 の点 Q の位置で重なる．図 4.5 において

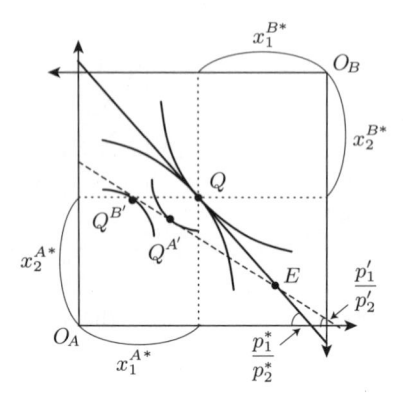

図 4.5　エッジワースボックス

$$x_1^{A*}\left(\frac{p_1^*}{p_2^*},\ \boldsymbol{p}^*\cdot\boldsymbol{e}^A\right) + x_1^{B*}\left(\frac{p_1^*}{p_2^*},\ \boldsymbol{p}^*\cdot\boldsymbol{e}^B\right) = e_1^A + e_1^B \tag{4.6}$$

$$x_2^{A*}\left(\frac{p_1^*}{p_2^*},\ \boldsymbol{p}^*\cdot\boldsymbol{e}^A\right) + x_2^{B*}\left(\frac{p_1^*}{p_2^*},\ \boldsymbol{p}^*\cdot\boldsymbol{e}^B\right) = e_2^A + e_2^B \tag{4.7}$$

が満たされていることが見てとれる．そして，この条件は先の条件 (4.4), (4.5) と等価である．それ以外の価格比 p_1'/p_2' の場合，破線上の $Q^{A'}$ と $Q^{B'}$ のように，最適消費点は重ならない．それは各財の需要と供給が一致していないことを意味する．図形上でも式 (4.6), (4.7) の関係が成立しないことがわかる．以上の分析に用いられた四角形は，**エッジワースボックス**（Edgeworth box）と呼ばれている．

各財の消費と初期保有の差 $x_j^i - e_j^i$ を**超過需要**（excess demand）という．既述のように最適消費行動は価格ベクトルに依存するので，超過需要も価格ベクトルの関数となる．消費水準をここでは簡単に $x_j^i(\boldsymbol{p})$ と表記する．それらを消費者に関して集計したものを**総超過需要関数**（total excess demand function）といい，以下のように定義する．

$$z_1(\boldsymbol{p}) = \sum_{i=A,B}\left\{x_1^i(\boldsymbol{p}) - e_1^i\right\} \tag{4.8}$$

$$z_2(\boldsymbol{p}) = \sum_{i=A,B}\left\{x_2^i(\boldsymbol{p}) - e_2^i\right\} \tag{4.9}$$

いま，2 財の財の価格 p_1, p_2 が 2 倍になったとしても，所得も 2 倍になるため，

予算制約式 (4.2) は変わらない。このことは，エッジワースボックスにおいて予算制約線が価格比 p_1/p_2 のみに依存していることからもわかる。したがって，総超過需要関数は価格ベクトルに関してゼロ次同次関数である。任意の価格 $\boldsymbol{p}$ と $t > 0$ について $z_j(\boldsymbol{p}) = z_j(t\boldsymbol{p})$ が成立する。

各消費者の予算制約式 (4.2) は任意の価格 $\boldsymbol{p}$ のもとで満たされているので

$$p_1 x_1^A(\boldsymbol{p}) + p_2 x_2^A(\boldsymbol{p}) = p_1 e_1^A + p_2 e_2^A \tag{4.10}$$

$$p_1 x_1^B(\boldsymbol{p}) + p_2 x_2^B(\boldsymbol{p}) = p_1 e_1^B + p_2 e_2^B \tag{4.11}$$

が成り立つ。これらを加えて整理すると

$$p_1 z_1(\boldsymbol{p}) + p_2 z_2(\boldsymbol{p}) = \boldsymbol{p} \cdot \boldsymbol{z}(\boldsymbol{p}) = 0 \tag{4.12}$$

となり，任意の価格 $\boldsymbol{p}$ について，総超過需要の価値の総和はゼロになる。この性質を**ワルラス法則**（Walras' law）と呼ばれる。ワルラス法則は恒等式である。

式 (4.4), (4.5) では二つの均衡条件式を立てた。それらを総超過需要関数を用いて書き直すと

$$z_1(\boldsymbol{p}^*) = 0 \tag{4.13}$$

$$z_2(\boldsymbol{p}^*) = 0 \tag{4.14}$$

となる。いま，式 (4.12) はつねに成立しているため，式 (4.13) が成立していれば，式 (4.14) は，式 (4.12) と式 (4.13) から必ず成立することがわかる。すなわち，式 (4.14) は独立した条件式ではない。換言すると，一方の市場の均衡は他方の市場の均衡を意味する。これはワルラス法則が導く原理であり，一般的に n 種類の財の場合にも，$n-1$ 個の市場が均衡していれば，残りの 1 個の市場は均衡している。

また，総超過需要関数が価格に関してゼロ次同次関数であることを考慮すると，$z_1(p_1^*, p_2^*) = z_1(tp_1^*, tp_2^*)$ の関係に $t = 1/p_2^*$ を代入することにより，$z_1(p_1^*, p_2^*) = z_1(p_1^*/p_2^*, 1)$ が従う。そして，均衡条件 $z_1(p_1^*/p_2^*, 1) = 0$ より，ここでは 2 財の価格の絶対水準ではなく価格比 p_1^*/p_2^* のみが決まることがわかる。

以上の例で見たように，すべての財について $z_j(\boldsymbol{p}^*) \leq 0$ (for $\forall j$) が満たされるという条件で与えられる均衡は，**ワルラス均衡**（Walrasian equilibrium）と呼ばれている．

4.3 　生産経済における均衡

　本節では生産者を含む経済の均衡を考える．財の生産が行われる経済を**生産経済**（production economy）と呼ぶ．生産経済には，労働や資本を取引する生産要素市場と商品を売買する生産物市場が存在する．ここでは最も簡単な例を考えて，消費者である家計が 1 人，生産者である企業が一つ，生産要素は労働のみで，産出される財は 1 種類であるとしよう．生産要素市場では，家計が労働を供給し，企業が需要する．生産物市場では，企業が商品を供給し，家計が需要する．家計も企業もプライステイカーとして行動するものとする．

　企業の生産技術 $f(l)$ を以下のように表す．

$$y = f(l), \quad \frac{df(l)}{dl} > 0, \quad \frac{d^2 f(l)}{dl^2} < 0 \tag{4.15}$$

y は生産物，l は労働を表す．労働は時間単位で計られるものとする．また，家計の効用関数 $U(c, x)$ を以下のように仮定する．

$$\begin{aligned} u = U(c, x), \quad &\frac{\partial U(\cdot)}{\partial c} > 0, \quad \frac{\partial U(\cdot)}{\partial x} > 0, \\ &\frac{\partial^2 U(\cdot)}{\partial c^2} < 0, \quad \frac{\partial^2 U(\cdot)}{\partial x^2} < 0, \quad \frac{\partial^2 U(\cdot)}{\partial c \partial x} > 0 \end{aligned} \tag{4.16}$$

u は効用水準，c は財の消費水準，x は余暇の時間を表す．余暇が長いほど家計の効用は増加する．家計は与えられた時間 T を労働 l と余暇 x に配分する．

　企業は以下のように利潤を最大化する．

$$\max_{l} \pi = p f(l) - w l \tag{4.17}$$

p は生産物の価格である．w は賃金率であり，労働市場の価格のことである．企業はそれらを与件として，以下の最適化条件を満たすように労働需要を決

4.3 生産経済における均衡

する。

$$f'(l) = \frac{w}{p} \tag{4.18}$$

上式を満たす労働需要関数を $l = l^d(p,w)$ と表す。労働需要関数に従って，財の供給関数と企業の利潤関数も以下のように決まる。

$$y^s(p,w) = f(l^d(p,w)) \tag{4.19}$$

$$\Pi(p,w) = pf(l^d(p,w)) - wl^d(p,w) \tag{4.20}$$

家計の問題は以下のように表される。

$$\max_{c,x} u = U(c,x) \tag{4.21}$$

$$\text{subject to } pc = wl = w(T-x) \tag{4.22}$$

予算制約式 (4.22) は，労働によって得た所得で財を購入することを意味している。wx を右辺に移項すると

$$pc + wx = wT \tag{4.23}$$

となり，賃金率 w は余暇を購入するための価格と解釈することもできる。最適化条件は以下のように表される。

$$\frac{\text{MU}_x(c,x)}{\text{MU}_c(c,x)} = \frac{w}{p} \tag{4.24}$$

これまでと同様に，$\text{MU}_x(c,x)$ と $\text{MU}_c(c,x)$ はそれぞれ余暇と財の消費に関する限界効用を表す。式 (4.23), (4.24) より最適な消費水準 $c = c^d(p,w)$ と余暇の水準 $x = x^d(p,w)$ を得る。これより，労働の供給関数 $l^s(p,w)$ が従う。

$$l^s(p,w) = T - x^d(p,w) \tag{4.25}$$

ワルラス均衡は以下の条件を満たす。

$$l^d(p^*,w^*) = l^s(p^*,w^*), \quad c^d(p^*,w^*) = y^s(p^*,w^*) \tag{4.26}$$

(p^*, w^*) は均衡価格を表す。(p^*, w^*) によって財の生産や余暇や労働の均衡水準が決まる。図 4.6 はこの生産経済の均衡を示す。横軸は原点 O を起点に右向きに余暇の水準を表し，点 T を起点に左向きに労働の水準を表す。よって，点 T を起点に左上に向かって生産関数 $y = f(l)$ が描かれている。一方，家計の予算制約線と無差別曲線 $u = U(c, x)$ は点 O を原点としている。価格が (p^*, w^*) にあるとき，予算制約線と無差別曲線，生産関数曲線が点 Q で接する。この点が条件 (4.26) で与えられる財と労働の均衡水準となる。図 4.6 と図 4.5 のエッジワースボックスとの類似性に着目されたい。この生産経済でも，家計と企業が財と時間の交換を行っている。そして，均衡において予算制約線の傾き w^*/p^* が決まっている。すなわち，価格比 w^*/p^* のみが決まり，価格の絶対水準は決まらない。

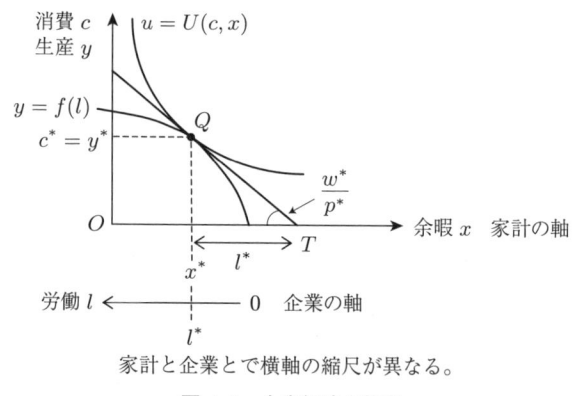

図 4.6　生産経済の均衡

4.4　パレート効率性

経済学では，経済の状態を評価するときに「資源配分」と「所得分配」を区別する。**配分**（allocation）と**分配**（distribution）は意味が異なる。資源配分とは経済に存在する資源の利用の仕方（配分）を意味し，この場合には技術的な効率性が問題とされる。希少な資源がいかに無駄なく生産され，消費されたかが問題とされる。効率性の評価には**パレート効率的**（Pareto efficient）とい

う（**パレート最適**（Pareto optimal）ともいう）基準が用いられる。それに対して，所得分配とは経済において作り出された富を人々の間で分ける仕方（分配）を意味し，貧富の格差が問題となる。ここでは公平性（衡平性）が問題とされる。公平性の評価には価値判断が伴い，これまでに多数の基準が提案されている。本節では効率性の評価の方法を紹介する。

パレート効率的という概念を定義するために，**パレート支配**（Pareto dominance）という概念を定義する。n 人の家計で構成された経済を考える。家計 i ($= 1, \cdots, n$) の消費ベクトルを $\bm{x}^i$，効用関数を $u^i(\bm{x}^i)$ により表す。ある実現可能な資源配分 $\bm{x} = (\bm{x}^1, \bm{x}^2, \cdots, \bm{x}^n)$ と別の資源配分 $\bm{x}' = (\bm{x}^{1\prime}, \bm{x}^{2\prime}, \cdots, \bm{x}^{n\prime})$ がつぎの二つの条件を満たすとき，資源配分 $\bm{x}$ が $\bm{x}'$ をパレート支配するという。

1) 全ての家計 i が消費計画 $\bm{x}^i$ を消費計画 $\bm{x}^{i\prime}$ より弱い意味で好む。すなわち，すべての i について，$u^i(\bm{x}^i) \geqq u^i(\bm{x}^{i\prime})$ が成り立つ。
2) ある家計 h が消費計画 $\bm{x}^h$ を消費計画 $\bm{x}^{h\prime}$ より強く好む。すなわち，ある h について，$u^h(\bm{x}^h) > u^h(\bm{x}^{h\prime})$ が成り立つ。

このようなとき資源配分 $\bm{x}'$ は望ましいとはいえない。なぜならば，資源配分 $\bm{x}'$ から $\bm{x}$ に変更することで，いかなる家計の効用水準も下げることなく，少なくとも 1 人の効用水準を改善することができるからである。このように，パレート支配された資源配分へと移行することを**パレート改善**（Pareto improvement）と呼ぶ。そして，ある実現可能な資源配分が，他のいかなる実現可能な資源配分にもパレート支配されないとき，その配分はパレート効率的であるという。換言すると，これ以上パレート改善が不可能な状態のことをパレート効率的な状態という。

再び 2 人の純粋交換経済を例にとろう。図 **4.7** のエッジワースボックスにおいて，初期配分 E はパレート効率的ではない。点 E を通る 2 人の無差別曲線で囲まれたレンズ型の領域 R の中の配分は，両者の効用水準を高める。すなわち，初期配分 E は領域 R の中の配分にパレート支配されている。一方，領域 R の中の配分 E' もまた，破線の無差別曲線で囲まれた小さなレンズ型の領域 R' 内

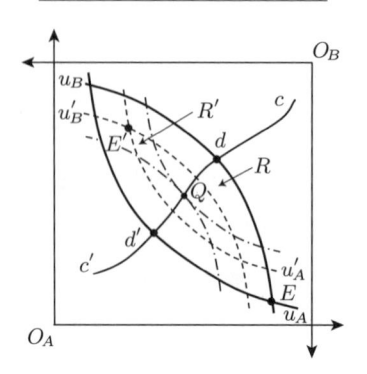

図 4.7 エッジワースボックスにおける契約曲線とコア

の配分にパレート支配されている。配分がパレート支配されないためには，その配分点を通る 2 人の無差別曲線が接していればよい。二つの一点鎖線の無差別曲線のように，両曲線が接していれば，その中にレンズ型の領域は生まれない。パレート効率的な配分の集合は 2 人の無差別曲線の接点の集合となる。そのような接点の軌跡は**契約曲線**（contract curve）と呼ばれる。図 4.7 では曲線 cc' のように表される。また，契約曲線 cc' において，図の c' あたりの点は，パレート支配はされないものの，家計 A の効用を初期点 E よりも落とす。よって，各家計が自由に交換を行う市場においては，その配分は家計 A によって拒否される。一方，契約曲線 cc' 上の区間 dd' は，両者の効用水準を初期配分 E より高める配分になる。かつパレート支配もされない。曲線 dd' のように，だれからも拒否されない配分の集合を**コア**（core）という。

パレート効率的な状態では 2 人の無差別曲線が接しているから，2 人の無差別曲線の傾きは等しい。無差別曲線の傾きの大きさは限界代替率に等しい。家計 i の財 1 の財 2 に対する限界代替率を MRS_{12}^i と表すと，$\mathrm{MRS}_{12}^A = \mathrm{MRS}_{12}^B$ が成立する。よって，パレート効率的な状態では，すべての家計の財の限界代替率は等しい。式 (4.3) より，限界代替率は価格比に一致することもわかる。また，2 財の生産が行われる経済では，価格比が限界変形率 MRT_{12} に一致する。その状態もパレート効率的となる。したがって，パレート効率的な状態では，価

格比を介してすべての家計の限界代替率と企業の限界変形率が一致することになる。

$$\mathrm{MRS}_{12}^A = \mathrm{MRS}_{12}^B = \mathrm{MRT}_{12} = \frac{p_1^*}{p_2^*} \tag{4.27}$$

4.5 厚生経済学の基本定理

4.2 節の純粋交換経済や，4.3 節の生産経済においてワルラス均衡がパレート効率的となった環境要因が二つある。第一に，すべての財に市場があり，需要や供給が市場を通じて行われるという仮定である。4.3 節の生産経済では時間を取引する市場も存在した。これは**市場の普遍性**（universality of markets）の仮定と呼ばれる。なお，市場の普遍性が成立しない状況とは，市場を通じないで需要や供給が行われる財やサービスが存在する状況である。外部性や情報の非対称性が存在する場合や，公共財が供給される場合などが含まれる。第二の要因は，繰り返し述べてきたように，すべての消費者や生産者が価格を所与として行動しているという仮定，すなわち**完全競争**（perfect competition）の仮定である。価格に影響力を持つ大企業などが存在しない状況である。このとき，4.2 節，4.3 節で見た結果は，以下の定理によって保証されている。

厚生経済学の第 1 基本定理（The first fundamental theorem of welfare economics）：すべての財について市場が普遍的に存在し，それらすべての市場が完全競争的ならば，ワルラス均衡が実現する資源配分はパレート効率的である。

重要な点は，それぞれの消費者は自身の限界代替率と価格比を一致させようとしているにすぎない点である。すなわち，自身の選好以外に必要とする情報は価格だけである。他の消費者の選好や企業の生産技術について知る必要はない。企業についても，自身の限界変形率と価格比を一致させるだけでよい。そして，均衡では各消費者の限界代替率と企業の限界変形率が価格比を通じて等

しくなる。価格のこの機能はアダム・スミス（Adam Smith）によって**見えざる手**（invisible hand）と形容された。各主体が分権的かつ利己的に行動することにより社会的に効率的な資源配分が実現するというこの定理は，新古典派経済学の一つの到達点といわれている。

価格の機能がいかに魅力的であるかは，市場がまったく存在しない計画経済で，どのようにしてパレート効率性を達成できるかを想像してみるとわかる。そこでは政府のような社会計画者が，社会に資源がどのように分布しているかをまず知らなければならない。さらには，それぞれの実現可能な資源配分について，各消費者の限界代替率がいくらで，各生産者の限界変形率がいくらかを計算できなければならない。とりわけ限界代替率は個人的な価値観を反映した私的情報であるため，すべての消費者について計画者がその情報を持つことは難しいことであろう。

その一方で，配分がパレート効率的であれば社会的に「望ましい」かというと，そうとは限らないだろう。4.4 節の冒頭で触れたように，公平性という基準が存在する。公平性の基準にはさまざまなものが存在するが，本書ではその内容には立ち入らない。ここでは，家計の効用水準が同程度であるほど公平性が高いというくらいに考えることとしよう。図 4.8 は 2 人の家計の経済で実現可能配分に対応した効用水準の領域を示している。曲線 ff' で囲まれた領域が実現可能な効用水準の組み合わせである。曲線 ff' は**効用可能性フロンティア**（utility possibility frontier）と呼ばれる。効率性は，効用の組み合わせが効用可能性フロンティア ff' 上にあることをいっている。よって，不公平に見える点 Q も効率的な配分と判断される。効率的で，かつ公平に見える点 P は無数の可能性の一つにすぎない。それでは効率性と公平性は両立し得ないのかという疑問が生じる。以下の定理が一つの可能性を示している。ここでは証明なしで紹介する。

厚生経済学の第 2 基本定理（The second fundamental theorem of welfare economics）：すべての財について市場が普遍的に存在し，すべての市場

4.5 厚生経済学の基本定理

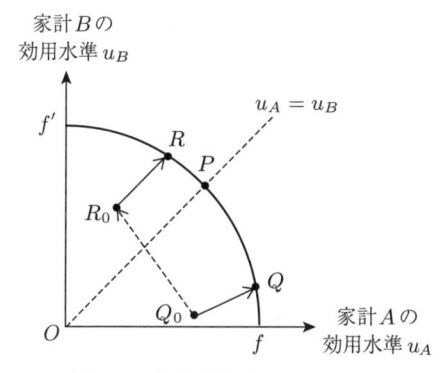

図4.8 効用可能性フロンティア

が完全競争的であり，経済が凸環境を満たすならば，政府は一括型の税・補助金政策による所得再分配政策を使うことによって，任意のパレート効率的な資源配分を所得再分配後の市場均衡として実現することができる．

凸環境（convex environment）とは，消費者の選好や生産技術が**凸性**（convexity）を満たしている環境をいう．凸性とは，消費者については限界代替率が逓減すること，生産者については限界生産性が逓減し，規模に関して収穫逓減または収穫一定が成立していることである．例えば，図4.8において，2人の家計の初期分配 (e^A, e^B) に対応した効用水準の組み合わせを $Q_0(u(e^A), u(e^B))$ とし，この状態から交換を始めると均衡点 Q に到達するものとする．しかしながら，いま，なんらかの理由で点 R を実現したいものとしよう．そのときには，市場取引が始まる前の段階で，家計 A から家計 B に適切な再分配 τ を行って，初期点を点 $R_0\left(u(e^A - \tau), u(e^B + \tau)\right)$ に修正することによって，その後の自発的な取引を通じて点 R が実現することになる．点 P を実現したい場合にも，それに対応した再分配が存在する．なお，現実には種々の制度的ないし政治的な制約によって，一括型の再分配の可能性は制限されている．そうではあるが，効率性と公平性は理論的に相対立した目標ではないという理解をしておくことは重要である．

演習問題

〔**4.1**〕 2人の消費者と2種類の財の純粋交換経済を考える。財1, 財2に関する消費者 $i\ (=A,B)$ の効用関数を $U^i(x_1^i, x_2^i) = \sqrt{x_1^i} + \sqrt{x_2^i}$ とする。消費者 A, B の初期保有ベクトルをそれぞれ $\boldsymbol{e}^A = (e_1^A, e_2^A) = (20, 50)$, $\boldsymbol{e}^B = (e_1^B, e_2^B) = (20, 110)$ とする。

1) 価格ベクトルを $\boldsymbol{p} = (p_1, p_2)$ とおいて，各消費者の各財の需要関数を求めよ。
2) ワルラス均衡における均衡価格と均衡消費水準を求めよ。

〔**4.2**〕 前問の消費者2人と2財の問題設定を用いる。消費者 B の効用水準が u に固定されているとするとき，パレート支配されない配分の集合は以下の問題の解として求められる。

$$\max_{x_1^A, x_2^A, x_1^B, x_2^B} U^A(x_1^A, x_2^A) = \sqrt{x_1^A} + \sqrt{x_2^A} \tag{4.28}$$

$$\text{subject to } U^B(x_1^B, x_2^B) = \sqrt{x_1^B} + \sqrt{x_2^B} = u \tag{4.29}$$

$$x_1^A + x_1^B = e_1^A + e_1^B \tag{4.30}$$

$$x_2^A + x_2^B = e_2^A + e_2^B \tag{4.31}$$

1) $\boldsymbol{e}^A = (20, 50)$, $\boldsymbol{e}^B = (20, 110)$ のとき，パレート支配されない配分 $(x_1^A, x_2^A, x_1^B, x_2^B)$ を u の関数として求めよ。
2) 配分がコアであるために u が満たすべき条件式を示せ。

5章 不完全競争市場

◆本章のテーマ

　本章では不完全競争市場の均衡について学ぶ。独占市場では，独占企業は完全競争下にあるときよりも高い価格を付けて少ない量を供給し，利潤を得る。独占市場の非効率性を修正することを目的として，さまざまな規制の方法が開発されている。寡占市場では，少数の企業の間で相互依存的な供給戦略がとられる。独占的競争市場では，企業は，たがいに異なるが似ている財を供給する。それぞれの財の価格が他の代替財の量にも依存して決まる。

◆本章の構成（キーワード）

5.1　独占と寡占
　　　政策的要因，技術的要因，自然独占
5.2　独占市場の均衡
　　　逆需要関数，限界収入，マークアップ率
5.3　独占の要因と規制
　　　規模の経済性，ネットワークの経済性，地域独占，限界費用料金規制，平均費用料金規制，インセンティブ規制
5.4　寡占市場の均衡
　　　最適反応関数，クールノー＝ナッシュ均衡，ベルトラン均衡
5.5　製品差別化と独占的競争
　　　代替財，短期均衡，長期均衡

◆本章を学ぶと以下の内容をマスターできます

☞　独占企業の利潤最大化行動と市場均衡を導けるか
☞　独占による非効率性を取り除くために，どのような規制の方法があるか
☞　寡占市場における企業同士の最適反応関数と市場均衡を導けるか
☞　独占的競争市場は独占市場や完全競争市場とどのように異なるのか

5. 不完全競争市場

5.1 独占と寡占

　前章では完全競争市場における経済主体の行動と市場均衡の性質について分析した。完全競争市場であるためには経済主体がプライステイカーであることが条件であった。本章では，プライステイカーではなく価格支配力を持つ経済主体が行動する不完全競争市場を取り上げる。不完全競争市場の代表的なケースとして，売り手が1人である場合の**独占**（monopoly）と，2人である場合の**寡占**（oligopoly）がある。価格支配力の源泉には政策的要因と技術的要因がある。前者には特許権や著作権といった**知的財産権**（intellectual property right）が与えられる場合や，鉄道や電力のように，政府によって地域当り1社にだけ営業を認める独占権が与えられる場合などがある。一方，後者は規模の経済性による場合である。そのようなケースでは，人為的ではなく自然に発生する独占という意味で**自然独占**（natural monopoly）と呼ぶこともある。初期投資が莫大な鉄道会社や電力会社，郵便事業は，自然独占の代表的な例である。

　独占市場では1人，寡占市場では少数の売り手の行動によって価格が決まる。特に独占市場では，独占企業はプライスメーカーとして自らの利益を最大限にする価格設定を行うことができる。そこでは独占企業は完全競争下にあるときよりも高い価格を付ける傾向がある。なぜなら，完全競争下では競争相手がより低い価格を付けて商品シェアを奪うかもしれないのに対し，独占市場ではその心配がないからである。また，独占企業は完全競争下にあるときよりも少ない数量しか市場に商品を出さない傾向がある。なぜなら，市場に多くの商品を出せば出すほど，価格を引き下げることなしにすべてを売ることができなくなっていくからである。したがって，価格をつり上げて商品1個当りの利益を増やそうという意図のもとで，企業は完全競争のときよりも商品を出し惜しみする。むろん商品数が極端に少なければ，利益が減ってしまうことになる。よって，独占企業は1個当りの利益と売れ行きとのバランスを考慮して，利益を最大化する価格を付けることになる。

5.2 独占市場の均衡

一つの企業のみがある財を供給している場合を考える。その財の価格を p と表し，需要関数を $y(p)$ とする。需要曲線 $y = y(p)$ について，価格 p を需要 y の関数と見た逆関数 $p = p(y)$ を**逆需要関数**（inverse demand function）という。通常，需要曲線が右下がりであるため，$p'(y) < 0$ である。独占企業は市場で需要される当該財のすべてを供給しているため，供給量も y である。そして，独占企業は価格 $p(y)$ の動きを意識しながら y を決定することができる。独占企業の収入を $R(y) = p(y)y$ と表すと，企業の利潤最大化問題は以下のように表される。

$$\max_y \pi(y) = R(y) - C(y) = p(y)y - C(y) \tag{5.1}$$

$C(y)$ は費用関数を表す。1階の最適化条件は以下のようになる。

$$p(y) + p'(y)y - C'(y) = 0 \tag{5.2}$$

ここで

$$\mathrm{MR}(y) = p(y) + p'(y)y \ < p(y) \tag{5.3}$$

は**限界収入**（marginal revenue）を表し，$p'(y) < 0$ なので $\mathrm{MR}(y) < p(y)$ となる。すなわち，追加的な1単位の供給は市場価格を $|p'(y)|$ だけ下落させ，それによってすでに市場に出ている y 単位の販売の売上を減少させるという負の効果を伴う。よって，その分だけ企業は供給に対して抑制的となる。最適化条件 (5.2) は，企業が限界収入 $\mathrm{MR}(y)$ と限界費用 $\mathrm{MC}(y) = C'(y)$ を一致させるように供給量 y を決定することを意味する。その条件は，消費者の需要の価格弾力性 $\varepsilon(y) = -\dfrac{p}{y(p)}\dfrac{dy(p)}{dp}\ (>0)$ を用いて

$$\mathrm{MR}(y) = p(y)\left\{1 + \frac{dp(y)}{dy}\frac{y}{p(y)}\right\} = p(y)\left\{1 - \frac{1}{\varepsilon(y)}\right\} = C'(y) \tag{5.4}$$

すなわち

$$p(y) = \frac{C'(y)}{1 - \dfrac{1}{\varepsilon(y)}} \ > C'(y) \tag{5.5}$$

と書き換えることができる。このように，独占企業が設定する価格は限界費用をマークアップ（上乗せ）したものであり，そのマークアップ率は需要の価格弾力性の関数になる。以上の均衡は図 5.1 のように表現される。限界収入曲線 $\mathrm{MR}(y)$ は（逆）需要曲線 $p(y)$ の下方に位置する。そして，均衡における財の取引量は $\mathrm{MR}(y^m) = \mathrm{MC}(y^m)$ を満たす y^m で与えられ，均衡価格は $p^m = p(y^m)$ に決まる。競争市場の均衡は点 $Q(y^0, p^0)$ であるので，独占市場において財の量は減少し，価格が高くなることが見てとれる。また，平均費用曲線 $\mathrm{AC}(y)$ の情報を利用することにより，独占企業の利潤と費用が図に示す領域で表されることがわかる。

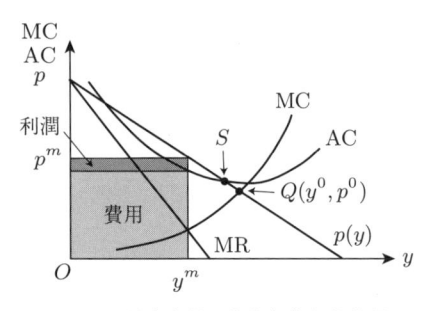

図 5.1　独占市場の均衡価格と供給量

5.3　独占の要因と規制

電気事業やガス事業などのインフラ関連産業は，地域ごとに売り手独占が成立している場合が多い。このように地域独占が生まれるおもな要因を整理すると，以下のようになる。

1) 電気やガス，重工業などのように，大きな設備投資すなわち固定費用が必要な産業では，規模の経済性によって，大きなシェアを獲得したところが低コストとなり，さらに再投資の資金をライバルより多く得ることができるという循環が働く。
2) 運輸や通信のように，ネットワークによってサービスを提供する産業では，ネットワークが密になればなるほどサービス水準が上がるという

ネットワークの経済性（economy of network）が存在するため，自然独占に至る。宅配便なども，一定の量の荷物を同時に運べる規模の経済性と，エリアごとに荷物の受け渡しをしていけるネットワークの経済性をあわせたスケールメリットが働く。ここでは，ネットワークの経済性は，輸送費用の減少と時間短縮によるサービス水準の向上の両面でメリットを発揮している。なお，近年はコンビニエンスストアをはじめとした企業間の共同集配の方法も浸透しており，単純な独占とは異なった市場として発展している。また，電話などの通信機器は，利用者が多くなるほど，通信相手が増えることによって機器の利便性が上がるため，利用者の効用にネットワークの経済性が働いている。

3) 特定の顧客や高度な技術に特化した場合にも，独占となることが多い。それはスケールメリットに加えて，ライバルよりも顧客情報が多く入り，さらにニーズにあった製品を開発できるからである。小さな企業であっても，ある特定の地域や産業で独占力を発揮する企業が見られる。自動車などの重工業では，ある部品を少数の企業が独占的に供給している場合がある。また，コンサルタント会社がある地域のある分野のデータを独占的に保有していることによって，受注の競争においてつねに優位に立つようなケースも存在する。

4) 既存の独占を打ち壊す中心的な戦略は，その分野にイノベーションを起こすことである。コストを飛躍的に低下させたり，快適性を格段に向上させたりする素材や機能を開発することによって，市場のシェアを大きく奪い返すことができる。自由競争のもとでは，独占とイノベーションの繰り返しが製品開発と経済発展の原動力の一つとなっている。

以上のように，規模の経済性やネットワークの外部性が存在する場合，規模が大きければ大きいほど技術的効率性が増大する。一方で，規模が大きくなって産業が独占化すれば，前節で見たように厚生損失が発生する。つまり，資源配分が非効率的になる。このように，自然独占産業では，技術の効率性と配分

の非効率性の間にトレードオフが存在する。そこでしばしば行われるのが，独占を認めて技術の効率性を確保しつつ，料金などを規制して配分の非効率性を取り除こうとする政策である。以下に代表的な料金規制の方法を紹介する。

（ a ） **限界費用料金規制**（marginal cost pricing regulation）　社会的に効率的な配分は価格が限界費用と等しくなるときに実現する。したがって，**ファーストベストの規制**（first-best regulation）は，需要と供給を一致させ，かつ料金を限界費用と一致させるように規制する限界費用料金規制になる。これは図5.1で点Qを実現させようとする規制である。しかし，規模の経済が著しいケースでは，図5.1のように点Qにおいて限界費用が平均費用を下回り，企業に赤字が発生する場合がある。それでも，消費者余剰まで含めれば，平均便益が平均費用を上回るような場合もある。そのときには，政府は税を原資に企業の赤字を補填するような補助を行うことが社会的に望ましい。しかしながら，一括税でない限り，課税方法自体が非効率性を発生させる可能性もあり，その厚生損失が十分に小さいかどうかを確認しなければならない。また，限界費用料金規制は，政府にとって企業の限界費用を計算することが困難であるという実務上の問題も指摘されている。さらに，赤字が補填されることが保証されていることによって，企業が効率的な経営を行うインセンティブが乏しくなる可能性もある。このような非効率性の発生は**X非効率性**（X-inefficiency）と呼ばれている。

（ b ）　**平均費用料金規制**（average cost pricing regulation）　上記の赤字補填に伴う問題を回避するためには，赤字補填をしない制約下で，できる限り効果的な規制の方法が求められる。このような**セカンドベストの規制**（second-best regulation）として代表的な方法は，需要と供給を一致させ，かつ料金を平均費用と一致させるように規制する平均費用料金規制である。これは図5.1で点Sを実現させようとする規制である。この方式は総括原価方式とも呼ばれている。しかし，平均費用料金規制においても，収支が一致することが保証されているために，X非効率性が生じる可能性がある。

（ c ）　**インセンティブ規制**（incentive regulation）　以上の限界費用料金

5.3 独占の要因と規制

規制や平均費用料金規制では，企業に費用削減のインセンティブが生まれない。そこで，近年は，企業にある程度の裁量権を与えることによって効率性の向上を目指す規制方式が採用されるようになってきた。それらをインセンティブ規制という。インセンティブ規制には，余剰の残余請求権の一部を企業に認める**利潤分配規制**（profit sharing regulation）や，ある上限の範囲内で自由な価格設定を認める**プライスキャップ規制**（price cap regulation），他の企業の指標を物差しにする**ヤードスティック規制**（yardstick regulation）などがある。それらのうち，プライスキャップ規制では，t期の上限平均価格P_t^*は，以下のように与えられる。

$$P_t^* = P_{t-1}\left\{1 + \frac{\mathrm{PI} - x}{100}\right\} \tag{5.6}$$

P_{t-1}は$t-1$期の平均価格，PIは一般物価指数，xは事前に政策的に設定された生産性の上昇率を表す。この制度のもとで，企業が努力をして生産性が上昇し，費用が減少して利潤が生じても，企業は価格を引き下げる必要はない。独占企業はxを上回る生産性の向上を達成すれば，その利益をすべて利潤として受け取ることができる。よって，企業は費用削減のインセンティブを持つ。また，平均価格が上記のルールに従っていれば，個別の財の価格は自由に設定できるため，複数の財を生産する企業にとってはきめの細かい料金戦略が可能となる。さらに，政策当局にとっても個別の原価の情報を必要としないために，上限価格の設定に関する政策的な費用が削減できる。適用例として，日本の電気通信事業の一部で，プライスキャップ方式による規制が行われている。

一方，ヤードスティック規制は，ある企業の料金をその企業の費用を考慮して設定するのではなく，別の企業の費用の情報を参照することによって設定する方法である。最も単純な例として，経営内容がたがいに似ているA社，B社，C社があるとする。各社が新しい料金としてP_A, P_B, P_Cの申請を同時に行う。規制当局はそれらのうちの最小値を新しい料金として認める。P_Cが最小値であるとき，A社の平均費用をAC_Aとすると，単位当りの利潤は$P_C - \mathrm{AC}_A$となる。$P_C < \mathrm{AC}_A$であれば赤字になり，$P_C > \mathrm{AC}_A$となれば黒字になるため，

A 社には費用削減のインセンティブが生まれる。C 社にとっても，平均費用の引き下げは自社の利潤になるので，経営効率化のインセンティブが働く。このようなヤードスティック規制にはいろいろな応用形があり，例えば，ある企業の料金が自社以外の全企業の費用の平均に設定される方式などがある。地域間の環境の差異を反映した補正係数を導入することもある。日本では，電力産業で 1996 年よりヤードスティック査定方式が採用されている。鉄道・バス事業でもヤードスティック査定によって料金の上限を認可している。ヤードスティック規制は，各地域で地域独占の地位にある企業が間接的に地域間で競争する仕組みである点に特徴を持つ。

5.4 寡占市場の均衡

一つではないが少数の企業が市場のかなりの部分を占める産業もある。このような産業は寡占と呼ばれる。寡占の中で，市場に二つの企業しか存在しない場合は，特別に**複占**（duopoly）と呼ばれることもある。寡占市場のモデルの本質は二つの企業しか存在しない場合においても現れるので，以下では複占市場を取り上げる。

企業 1 の産出を y_1，企業 2 の産出を y_2 と表そう。消費者の限界効用を表す逆需要関数は $p = p(y_1 + y_2)$ と表される。それぞれの企業は相手企業の供給水準を与件として，自らの供給水準を決定する。企業 1 の問題は以下のようになる。

$$\max_{y_1} p(y_1 + \bar{y}_2)y_1 - C_1(y_1) \tag{5.7}$$

$C_1(\cdot)$ は費用関数を表す。最適化条件は以下のようになる。

$$p(y_1^* + \bar{y}_2) + p'(y_1^* + \bar{y}_2)y_1^* - C_1'(y_1^*) = 0 \tag{5.8}$$

移項すると

$$p(y_1^* + \bar{y}_2) = C_1'(y_1^*) - p'(y_1^* + \bar{y}_2)y_1^* \tag{5.9}$$

となり，これを解くことにより，$y_1^* = Y_1(\bar{y}_2)$ を得る。$Y_1(y_2)$ は企業 2 の任意

の供給水準 y_2 に対する最適反応関数である.同様に,企業 2 は企業 1 の供給水準 $\bar{y}_1$ を与件として自らの供給水準を決定する.よって,最適化条件は

$$p(\bar{y}_1 + y_2^*) = C_2'(y_2^*) - p'(\bar{y}_1 + y_2^*)y_2^* \tag{5.10}$$

となり,これより企業 2 の企業 1 に対する最適反応 $y_2^* = Y_2(\bar{y}_1)$ を得る.(y_1, y_2) 空間における二つの最適反応関数を**図 5.2** に示す.均衡は二つの曲線が交わる点に決まる.そこにおいて,$y_1^* = Y_1(y_2^*)$,$y_2^* = Y_2(y_1^*)$ が成立し,すなわち,たがいに最適反応水準に対する最適反応を行っている.このような均衡は,**クールノー＝ナッシュ均衡**(Cournot-Nash equilibrium)と呼ばれている.

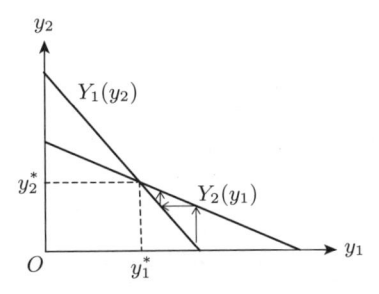

図 5.2 クールノー＝ナッシュ均衡

なお,最適化条件 (5.9),(5.10) は均衡点において以下のようになる.

$$\begin{aligned}p(y_1^* + y_2^*) &= C_1'(y_1^*) - p'(y_1^* + y_2^*)y_1^* \\ &= C_2'(y_2^*) - p'(y_1^* + y_2^*)y_2^*\end{aligned} \tag{5.11}$$

上式 1 行目右辺と 2 行目において $p'(\cdot) < 0$ であることから,価格 $p(y_1^* + y_2^*)$ は両企業の限界費用よりも高い水準に決まることがわかる.完全競争市場では価格が限界費用に一致することを想起されたい.寡占市場においてクールノー競争が行われるとき,完全競争市場均衡よりも均衡価格は高くなり,それによって財の需要は少なくなる.

ところで,企業が自社製品の価格付けを通じて競争すると考えたらどうであろうか.企業 1 が価格 $\bar{p}_1$ を付けるとき,企業 2 は $\bar{p}_1$ よりも小さい価格を付け

ることによって，すべての顧客を奪うことができる．企業2が利潤を最大にするためには，$\bar{p}_1$ よりも小さい範囲で最大の価格を付けることが合理的になる．よって，企業2の最適反応は，ε を正の微小量として，$P_2(p_1) = p_1 - \varepsilon$ となる．企業1も企業2に対して同様に反応する．すなわち $P_1(p_2) = p_2 - \varepsilon$ となる．このようにして，両企業が相手企業よりも少し小さい価格を付け合うことによって価格は下がっていき，結果的に価格が限界費用に一致するところで均衡する．限界費用よりも小さい価格を付けると赤字になるため，限界費用の水準が均衡価格になる．よって，寡占市場においても完全競争市場と同じ価格が成立することになる．このような均衡は**ベルトラン均衡**（Bertrand equilibrium）と呼ばれている．

5.5 製品差別化と独占的競争

　製品が差別化されている場合にも，売り手に価格支配力が生まれることになる．例えば，ドラッグストアで大量に売られているシャンプーや歯ブラシについては，まったく同じものが別のドラッグストアやスーパーで売られている．他店よりも高い価格が付いている店舗では，消費者はだれも買おうとしないであろう．それに対して，温泉旅館の宿泊代などは価格帯が広い．高い宿泊代の部屋にも客が入る．そこでは温泉の成分や露天風呂からの眺め，郷土料理などのサービスにそれぞれ特徴があり，厳密には同一でないサービスが提供されているからである．よって，個々の旅館は自分で価格を決めることができる．しかし，類似のサービスによって客を引き寄せる競争相手が多数存在するため，高すぎる価格設定は客を失うことに直結する．そのような市場の状態を**独占的競争**（monopolistic competition）という．

　n 個の独占企業が，似ているが同じではない財を販売しているとする．企業 i（$= 1, \cdots, n$）の財に対して消費者が支払おうとする価格は，企業 i の供給量だけではなく，他の企業の供給量にも依存する．企業 i の財の逆需要関数を $p_i(y_1, \cdots, y_i, \cdots, y_n)$ と表そう．通常この逆需要関数は，すべての代替的な財

5.5 製品差別化と独占的競争

に関して $\partial p_i(\cdot)/\partial y_j < 0$ $(j = 1, \cdots, n)$ を満たす。前節の寡占市場の分析と同様に、企業 i は $\bar{y}_j$ $(j = 1, \cdots, i-1, i+1, \cdots, n)$ を与件として、以下の問題において供給水準 y_i を決定する。

$$\max_{y_i} \; p_i(\bar{y}_1, \cdots, y_i, \cdots, \bar{y}_n) y_i - C_i(y_i) \tag{5.12}$$

最適化条件は以下のようになる。

$$p_i(\bar{y}_1, \cdots, y_i^*, \cdots, \bar{y}_n) + \frac{\partial p_i(\bar{y}_1, \cdots, y_i^*, \cdots, \bar{y}_n)}{\partial y_i} y_i^* - C_i'(y_i^*) = 0 \tag{5.13}$$

以上より、最適反応 $y_i^* = Y_i(\bar{y}_1, \cdots, \bar{y}_{i-1}, \bar{y}_{i+1}, \cdots, \bar{y}_n)$ が従う。独占的競争均衡は、すべての企業が他の企業の最適反応水準に対する最適反応を行うことにより与えられる。すなわち、以下のように表される。

$$\begin{aligned}
y_1^* &= Y_1(y_2^*, \cdots, y_n^*) \\
y_2^* &= Y_2(y_1^*, y_3^*, \cdots, y_n^*) \\
&\vdots \\
y_n^* &= Y_n(y_1^*, \cdots, y_{n-1}^*)
\end{aligned} \tag{5.14}$$

式 (5.13) は市場 i において限界収入 $p_i(\cdot) + (\partial p_i(\cdot)/\partial y_i) y_i^*$ と限界費用 $C_i'(y_i^*)$ が一致する条件を意味している。他の市場の供給を一定として市場 i のみの均衡を描くと、図 **5.3** のようになる。独占市場の均衡で見たように、供給水準 y_i^*

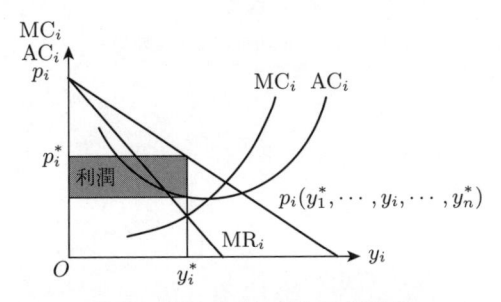

図 5.3 独占的競争市場の短期均衡

は限界収入 MR_i と限界費用 MC_i が一致する点で決まり，価格 p_i は逆需要関数 $p_i(\cdot)$ によって決まる。y_i^* において，平均費用曲線は需要曲線の下方にあるため，企業 i は利潤を得ることになる。これが市場の短期均衡である。

企業が正の利潤を得ていると，他の企業が参入する可能性がある。もし新しい企業が参入し，財 i に似た代替財を生産し始めれば，財 i への需要は変化する。財 i に対する需要曲線は内側へシフトして，財 i はどの価格においても以前よりも少ない量しか売れなくなってくる。新しい企業の参入は各企業の利潤がゼロになるまで続く。そして図 5.4 に示すように，需要曲線と平均費用曲線が接するに至る。これが長期の均衡状態である。企業はゼロ利潤で操業する。ただし，図 5.4 に示すように，各企業に対する需要曲線が負の傾きを持つ限り，各企業は平均費用がその最小値を上回る点で操業する。すなわち，平均費用は最小化されない。この点は完全競争市場の長期均衡と異なる。独占的競争市場では非効率が生じている。独占的競争市場のモデルは，大都市の特徴を財やサービス，文化の多様性によって表現したいときや，技術革新が新しい財を生み出すことを表現したいときなどにも頻繁に用いられている。

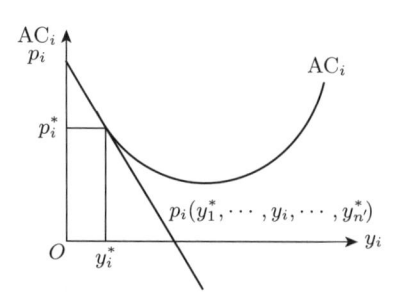

図 5.4 独占的競争市場の長期均衡

演習問題

[**5.1**] ある独占企業を考える。y の量の財を供給するための費用関数が $C(y) = 400y + 150\,000$ で与えられており，すでに固定費用はサンクしているものとする。逆需要関数を $p(y) = 2\,000 - 2y$ とする。

1) この企業が利潤最大化をする場合の供給量，価格，利潤を求めよ。
2) この企業が政府から限界費用料金規制を受けている場合の供給量，価格，利潤を求めよ。
3) この企業が政府から平均費用料金規制を受けている場合の供給量，価格，利潤を求めよ。なお，供給量はファーストベスト（限界費用料金規制のもとでの解）に近い解を採用せよ。

[**5.2**] 前問と同じ費用関数を持つ，まったく同じ二つの企業が存在する寡占市場を考える。市場の逆需要関数も同一のものとする。このとき，クールノー＝ナッシュ均衡における各企業の供給量と市場価格，企業の利潤を求めよ。

6章 公共プロジェクトの必要性

◆本章のテーマ

本章の目的は，公共による実施が必要とされるプロジェクトの特徴と，公共プロジェクト評価の必要性について理解することである。市場の失敗が生じる要因，その中でも特に公共財の概念および特徴と，社会基盤にしばしば見られる大規模性と長期性の影響について説明する。さらに，政府の失敗についての概念，公共プロジェクト評価の考え方と課題について述べる。

◆本章の構成（キーワード）

6.1 市場の失敗と公共プロジェクト
　　　市場の失敗，資源配分の効率性
6.2 公共財の概念
　　　排除不可能性，非競合性，フリーライド
6.3 公共財の供給
　　　ボーエン＝サミュエルソン条件，リンダールメカニズム，政治過程
6.4 大規模性と長期性
　　　費用，不確実性，地域独占
6.5 政府の失敗と公共プロジェクト評価
　　　政府組織，税負担，政策の意思決定

◆本章を学ぶと以下の内容をマスターできます

- 市場の失敗とはなにか，その要因と影響はどのようなものか
- 公共財とはなにか
- 公共財は適切に供給できるのか
- なぜ公共プロジェクト評価の目的が必要なのか

6.1 市場の失敗と公共プロジェクト

　完全競争的な市場経済では，市場の価格調整メカニズムに任せておけば，最も効率的な資源配分，すなわちパレート最適な資源配分が達成される。教科書的な理想状態での完全競争市場では，このような帰結が成立するとされているが，現実には，そうなっていない市場が数多く観察される。市場メカニズムが適切に機能せず，経済に効率的な資源配分がもたらされないことは，**市場の失敗**（market failure）と呼ばれる。ミクロ経済理論に基づけば，完全競争市場においては，政府の市場介入は資源配分に歪みをもたらし，かえって非効率的であるとされている。しかし，市場の失敗が生じている場合には，これを是正するために，政府がなんらかの公共政策を実施することが望まれる。

　市場の失敗が生じる原因としては，公共財，外部性，不完全競争，情報の非対称性などが市場に存在することが，おもなものとして考えられている。そして，こうした市場の失敗をもたらす原因となる特性は，じつは多くの社会基盤に見られるものなのである。したがって，そうした社会基盤においては，サービスの供給をすべて民間に任せるのではなく，政府が関与することが望ましい場合がある。

　例えば，都市における一般道路を例として考えると，健全な道路交通サービスを適切に供給するためには，道路の建設やメンテナンスが必要となる。当然，そのためには費用がかかるので，道路交通サービスを供給する者は，費用を回収するための収入を得なければならない。道路交通サービスの供給者が，道路交通サービス需要者である利用者から，完全競争的な市場機構を通じて道路交通サービスの利用料を徴収できるかを考えてみよう。技術的な観点からは，道路交通ネットワークの各所において適切な通行料金を設定することの困難性がある。より正確には，限界費用に基づいた価格設定を，すべての道路において実現することができるかということであるが，これは容易ではない。かりに適切な通行料金を設定できたとしても，その徴収システムを設計するのに大きなコストがかかり，それ自体が非効率性の要因となる。

また，限界費用に比べて大きな固定費用が存在すると，平均費用が逓減するため，規模の経済性が働きやすく，そうした場合に市場での自由な供給に任せておくと，独占などの不完全競争をもたらすことになり，競争的な状態よりも少ない供給量と高い価格が実現する可能性がある。したがって，大規模な社会基盤設備を運営しサービスを供給する主体に対しては，市場の失敗を防ぐため，種々の規制が設けられたり，政府や地方自治体などの公共主体が直接供給を行うこともある。交通サービスに加えて，電気，ガス，通信などのサービスにおいて，このような供給形態がしばしば見られる。

以下，本章では市場の失敗をもたらすいくつかの原因を取り上げ，社会基盤や公共プロジェクトとそれらとの関係について述べる。

6.2　公共財の概念

市場メカニズムによって財やサービスがうまく供給されないため，政府などの公共部門が供給を行うものの一つとして，**公共財**（public goods）と呼ばれるものがある。公共財の特徴として，その恩恵を広く国民や地域住民が享受できること，無償あるいは比較的低い料金によって財・サービスが提供されることなどが挙げられる。先に例示した一般道路や，堤防などの防災インフラ，橋梁，公園，都市景観などは，公共財的な性質を持っているといえる。まずは，どのような財やサービスが公共財と見なされるのか，その概念について整理する。

公共財と，市場メカニズムを通じて民間企業によって供給されうる私的財とを区別する視点は二つある。一つは，**排除不可能性**（non-excludability）（非排除性，排除困難性ともいう）があるかどうかである。排除不可能性とは，財やサービスの利用に対する対価を支払わない人に対して，財やサービスの利用を妨げることができないという特性である。大気や海水のように，だれでも容易にアクセスできるものはもちろん，利用料金を徴収することは技術的に可能だが徴収のために莫大な費用がかかる場合も，排除不可能性があると考えること

ができる。例えば，すべての一般道路に対して料金所を設置して通行料を徴収することは，物理的に可能であっても実質的に不可能といえる。

　もう一つの視点は，**非競合性**（non-rivalness）があるかどうかである。非競合性とは，ある人が財やサービスを利用することによって，他の人の財やサービスの利用を妨げることがまったくないという特性である。厳密性を犠牲にして言い換えると，財やサービスが無尽蔵にあることや混雑がまったく存在しないことである。つまり，他の人が財やサービスの利用中であっても，自分も同時にかつ無制限に利用できると考えれば，よりイメージしやすいであろう。

　排除不可能性と非競合性の両方を有するものを，純粋公共財と呼ぶ。立法，司法，行政のような根幹的政府サービスをはじめ，国防，消防，治安維持，防災などの公共サービスは，純粋公共財としての性質を有していると考えられるであろう。いずれも，国民や地域住民全体にサービスの効果が及び，対価（税）を支払わない人へサービス享受を禁止することはできない。そして，サービスの恩恵を受ける人の数が増えても，もとからサービスを享受していた人が不利を被ることはない。

　純粋公共財の要件となる排除不可能性と非競合性のどちらか一部を満たす財やサービスは，**準公共財**（quasi-public goods）と呼ばれる。そのうち，排除不可能であるが競合性のあるものはコモンプール財と呼ばれ，逆に，排除可能であるが非競合的であるものはクラブ財と呼ばれる。コモンプール財の例としては，海洋資源や共有地での牧草などが挙げられる。これらは，無償で消費することを排除することが困難であり，一部の消費者による乱獲によって枯渇するなど，他の消費者による消費可能量を減少させる可能性，すなわち競合性がある。クラブ財の例としては，インターネット上の会員サイト利用権や，混雑が生じていない高速道路などを挙げることができる。これらは，対価を支払わない消費者を排除することが容易であり，同時に利用する消費者数が増えても他の消費者に対しては影響がほとんどない。以上の関係を整理すると，**表 6.1** のようになる。

6. 公共プロジェクトの必要性

表 6.1 公共財の概念

競合性 \ 排除可能性	排除不可能	排除可能
非競合的	純粋公共財	準公共財（クラブ財）
競合的	準公共財（コモンプール財）	私的財

公共財がなぜ市場の失敗をもたらす原因となるのか，排除不可能性と非競合性の視点から考えてみよう。

排除不可能性については，財やサービスの無償の消費を防ぐことができず，供給者が費用を回収できない点が最大の問題である。対価を支払わない需要者による財・サービス消費を許容してしまうことは，ただ乗り（フリーライド）の問題と呼ばれる。ただ乗りが可能な市場では，適切な収入を得られないため，利潤最大化を目的とする私的企業にとっては，供給するインセンティブ（誘因）が生まれない。その結果，社会的に便益が大きい，あるいは社会的に必要と認識される財やサービスであっても，市場メカニズムを通じて供給されることがない。したがって，市場の失敗に相当する状態となり，社会へ供給されるためには公共部門の関与が必要となる。

また，非競合的な財を市場を通じて民間企業が供給すると，消費者にとって適切な量が供給されず，過少供給となることが指摘されている[†]。

以上のように，公共財としての特性は，市場によって効率的に財やサービスが供給されることを阻害する要因となりうる。純粋公共財ばかりでなく，準公共財であっても，市場を通じた効率的供給が実現しないこともある。

また，表 6.1 で示した財・サービスの 4 分類は，その境界は必ずしも明確になっていない。完全に排除不可能な財，完全に非競合的な財でなくとも，排除が困難な場合や排除コストが高い場合，また，現実的な需要規模でのみ非競合

[†] 厳密な説明は Mas-Colell et al. (1995)[14]（肩付き番号は巻末の引用・参考文献を示す）に述べられており，市場を通じた供給では，利用者の限界効用の和を供給者の限界費用が下回り，後述する公共財の最適供給量水準に比べて供給量が過少となることが証明されている。しかし，初学者にはやや複雑な内容であるため，ここでは詳細は割愛する。

的である場合は，公共財的・準公共財的性質を持つ財・サービスと位置付けることができる。

社会基盤が提供するサービスには，公共財的性質を有するものが多く見られる。例えば一般道路や公園，河川管理，海路や航空路の維持，都市計画などは，公共財的な特性を持っていることが明らかであろう。

6.3 公共財の供給

公共財的な性質を持つ財やサービスは，市場メカニズムを通じては適切に供給されにくいが，公共財が適切に供給されている状態とは，どのような状態のことを指すのであろうか。純粋公共財は，排除不可能かつ非競合的であるので，すべての需要者は等量消費することができると考えられる。社会的に最適となる公共財供給量は，すべての需要者にとっての公共財消費に対する評価（すなわち効用）の総和から，公共財供給のために必要な費用の差を最大化するような量であるといえる。言い換えると，社会全体の**便益**（benefit）を最大化する供給量であることが望ましい。しかし，公共財消費に対する評価，すなわち効用関数は需要者によって異なる。公共財の供給量を x と表し，公共財の恩恵を受ける需要者が N 人いて，その i 番目の人の効用関数を $u_i(x)$，供給費用を $C(x)$ とすると，最適な公共財供給量は，以下のように表現される。

$$x = \arg\max \sum_{i=1}^{N} u_i(x) - C(x) \tag{6.1}$$

便益を最大化する供給量の条件は，公共財供給量で微分した値がゼロとなることなので，最適な公共財供給量の条件は

$$\sum_{i=1}^{N} \frac{du_i}{dx} = \frac{dC}{dx} \tag{6.2}$$

を満足するような x であることになる。すなわち，全需要者限界効用の総和と公共財供給の限界費用が等しくなるように公共財を供給することが最適となる。

以上の説明は，この考え方と定式化を導いた経済学者の名をとって，**ボーエン＝サミュエルソン条件**（Bowen-Samuelson conditions）（あるいは単に「サミュエルソン条件」）と呼ばれる[15]。

公共財の最適供給の条件は示すことができるが，それを実現させることは非常に困難であるといわれている。これを理解するための例として，政府による公共財供給の政治過程の一つである**リンダールメカニズム**（Lindahl mechanism）を紹介する。リンダールメカニズムとは，以下のような手順により家計（需要者）ごとの公共財供給費用負担額を決定するプロセスである。① 政府は各家計に対して，公共財の供給費用負担額を提示する。② 家計はその負担額に応じた公共財の需要量を申告する。③ 申告された公共財需要がすべての家計について等しければ，公共財の家計別負担額を確定し，そうでなければ，政府は各家計の負担額を見直し，① の手順へ戻る。このプロセスによって各家計の負担額が決定された状態はリンダール均衡と呼ばれ，ボーエン＝サミュエルソン条件が満たされる，最適な公共財供給の状態となる。

リンダールメカニズムが政治過程として成功するかというと，実際には困難であるといえる。なぜなら，ある公共財供給水準に対して家計が自らの費用負担額を申告するというプロセス，言い換えれば，費用負担額に応じた公共財需要量を申告するというプロセスは，家計に公共財需要を過少申告する誘因をもたらす。公共財が必要でないというふりをしていれば，より少ない負担で公共財による恩恵を享受できるのである。これは公共財の二つの特徴，すなわち，対価を支払わなくとも需要が可能であるという排除不可能性と，他の家計による需要が増えても自らの需要量に影響しないという非競合性によるものである。リンダールメカニズムのほかにも，公共財供給を最適化するための政治・交渉プロセスはいくつか提案されているが，いずれの方法もその理想的な実現が難しいことが明らかになっている。このため，現実的な公共財供給の政策は，なんらかの非効率性を含んだものにならざるを得ないことがほとんどである。

6.4　大規模性と長期性

　公共事業として整備される社会基盤には，大規模で，かつ建設に長期間を要するものがある。高速道路ネットワーク，港湾，ハブ空港などの交通インフラは，計画の素案策定，用地選定と確保，建設から供用まで，長い期間を経て，サービス提供が始まる。これらのプロジェクトには，大きな費用がかかるばかりでなく，地盤状況などによる建設費用の不確実性が伴い，さらに，供用後の需要にも不確実性があり，費用面でも収益面でもリスクが大きい。このように大規模，長期間のプロジェクトは，民間企業が単独で建設・運営しにくい性質を持っている[16]。

　また，初期投資額の規模が大きいプロジェクトには，運営時にはそれに伴う大きな固定費用が発生する。そして，それが限界費用に対して大きな比重を占めていると，費用構造としては，平均費用が逓減する規模の経済性を持つことになる。交通ネットワークや大規模インフラは，競争的に量産して供給されるものではなく，地域独占的に供給される。これらの性質により，先発的に大規模プロジェクトの供給権を持つ者が，純粋に利潤最大化を目的とする民間企業である場合，独占による非効率的な価格・供給量がもたらされる可能性がある。

　以上のように，大規模性と長期性を有するプロジェクトでは，単一の民間主体が供給することが望ましくない，あるいは社会的に必要でも実現しにくい場合がある。わが国においても，例えば高速道路，空港の運営会社は民営化された株式会社としての形態をとっているが，政府が出資し，サービスの供給行動を管理している。

6.5　政府の失敗と公共プロジェクト評価

　市場の失敗が生じうる財やサービスであり，かつ社会的な必要性があるものは，政府の関与のもとに供給されることとなる。しかし，政府による供給が，必ずしも社会的に望ましい状態をもたらすとは限らない。例えば，利益集団によ

る政策決定への関与がありうること，費用削減が予算削減へつながってしまうために官僚の効率性追求インセンティブが低いことなど，政府の意思決定において効率性が損なわれる要素がさまざまに存在する．政府の政策によって，経済活動に非効率的な結果がもたらされることは，政府の失敗と呼ばれる．政府の失敗の多くは，市場を介さずに裁量的に政策が決定され，そして政策決定においては監督官庁としての権限があり，また税という強制的収入手段を持つという，政府組織の特性に起因すると考えられている．

このため，政府が行う意思決定に対しても，チェック機能を働かせることが必要となる．政府の政策は，必ずしも効率性だけを追求すべきものではなく，社会的に非効率的であっても必要性の高いものは多い．しかし，政府が財やサービスを供給する公共プロジェクトにおいて，公共財的性質を持つもの，特に排除不可能性を有する場合には，税によって費用が負担される．一般道路を例として考えると，インフラである道路建設の投資費用は，自動車税や揮発油税を財源とし，通行のサービスは無償で提供されている．したがって，公共プロジェクトが税負担に見合うだけの効果があるかという視点での評価は重要となる．

公共プロジェクトの評価においては，効率性の視点からの経済評価だけでなく，公平性や必要性，倫理面など他の視点についての評価もあわせて検討される．これらの各視点からの評価については，どの視点がどの視点よりも重要かという価値判断を支持するための理論は存在しない．このことが，公共プロジェクト評価において，プロジェクトの是非に関する意見が分かれる大きな要因であり，政策の意思決定において判断を困難にさせる点である．各視点からの評価がトレードオフ関係にある場合，政治的判断が要求されることとなる．公共プロジェクト評価の視点の中で，効率性の評価については，理論的基礎も評価手法も最も充実しており，他の視点での評価に比べて恣意性や主観が入る余地が小さい．このことは，効率性についての評価が他視点からの評価よりも重要であることを意味するわけではないが，より透明性の高い評価結果を提供する点では有意義である．

演習問題

〔**6.1**〕 市場の失敗がもたらされる原因を二つ挙げよ。

〔**6.2**〕 財やサービスの供給において市場の失敗が生じる場合に，なぜ政府の関与が望ましいかを説明せよ。

〔**6.3**〕 公共財の定義を述べよ。

7章 経済評価の指標

◆本章のテーマ

本章では，公共プロジェクトの評価において，その効果を計測する指標となる便益について説明する。便益計測の指標である等価変分，補償変分，消費者余剰のそれぞれの定義と，これらの関係を概説する。また，実際の便益計測の場において直面する困難性についても述べる。

◆本章の構成（キーワード）

7.1 評価指標の合理性
　　　便益，貨幣価値
7.2 便益の定義：等価変分と補償変分
　　　等価変分，補償変分，等価変分と補償変分の関係
7.3 消費者余剰
　　　部分均衡理論，需要関数

◆本章を学ぶと以下の内容をマスターできます

- 便益とはなにか
- 便益の指標である等価変分，補償変分，消費者余剰は，どのように定義されるか
- 等価変分と補償変分と消費者余剰は，どのような関係にあるか

7.1 評価指標の合理性

　公共プロジェクトに関わる意思決定においては，前章で述べたように，プロジェクトを実施することによって，どのような効果がどれだけ社会にもたらされるかを評価することが求められる。評価のための指標は，主観に基づくものや，時と場合によって定義が変化するものであってはならない。例えば，異なるプロジェクト代替案を比較する場合，それぞれのプロジェクトが別々の指標で評価されていると，プロジェクトがもたらす効果を適切に比べることはできない。では，どのような指標を用いればよいのであろうか。

　この章では，こうした問に答えるべく，経済理論に基づく合理的な評価指標である**便益**（benefit）に焦点を当てる。便益とは，ある政策によって経済状態の変化がもたらされたとき，そのことによる社会厚生の変化を金銭価値で評価したもの，ということができる。すなわち，公共プロジェクトがどれだけの価値を持つものか，いくらの金銭的リターンをもたらすものかを意味する指標である。このように貨幣価値で公共プロジェクトの効果を定義することで，同じく貨幣の単位で表される他のものと価値を比較することが可能となる。最も重要な比較対象は，公共プロジェクト実施に要する費用であり，これらの比較は，次章で詳しく扱う費用便益分析（または費用対効果分析）と呼ばれる。また，複数のプロジェクトが候補として考えられているときに，便益を評価指標として用いると，同じ土俵の上でプロジェクト同士を比較することができる。

7.2 便益の定義：等価変分と補償変分

7.2.1 等価変分と補償変分の定義

　前節で述べたように，便益は「ある政策によって経済状態の変化がもたらされたとき，そのことによる社会厚生の変化を金銭価値で評価したもの」であるので，政策が実施される前の状態と政策が実施された後の状態の比較によって定義される。それでは，具体的にはどのように計測されるのであろうか。

7. 経済評価の指標

例えば，ある交通社会資本整備政策によって，所要時間の短縮や交通費用の低下，すなわち交通の一般化費用低減をもたらすプロジェクトを想定しよう。まず，物流費用が低下して地域間の交易需要が変化することが予想される。このことは，輸送サービスに対する需要と，輸送されるモノに対する需要が同時に変化することを意味する。前者は交通市場内での需給変化であり，後者は交通以外の市場での需給変化として捉えられる。さらに，ある地域内で供給され，その地域内でのみ需要されるような財・サービス（非交易財）の需要にも変化が生じるであろう。なぜなら，そうした非交易財産業の生産活動においても交易財を中間投入として需要していれば，中間投入財の価格変化は非交易財の生産費用の変化をもたらし，その結果，非交易財の価格や需要に変化が生じるからである。したがって，この交通社会資本整備政策によって，一見すると交通とは関係しないような市場にも影響が及ぶことになる。政策実施による便益を計測するためには，厳密な意味においては，あらゆる市場における需給と価格の変化を比較する必要がある。

以下では，便益がどのように定義されるか，簡単な2財市場の例を用いて説明する。まず，前提条件として，対象とする経済に二つだけの財市場が存在すると仮定する。これは，交通市場 (x_1) とそれ以外の市場 (x_2) と考えてみると理解しやすい。交通社会資本整備政策により，移動時間が短縮され，交通市場の一般化費用 p_1 のみが p_{1a} から p_{1b} へと低下し，他の市場における価格 p_2 と家計の所得 I は変化しなかったとする。これを図示すると，**図 7.1** における点 A から点 B への変化として表される。家計の間接効用関数を $V(p_1, p_2, I)$ と表すと，図 7.1 の A から B への変化は，$V(p_{1a}, p_2, I)$ から $V(p_{1b}, p_2, I)$ への効用水準，すなわち厚生の改善を意味している。

便益は，この A から B への厚生改善の度合いを，金銭価値で換算したものである。その計測の考え方には2通りの概念がある。この違いには，政策によってもたらされる財やサービスの価格体系変化が関わっている。図 7.1 の点 A での予算制約線の傾きは p_{1a}/p_2 であるが，点 B での予算制約線は p_{1b}/p_2 となっている。このとき，政策実施前の点 A での価格体系で厚生変化を定義するか，

7.2 便益の定義：等価変分と補償変分

図 7.1 2財市場における効用の変化

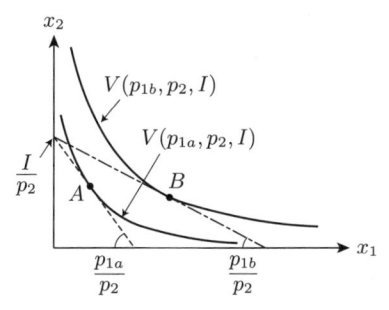

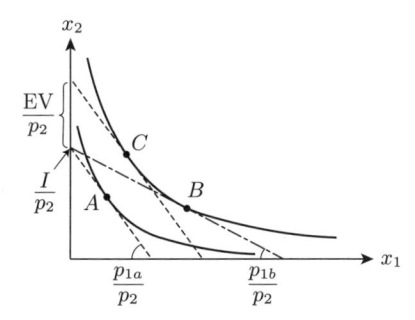

図 7.2 2財市場における EV（等価変分）

政策実施後の点 B での価格体系で厚生変化を定義するかによって，計測される便益が異なる。

政策実施前の価格体系を用いて計測される便益を**等価変分**（equivalent variation）といい，英語名での頭文字をとって，しばしば EV と略される。図 **7.2** を用いて等価変分の定義を説明する。政策実施前である点 A の価格体系のもとで，政策実施後の点 B と同じ効用水準を達成するためには，点 C の需要の組み合わせが選ばれることになる。これは，政策変化前の点 A における所得 I に，EV を加えることで，政策実施と同じ厚生改善がもたらされることを意味する。この所得差分 EV は，政策実施と等価な価値を持つものであり，政策実施前の価格体系で計った便益として定義され，等価変分と呼ばれる。

一方，交通社会資本整備政策実施後の価格体系を用いて計測される便益は**補償変分**（compensating variation）と呼ばれ，こちらも頭文字をとって CV と略される。図 **7.3** を用いて補償変分について説明しよう。政策実施前の効用水準を，政策実施後の価格体系，すなわち交通の一般化費用が低下した後の点 B における価格体系で達成しようとすると，点 D が選択される。点 B を基準に考えると，点 B における所得 I から CV を差し引くことで，点 D を実現させることができる。したがって，この所得差分 CV は，政策実施後の価格体系において，政策がもたらす厚生改善を補償するだけの価値を持つ所得差分と解釈できるものであり，政策実施後の価格体系で計った便益である補償変分と定義される。

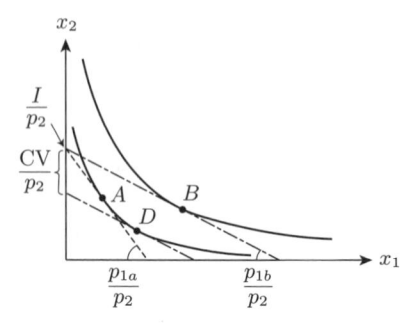

図 **7.3** 2 財市場における CV（補償変分）

7.2.2 等価変分と補償変分の関係

等価変分と補償変分の違いを理解するには，これらの定義の一般形を眺めるとよりわかりやすい．価格の組み合わせをベクトル表記して $\boldsymbol{p}$ と表すこととし，政策実施前の価格体系を $\boldsymbol{p}_a$，政策実施後の価格体系を $\boldsymbol{p}_b$ とすると，等価変分（EV）と補償変分（CV）はそれぞれ

$$V(\boldsymbol{p}_a, I_a + \mathrm{EV}) = V(\boldsymbol{p}_b, I_b) \tag{7.1}$$

$$V(\boldsymbol{p}_a, I_a) = V(\boldsymbol{p}_b, I_b - \mathrm{CV}) \tag{7.2}$$

と定義される．

実際の交通社会資本整備は，交通の一般化費用だけではなく，他市場の財やサービスの価格変化ももたらすため，価格ベクトルが変化すると考えるのが自然である．さらに，それに伴って財やサービスの需給が変化し，結果として家計の所得も政策前後で変化することがありうる．式 (7.1), (7.2) より，政策による価格体系変化だけでなく，所得の I_a から I_b への変化も，便益計測に影響することがわかる．先の 2 財市場の例は，所得が変化しなかった特殊ケースと見なせる．式 (7.1), (7.2) を見ると，等価変分は，政策実施前の状態にある家計が，政策がもたらす厚生改善に対してどれだけの所得（金銭）価値をおいているか，換言すると，対価としてどれだけ支払ってよいかを表している．補償変分は，政策実施後の経済状態を基準にしており，政策後に実現した経済状態に対して，政策実施以前の状態へ戻すための補償額を意味している．

これら二つの値は，所得の価値を計る価格体系が異なっているので，特殊な仮定をおいた場合を除き，一般的には一致しない。しかし，これは変化の測度が異なることを意味するだけであり，どちらも効用の変化を適切に捉えている。したがって，等価変分と補償変分の正負の符号は一致する。

便益の指標として，等価変分と補償変分のどちらが望ましいかは，計測された便益をどのように利用するかに依存する。プロジェクトの策定段階など，二つ以上の政策案を比較する場合には等価変分が望ましいと考えられている。等価変分は，政策実施前に実現している価格体系を基準とした所得の価値で便益を計測しているため，複数の政策に対するそれぞれの便益は，同一の尺度で評価されることになる。これに対して補償変分では，所得を計測するための基準となる価格体系が政策案ごとに異なるので，同じ金銭価値基準で比較したことにはならない。すなわち，少しずつ異なる単位を用いて便益が計測されていることになる。

しかし，なんらかの理由で負の厚生変化をもたらす政策（例えば，環境規制による経済活動制限など）を実施した場合や，事後的に適切な補償額を検討する場合には，補償変分が適している。この場合，厚生が負方向へ変化するので，補償変分も負値となり，政策実施前の厚生状態へ戻すために補償されるべき所得と解釈できる。

7.3 消費者余剰

等価変分も補償変分も，政策実施がもたらすあらゆる財・サービス市場の価格変化，すなわち一般均衡の概念における経済状態の変化が計測されていることを前提としている。実際には，多数の市場を正確に観察して一般均衡を計算することは容易ではなく，等価変分や補償変分を計測することも容易ではないことがある。より正確には，需要関数や効用関数を推定できない，あるいは推定精度が保証できない場合がある。

このため，実際の便益計測においては，部分均衡理論に基づく**消費者余剰**

(consumer's surplus)を便益の指標として用いることが多い．消費者余剰の計測のためには，公共プロジェクトが直接的に影響する市場の変化のみを観察すればよいので，需要関数の観察が比較的容易である．ただし，消費者余剰によって計測された便益は，特殊な場合を除き，等価変分や補償変分により計測された便益と厳密には一致しない．したがって，消費者余剰法は近似的な便益計測の方法ともいえる．

これらの関係について，先の等価変分と補償変分の定義に加えて，支出関数を用いることで検討しよう．支出関数は，ある効用水準を達成するための支出を最小化する，という問題の解として得られるものであり

$$E = e(\boldsymbol{p}, u) \tag{7.3}$$

と表される．ここで，uは効用水準，$\boldsymbol{p}$は価格体系であり，Eはこれらの条件下における最小支出である．政策前の効用水準u_aと政策後の効用水準u_bをそれぞれ

$$u_a = V(\boldsymbol{p}_a, I_a) \tag{7.4}$$

$$u_b = V(\boldsymbol{p}_b, I_b) \tag{7.5}$$

と表すと，支出関数の定義から

$$E_a = e(\boldsymbol{p}_a, u_a) \tag{7.6}$$

$$E_b = e(\boldsymbol{p}_b, u_b) \tag{7.7}$$

となる．そして，政策実施前ではI_aとE_aが，政策実施後ではI_bとE_bがそれぞれ等しくなっている．等価変分と補償変分は，支出関数を用いて表記することもでき

$$\text{EV} = e(\boldsymbol{p}_a, u_b) - E_a = e(\boldsymbol{p}_a, u_b) - e(\boldsymbol{p}_a, u_a) \tag{7.8}$$

$$\text{CV} = E_b - e(\boldsymbol{p}_b, u_a) = e(\boldsymbol{p}_b, u_b) - e(\boldsymbol{p}_b, u_a) \tag{7.9}$$

と表される．これを見ると，aは政策実施前の状態を，bは政策実施後の状態を

7.3 消費者余剰

表しているので，EV が政策実施による効用変化分のみを計測しており，CV は価格体系変化による影響も含む効用変化を捉えていることがわかる．

ここで，図 7.1 の前提のように，交通社会資本整備政策の実施によって交通市場の一般化価格 p_1 が変化したと想定する．このときの市場の変化を交通市場のみに着目して描くと，**図 7.4** の点 A から点 B への均衡点移動として表される．点 A と点 B は，政策の前後において実際に観察される状態であり，この x_1 と p_1 の関係をプロットした曲線 M が，交通サービスの需要関数（マーシャルの需要関数ともいう）である．消費者余剰とは，この需要関数に沿って市場価格から上側の領域を積分した値として定義され，需要関数が $x(p)$，価格が p であるとすると，消費者余剰 CS は

$$\text{CS} = \int_p^\infty x(q)dq \tag{7.10}$$

と表される．すなわち，図 7.4 における領域 $p_{1a}ABp_{1b}$ が，この交通社会資本整備政策による便益を，消費者余剰増分により計測したものである．

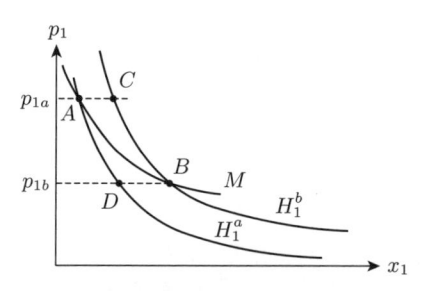

図 7.4 需要関数と消費者余剰，EV，CV

これに対して，等価変分と補償変分が意味する部分はどのように示されるであろうか．通常の需要関数（マーシャルの需要関数）は，所得が一定のもとでの価格と需要の関係を表すものである．より正確には，所得と価格の関数として表される財需要のことであるが，ここでは政策前後において所得が変化しないと想定しているので，変数としての所得は省略して扱う．一方，効用を一定に保つ条件のもとで価格と需要の関係を表したものは，補償需要関数あるいは

ヒックスの需要関数と呼ばれる．補償需要関数は，図7.1から図7.3において，等効用を与えるVの無差別曲線に沿って価格と財需要の関係をプロットすることで得られるものであり，無差別曲線V上の異なる点では，これを達成するための所得が異なる．また，補償需要関数は，支出関数を当該財の価格で偏微分することによっても得られる．これはシェパードの補題と呼ばれる，支出関数の重要な性質である．数式でこの関係を表すと，財iの補償需要関数H_iは，支出関数eの価格p_iによる偏微分として

$$\frac{\partial e(\boldsymbol{p}, u)}{p_i} = H_i(p_i, u) \tag{7.11}$$

のように表される．

図7.2の点Cについて考えてみよう．点Cは，政策実施後の均衡状態と効用水準が等しく，財1の価格（交通市場の一般化価格）が政策実施前と同じp_{1a}の状態である．この点は図7.4の点Cとして表される．点Bと点Cを通り，効用水準がこれらと等しくなる点をつないでいくと，H_1の曲線になる．このH_1が，政策実施後の効用水準に対応した補償需要関数である．同様に，図7.3の点Dについては，政策実施前の均衡状態と効用水準が等しく，財1の価格（交通市場の一般化価格）がp_{1b}の状態である．したがって，図7.4の点Dに相当する．

等価変分と補償変分については，先の支出関数による定義（式(7.8), (7.9)）とシェパードの補題（式(7.11)）を用いると

$$\text{EV} = \int_{p_{1b}}^{p_{1a}} H(q_1, u_b) dq_1 \tag{7.12}$$

$$\text{CV} = \int_{p_{1b}}^{p_{1a}} H(q_1, u_a) dq_1 \tag{7.13}$$

と書き換えることができる．なお，図7.4においては

$$H_1^a = H(p_1, u_b) \tag{7.14}$$

$$H_1^b = H(p_1, u_a) \tag{7.15}$$

と表記している．これらの関係を整理して図7.4を見直すと，等価変分は領域

$p_{1a}CBp_{1b}$ の面積であり，補償変分は領域 $p_{1a}ADp_{1b}$ の面積であることがわかる。したがって，ここでの例では EV > CS > CV という関係になっている。

これらの便益指標の値が異なる要因は，政策がもたらす所得効果の存在である。図 7.1 における点 A から点 B への変化は，二つのタイプの変化に分解して解釈することができる。一つは，同じ無差別曲線上で，財の価格比が異なる点への変化であり，図 7.2 における点 C から点 B への変化と，図 7.3 における点 A から点 D への変化がそれに当たる。このように価格体系の変化がもたらす需要の変化を，**代替効果**（substitution effect）という。もう一つのタイプの変化は，図 7.2 における点 A から点 C への変化と，図 7.3 における点 D から点 B への変化が当てはまり，価格比が同じ状態で，予算制約線を並行移動させるような変化である。こちらは，価格比が不変でも実質的な所得が増加する効果であることから，**所得効果**（income effect）と呼ばれる。補償需要関数に沿った経済状態の変化は，効用を一定に保つという定義のとおり，代替効果のみを表したものである。よって，等価変分と補償変分は，それぞれ図 7.4 の補償需要関数 H_b^1, H_a^1 に沿って，代替効果がもたらす便益を計測していると解釈できる。しかし，消費者余剰が計測しているのは通常の需要関数に沿った変化，すなわち図 7.4 では M に沿った変化であるため，所得効果も含んだ経済状態変化である。このため，通常これらの指標は理論的には一致しない[†]。

消費者余剰法による便益計測については，上記のほかにも，複数財の価格が変化する場合における積分経路依存性（変化の経路によって便益計測値が異なる）という理論的問題が指摘されることがある。こうした課題を抱えながらも，実際の政策評価における便益計測には，消費者余剰法が用いられることが多い。その最大の理由は，実際に便益計測を計算することの困難性にある。通常の需要関数は，市場を観察することで推定することが比較的容易であるが，補償需要関数の推定が非常に困難である。消費者余剰法では，政策によって直接的に

[†] ただし，準線形効用関数という特定の関数形を用いて消費者の効用関数を定義すると，補償需要関数と通常の需要関数が一致する。このような特殊な場合において，等価変分，補償変分，消費者余剰の三つの便益指標の値が一致することがある。

影響を受ける財・サービス市場にのみ着目すればよいのに対し，等価変分や補償変分の計算のためには，多数の財・サービス市場の均衡を扱った一般均衡理論に基づく方法が必要となる．一般に，一つの市場のみをモデル化する部分均衡モデルよりも，多数の市場をモデル化する一般均衡モデルの設計のほうが難易度が高い．

また，政策がもたらす経済状態変化の大きさが経済全体の規模に比べて微小であれば，等価変分，補償変分，消費者余剰それぞれで計測した便益の値の違いは，無視できるほどの差である．便益計測手法の違いによって理論上生じることとなる便益の差よりも，市場を観察して推定された需要関数の誤差のほうが大きいと考えられる．このため，実務的な便益計測の場においては，消費者余剰法が広く用いられている．

演習問題

[**7.1**] 便益を指標として公共プロジェクト評価を実施することの利点を述べよ．

[**7.2**] 本章の例と同様に，ある仮想的な地域経済を想定する．この地域経済における市民の経済活動は，交通サービス x_1 とそれ以外の財やサービス x_2 の2種類の財に対する消費行動のみである．いま，この地域において，交通施設整備プロジェクトが実施され，その結果，交通サービス利用の（一般化）費用が，p_{1a} から p_{1b} へと変化し，さらに地域家計の所得が I_a から I_b へと変化した．ただし，交通以外の財やサービスの価格については，交通施設整備の前後で変化はなく，いずれも p_2 であった．ここで，市民全体としての間接効用関数が $V = p_1^{-\alpha} p_2^{\alpha-1} I$ であることが既知であったとする．このとき，この交通施設整備プロジェクトによる便益を，EV および CV それぞれの定義に基づいて求めよ．

[**7.3**] ある公共サービスの需要関数（マーシャルの需要関数）が，市場調査などによって既知であり，$x = -0.5p + I$ であったとしよう．ただし，x は公共サービスの需要，p は公共サービスの利用費用，I は正の定数である．いま，サービス効率化政策の実施によって，公共サービスの利用費用が p_0 から p_1 へと低下することが予定されている．このサービス効率化政策がもたらす便益を，消費者余剰法により求めよ．

8章 費用便益分析の基礎

◆本章のテーマ

本章では，費用便益分析の考え方と，費用便益分析が立脚する経済理論について概説する。さらに，長期の公共投資プロジェクトにおける費用便益分析で必要となる現在価値の考え方と，費用便益分析の代表的手法についても述べる。

◆本章の構成（キーワード）

8.1 費用便益分析の基本的な考え方
8.2 便益の発生と帰着，効率性と公平性
　　　発生ベース評価手法，帰着ベースの評価手法，効率性
8.3 パレート効率性と補償原理
　　　厚生経済学，パレート最適，パレート改善，補償原理
8.4 割引率と現在価値
　　　割引率，不確実性，地域独占
8.5 費用便益分析の指標
　　　純現在価値法，内部収益率法，費用便益比

◆本章を学ぶと以下の内容をマスターできます

☞ 費用便益分析とはなにか
☞ 費用便益分析はどのような理論に立脚しているのか
☞ 費用便益分析はどのように実施されるのか

8.1 費用便益分析の基本的な考え方

　政府が実施する公共投資プロジェクトは，家計や企業に課税することによって民間から資源を調達して，実施される。当然のことであるが，投資がもたらす効果は，そのためにかかった費用以上に有益であることが求められる。いくつかの実行可能なプロジェクト代替案があり，その中から一つあるいはいくつかのプロジェクトを選択する場合には，投資費用に対して最も大きい効果をもたらしてくれるものを選ぶべきであろう。この考え方は，私企業の利潤最大化と似ている。どちらも，プロジェクトにより得られる効果と，実施に必要な費用を比較して，より良いプロジェクトを選ぶという点で共通している。

　しかし，政府と民間企業では，プロジェクトがもたらす効果の捉え方が異なる。民間企業の場合には，収益そのものが効果であり，収支の黒字である利潤を大きくすることが目標となる。一方，政府が目指すべき効果は，前章で説明した便益である。私的な企業の利潤と，社会的な厚生の指標である便益とでは，その性格は大きく異なる。例えば，プロジェクトの実施主体が財務的に赤字経営であっても，社会的な便益がそれを補って余りあるものであれば，そのプロジェクトは実施に値する。つまり，実施主体の財務的赤字分を課税などにより補填してでも，プロジェクトを実施する価値がある場合がある。

　ただし，このことについては，多少誤解を招く恐れがあるので，少し補足が必要である。ミクロ経済学の理論に基づくと，完全競争的な市場環境であり，固定費用が存在しない費用構造であれば，企業の利潤最大化となる点で社会的な便益も最大化されることが知られている。この場合，採算のとれないプロジェクトは，やはり社会的に非効率的なものであると結論付けられる。一方，大きな固定費用が存在し，平均費用が逓減するような費用構造の場合には，事業者が営業赤字となるような価格設定と需給量が社会的に望ましいこともありうる。

　社会基盤施設や交通システムは，初期に大きな投資が必要となることが多く，固定費用が発生しやすい。また，公共財の性質を持ち，一般道路や公園のように無償で供給されることも少なくない。このように社会基盤が提供するサービ

スは，市場の失敗が生じやすい（あるいは市場そのものが成立しない）環境にあり，公共投資によってプロジェクトが実施される。したがって，その効果を評価するためには，プロジェクトがもたらす便益と費用とを比較しなければならない。運営主体の財務的な採算性を見るだけでは，公共投資プロジェクトの是非を判断できない点に注意する必要がある。

8.2 便益の発生と帰着，効率性と公平性

8.2.1 発生ベースの評価手法

公共投資プロジェクトによる効果を計測するための指標，すなわち定規の役割を果たすものが便益である。便益を評価指標とすることで，公共投資プロジェクトの経済評価を行うための最初の準備が整うわけであるが，もう一つ，どこで経済効果を計測するかも大きなポイントである。

国土全般に影響を及ぼすような大規模プロジェクトの場合には，経済効果の及ぶ範囲は，空間的にも時間的にも幅広い。高速道路ネットワークや新幹線のような，広域にまたがる交通整備を例にとると，そのことがイメージしやすいであろう。このようなプロジェクトが実施されるとき，その経済効果がもたらす便益を捉えようとすると，大きく2通りの見方ができる。一つは，公共投資プロジェクトがもたらす便益の総額はどれくらいかという総量的な視点である。もう一つは，だれにどれだけの便益がもたらされるかという受益者側の視点である。

前者に着目して便益を評価する方法は，発生ベースの評価手法と呼ばれる。これは，公共投資プロジェクトの効果が最初に顕在化するところで評価を行うものであり，7章で述べた消費者余剰法が，その代表的手法である。発生ベースの評価手法では，公共投資プロジェクトが直接的に影響を与える市場にのみ着目され，一般に，単一市場のみを分析する**部分均衡**（partial equilibrium）アプローチが用いられる。道路整備プロジェクトを例とすると，交通時間の短縮，走行費用の節減，交通事故の減少など，道路交通市場において観察される変化の

みから便益を計測する方法が，発生ベースの評価手法に分類される．発生ベースの評価手法では，公共投資プロジェクトの**効率性**（efficiency）評価が論点となる．効率性とは，プロジェクトがもたらす社会的便益がプロジェクトに要する社会的費用を上回るかどうかを評価する観点である．簡単に解釈すれば，投資に見合うだけのリターンが得られるか，ということになる．

8.2.2 帰着ベースの評価手法

一方，だれにどれだけの便益がもたらされたかという後者の視点に着目して便益を評価する方法は，帰着ベースの評価手法と呼ばれる．帰着ベースの評価手法は，ある市場で発生した変化がさまざまな経済活動へ波及するプロセスを経て最終的に到達した経済の均衡状態に注目し，どの市場に便益が帰着したかを評価する．複数の市場を対象とすることから，必然的に**一般均衡**（general equilibrium）アプローチが用いられる．帰着ベースの評価手法として代表的な方法は，13章で紹介する応用一般均衡分析であり，便益は等価変分または補償変分として算出される．理論的には，帰着ベースの評価手法を用いると，便益がどの経済主体にもたらされるかが明らかになるため，単なる投資の効率性だけでなく，便益の分配についての評価も可能となる．例えば，家計と地主と企業への便益分配パターンであったり，地域ごとの家計への便益分配パターンなどが分析される．このような情報を用いると，公共投資プロジェクトがだれに対して大きな便益をもたらすのか，まただれが不利を被っているかについても検討することが可能となる．

ただし，帰着ベースの評価手法による公共投資プロジェクトの評価に関しては，いくつか注意すべき点がある．第一の点は，政策がもたらす経済的変化がさまざまな市場へ波及するプロセスを描くためには，一般均衡理論に基づく経済モデルなど，公共投資プロジェクトが直接的に影響しない市場を考慮した経済モデルを構築する必要があるが，その技術的な側面である．例えば，応用一般均衡モデルをはじめとする一般均衡理論に基づくモデルに対してしばしば指摘される課題として，部分均衡モデルに比べて大規模かつ均衡計算が複雑であ

8.2 便益の発生と帰着, 効率性と公平性

るため実用的ではないという批判や, 仮定された効用関数や生産関数の精度に問題があるという批判がある. 前者に対しては, 実務への適用の蓄積や解説テキストの充実 (例えば, 上田 (2009)[17]) により, 現在ではもはや大きな問題にはなっていないといえよう. 後者については, 計測された便益の値は最初に仮定されたモデルのパラメータや関数形に依存するため, 実証的に需要関数を推定して用いることの多い部分均衡アプローチに比べて, 便益の推定精度に課題があることは否めない. しかし, 近年では応用一般均衡モデルを前提とした代替弾力性などの実証研究も精力的に行われており, この点は改善されつつある.

実務的な公共投資プロジェクト評価において, 帰着ベースの評価手法を用いる際に注意が必要なもう一つの点は, 公平性に関する評価が安易に導かれる危険性である. 帰着ベースの評価手法を用いることで, モデル内で仮定された経済主体ごとの便益の帰着, すなわち便益の分配結果を推定することができる. したがって, その結果をよりどころとして, 経済主体間, 地域間, 場合によっては世代間の公平性を議論しうる. ここで注意が必要なのは, じつは公平性を評価するための価値判断の指標, 言い換えれば公平性の定義について, 広範に同意を得られるような一義的な答えがないことである. かりに帰着ベースの評価手法を用いて, 完全に正確な便益の分配結果を得ることができたとしても, それが直接的に公平性に関する結論を導くわけではない. 公共投資プロジェクトがもたらす便益の分配結果は, 公平性を評価したものではなく, 公平性に関する評価のための情報を提供するものである.

一般均衡理論に基づく経済モデルは, 部分均衡理論に基づく経済モデルに比べて自由度が高く, 統一的な定型化がなされているものではない. このことと, 公平性に関する評価が容易でないことから, わが国の政策評価においては, 公平性に関する明確な評価基準は正式に取り入れられておらず, 政策効果の総合的な判断材料の一つという位置付けがなされている. 広義の費用便益分析とは, 政策の効果を経済厚生の観点から評価すること[18]であるが, 実務においては, 公共投資プロジェクトの効率性のみを評価する, 狭義の費用便益分析が実施されているといえる. プロジェクトがもたらす便益の大きさのみ, すなわちプロ

ジェクトの効率性のみを議論するならば，発生ベースの評価手法でおおむね目的は達成され[†1]，かつより高い計測精度が期待される．このため，費用便益分析の実務では，消費者余剰法による便益計測が標準的に用いられており，これをもとに公共投資プロジェクトの効率性評価がなされている．

ところで，上述の課題があるとはいえ，帰着ベースの評価手法の重要性はいささかも減じられるものではない．政策がもたらす直接的な経済状態の変化がどのように他の市場へ波及していくか，便益がどのように配分されるかといった論点は，政治的な意思決定プロセスにおいて，時としてプロジェクトの効率性以上に重視されることがある．にもかかわらず，発生ベースの評価手法ではこれらの情報をなにも提供してくれない．このとき，その弱点を補完し，かつ発生ベースの評価手法と理論的整合性も維持できる手法は，帰着ベースの評価手法をおいてほかにはない．帰着ベースの評価手法である一般均衡モデルについては，章をあらためて，13章で述べることとする．

8.3 パレート効率性と補償原理

経済社会に変化がもたらされるとき，それが望ましいものかどうかを判定するための基準として，厚生経済学の分野には**パレート改善**（Pareto improvement）という重要な考え方がある[†2]．ある経済のだれの経済状態も悪化させることなく，他のだれかの経済状態を改善することができるならば，そのような状態変化をパレート改善と呼ぶ．パレート改善をもたらす公共投資プロジェクトは，プロジェクト実施前よりも経済状態が悪化する人がおらず，少なくとも1人の経済状態を良くしていることとなる．このとき，経済状態の定義がプロジェクトに要する費用負担をも考慮したものであれば，この公共投資プロジェクトの**純**

[†1] 発生ベースの評価手法による便益計測と，帰着ベースの評価手法による便益計測の関係については，常木（2000）[18]，Kanemoto and Mera（1985）[19]，金本（1996）[20]に厳密かつ丁寧な説明がある．

[†2] 以下のパレート改善およびパレート効率性の概念については，4章に詳しい説明があるが，費用便益分析と関連付けて理解するため，ここでは簡潔に述べる．

8.3 パレート効率性と補償原理

便益（net benefit）（総便益から総費用を差し引いたもの）が正であること[21]，つまり効率性の視点において望ましいプロジェクトであることを意味している。

そして，パレート改善がもはや不可能な状態，すなわち，ある経済のだれの経済状態も悪化させることなく他のだれかの経済状態を改善することができない状態のことを，パレート効率的（またはパレート最適）と呼ぶ[22]。パレート最適の状態は，それよりも確実に望ましい状態は存在しない（パレート改善できない）ことから，経済システムが効率的であるかどうかの有力な判断基準として用いられる。このように，パレート改善およびパレート最適の観点から定義される経済システムの効率性はパレート効率性と呼ばれ，厚生経済学や費用便益分析において経済状態の望ましさを判断するための根底となる考え方である[†]。

狭義の費用便益分析の視点である公共投資プロジェクトの効率性とは，投資の費用を便益が上回るか否かのみが論点である。一方で，パレート効率性の考え方は，複数の経済主体の状態を考慮しているため，狭義の費用便益分析の判断基準である効率性とは異なるように見えるかもしれない。ある政策によって便益を享受できる人がいる一方で，逆に不利益を被る人がいることもある。そうすると，便益の大きさ，すなわち発生ベースの評価手法で計測された便益のみを取り上げて公共投資プロジェクトの効率性を議論することは，パレート最適の状態であるかどうかを議論していないことになり，社会的な効率性の評価を行っていないのではないかという疑問が浮かぶ。

これに対して，厚生経済学において費用便益分析を考えるにあたり重要な考え方がもう一つ登場する。それは，「ある政策がもたらした経済状態の変化によって利益を受けた消費者から，損失を被った消費者に対して適切な補償（所得移転）を行うことで，損失を受けた消費者の効用を政策前の状態にすることができ，かつ補償後の消費者の効用は依然として元の状態よりも高いのであれば

[†] すべての市場が完全競争状態ならば市場均衡がパレート最適となる，ということが厚生経済学の第一定理[22]として知られる。しかし，現実世界は理想的な完全競争市場ではないので，公共政策によってパレート改善が実現される余地がある。

(言い換えると，パレート改善が実現されるのであれば)，そのような補償が実行されなくても，その政策の実施は容認される」という考え方である．この基準は**補償原理**（compensation principle）と呼ばれる基準である．特に，「補償が実行されなくても」という点が強調される場合には，仮説的補償原理と呼ばれる．これは，経済学者であるヒックス（Hicks）やカルドア（Kaldor）によって提唱された原理であり[†1]，効率性に基づく評価によって公共投資プロジェクトの実施の意思決定をすべきであるという費用便益分析の判断基準が依拠するものである．

パレート改善の基準は，「ほかのだれの経済状態も悪化させずに」だれかの経済状態を改善するというものであり，非常に厳しい条件である．実際の公共投資プロジェクトは，ある人にとっては望ましいが他の人にとっては望ましくない結果をもたらすことがしばしばある．例えば，新たな鉄道や高速道路が整備されると，その沿線住民には正の純便益をもたらすが，並行する鉄道や道路の沿線地域にとっては，ビジネスの顧客が奪われるなどの影響を通じて，負の純便益を生じることもありうる．このような場合にはパレート改善とはならないが，補償原理に基づくと，トータルの純便益が大きければ所得移転によって負便益を被る人へ補償することでパレート改善が可能である[†2]ので，効率性の面からは投資に値するプロジェクトとして判断されることとなる．このように，補償原理の考え方によって，効率性の判断基準が，パレート効率性を基準とする概念よりも緩和されるのである．

実際に補償原理で想定されるような適切な所得移転が可能であるかというと，非常に困難であるといわざるを得ない．公共投資プロジェクトによる消費者間の得失を正確に把握することも，それに基づいて所得移転を正確に実施することも，容易なことではない．しかし，仮説的補償原理は便益の分配結果自体についての判断基準を設けないことで，評価の判断基準を社会的効率性という明

[†1] 補償原理には詳細が異なるいくつかの定義があり，また，その論理的課題についても多くの議論が繰り返されてきている．これらの話題は本書の範囲を越えた高度な内容であるので，常木（2000）[18]を参照されたい．

[†2] 補償も含めてパレート改善が実現されることを，潜在的パレート改善と呼ぶ．

確な一点に絞り込んでいる。そうすることにより，公共投資プロジェクトがもたらす便益の分配結果に対する恣意的な論理を排除できるメリットがある。例えば，「政策により不利益を被る人がいるので弱者保護の観点からその損失を割り増して評価すべきである」とか，「あの人より私のほうが不利益が大きいはずだからより多く補償してほしい」などといった論理は，それが情緒的で論理破綻しているものであろうが正論であろうが，公共投資プロジェクトの効率性という尺度からは切り離して考慮される。これらは投資政策ではなく税制や補償など所得再配分政策の問題として扱われるべきであると考えるのが，仮説的補償原理の立場である。帰着ベースの評価手法は，公共投資プロジェクトによる便益の分配を推定するものであり，完全ではなくとも，いかなる補償があるべきかという情報を提供することが目指されており，発生ベースの評価手法による狭義の費用便益分析を補完する役割を持っていると考えることもできる。

8.4　割引率と現在価値

　社会基盤への公共投資プロジェクトには，費用も便益も長期にわたって発生するという特徴がある。道路や空港，港湾が，ある1年間のうちに建設から共用までを完了し，その年のうちにサービスの提供を終えてしまう，ということはあり得ない。プロジェクトが採択されてから，建設投資が始まり，施設が完成した後に共用が開始される。便益が発生するのは，社会基盤施設の共用が始まってからであり，維持管理費や更新費なども同様である。このように，便益や費用が異時点で生じることは，これらの評価にとって非常に重要なポイントである。

　異時点間の費用や便益の価値を比較する際は，これらを現在の価値に換算するという考え方が用いられる。それがどういう概念なのか，具体的な例を使って考えてみよう。現在手もとに10 000円の現金があるとすると，これを利子率5％の銀行に預けておけば1年後に受け取れる金額は10 500円になる。利子率が変わらなければ，もう1年預けておくと，さらに5％の利子が付いて11 025

円へと増えている。

　このことを一般化して表現しよう。V 円のお金を利子率が r で固定されている銀行へ t 年預けておくと，t 年後に受け取れる額は $V(1+r)^t$ 円になる。同じことを，t 年後に V 円受け取れることとして考えた場合，現在いくら預けておけばよいかというと，$V/(1+r)^t$ 円になる。すなわち，t 年後に V 円を受け取る権利は，現在においては $V/(1+r)^t$ 円の価値があると考えることができる。つまり，将来の時点における金額の価値は，現在の同等の金額よりも低い価値として評価されるのである。このとき，利子率に相当する r を**割引率**（discount rate）といい，$V/(1+r)^t$ 円は，t 年後における V 円の**現在価値**（present value）であるという。これらのことをまとめると，**表 8.1** のように表される。

表 8.1　割引率と現在価値

	現在の V 円	t 年後の V 円
現在の価値	V	$\dfrac{V}{(1+r)^t}$
t 年後の価値	$V(1+r)^t$	V

　さて，先にも述べたように，社会基盤の投資政策には長い時間視野が必要であり，異時点にわたって便益や費用が生じることを念頭におかなければならない。異なる時点で発生した便益や費用は，それらの時点での金額で直接比較することはできないが，現在価値に換算することで，同じ尺度で評価できるようになる。つまり，将来に発生する便益や費用についても，現在価値の考え方により，現在の時点において生じたものであるように見なせるのである。

　ところで，公共投資の費用便益分析に用いられる割引率は，**社会的割引率**（social discount rate）と呼ばれ，銀行の利子率のような市場利子率と区別される。市場利子率は，資本市場が理想的に機能しているならば，人々の異時点間の選好，すなわち消費者にとっての割引率を反映するものであることが知られている。しかし現実には，市場で観察される利子率はさまざまであることや，税制による歪み，市場の不完全性，消費者の近視眼性，リスクや外部性の存在などの理由から，市場利子率を社会的割引率として用いることは望ましくない

という議論がある[23],[24]。わが国の費用便益分析においては、事業主体である政府によって社会的割引率の指針が定められている（多くの場合、4％という値が用いられている）。社会的割引率は、長期的なプロジェクトにおいては、便益や費用の現在価値の大きさを左右する重要な要素であるが、その適切な設定方法は、厚生経済学の分野においても未だ議論の決着が見られていない課題である。

8.5　費用便益分析の指標

8.5.1　便益と費用の現在価値

社会基盤への公共投資プロジェクトでは、一般に、初期時点で施設整備のために大きな投資費用がかかり、そのあとで便益が長期にわたって発生する性質のものが多いであろう。道路、空港、港湾などの交通・輸送インフラを想定すれば、そのことが容易に想像できる。このとき、費用と便益が発生する時間的な流列パターンは、例えば図8.1のようになる。これは、最初の3期に投資費用がかかり、その後共用が開始されて便益が発生し始めることをイメージしたものである。さらに、供用後は徐々に需要が増加して、便益も少しずつ増加することを想定している。

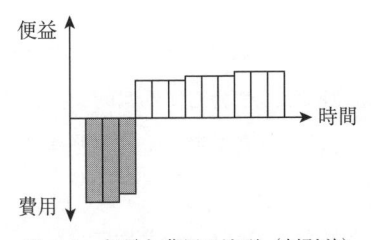

図8.1　便益と費用の流列（割引前） 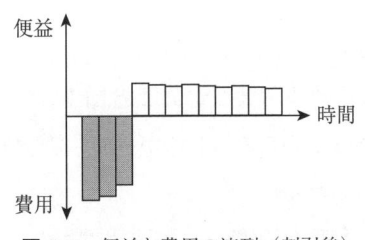　　図8.2　便益と費用の流列（割引後）

これを現在価値に置き換えてみると、図8.2のような形状に変わる。より遠い将来に生じる便益は、現在価値に割り引かれると小さな値になるため、将来需要が増加していく場合でも、現在価値で見た便益は減少していくことがあり

うる。費用便益分析は，このように時間的な視野も考慮して，現在価値での費用と便益の比較を行う。

費用と便益を比較し，公共投資プロジェクトの効率性を評価する方法として，三つの代表的なアプローチがある。以下では，それぞれの定義および特徴について説明する。

8.5.2 純現在価値法

第一の評価方法は，各年の便益から費用を差し引いた純便益を，各年の割引率を用いて現在価値へと換算し，これをプロジェクトライフ全期間にわたって足し合わせた社会的純便益を用いる方法である。この方法は，公共投資プロジェクトの総便益と総費用の差，すなわちプロジェクトの純価値を現在価値化して評価することから，**純現在価値**（net present value，NPV）法とも呼ばれる。具体的には，評価対象となる公共投資プロジェクトの総期間を T として，評価の基準年から t 年後に生じる費用を C_t，同じく基準年から t 年後に生じる便益を B_t と表せば，プロジェクトの純現在価値 NPV は，次式により定義される。

$$\text{NPV} = B_0 - C_0 + \frac{B_1 - C_1}{1+r} + \frac{B_2 - C_2}{(1+r)^2} + \cdots + \frac{B_T - C_T}{(1+r)^T} \quad (8.1)$$

$$= \sum_{t=0}^{T} \frac{B_t - C_t}{(1+r)^t}$$

ここで，r は社会的割引率である。NPV の値が正であれば，その公共投資プロジェクトの便益が費用を上回っていることを意味し，社会的に効率的な投資であるといえる。したがって，効率性の観点からは，投資を実行すべきと結論付けられる。

純現在価値法は，便益と費用の引き算がもとになっており，公共投資プロジェクトがもたらす社会的純便益の絶対的な大きさを判断する指標である。社会的純便益が大きいプロジェクトほど，社会的に効率性の高いプロジェクトであるが，これだけを公共投資の判断材料とすると問題が生じる。というのは，大きな便益をもたらす大規模なプロジェクトであるほど社会的純便益も大きくなり

やすく，小規模な公共投資プロジェクトにとって不利な尺度となりかねないからである。すなわち，費用に対する便益の大きさが大きい優秀な公共投資プロジェクトであっても，絶対的な規模が大きい公共投資よりも，"効率性で劣る"と評価されてしまうのである．

8.5.3 内部収益率法

純現在価値法で見られた，規模による影響を排除する方法として，**内部収益率**（internal rate of return）法がある．内部収益率とは，公共投資プロジェクトのもたらす純便益がゼロとなるような割引率の値を意味する．具体的には，次式における IRR として表される．

$$B_0 - C_0 + \frac{B_1 - C_1}{1 + \text{IRR}} + \frac{B_2 - C_2}{(1 + \text{IRR})^2} + \cdots + \frac{B_T - C_T}{(1 + \text{IRR})^T} = 0 \quad (8.2)$$

$$\left(\sum_{t=0}^{T} \frac{B_t - C_t}{(1 + \text{IRR})^t} = 0 \right)$$

内部収益率は，この公共投資プロジェクトの平均的な収益率そのものを表している．したがって，内部収益率の高いプロジェクトであるほど，投資費用に対する利益（便益）の比率が大きいといえる．内部収益率が社会的割引率よりも大きければ，その公共投資プロジェクトに要する費用を他の投資機会に回した場合よりも高い収益率を持つことを意味し，投資の実行に値するプロジェクトであると結論付けられる．

8.5.4 費用便益比

内部収益率 IRR の計算はやや複雑であるため，実務的には，より計算が容易な**費用便益比**（cost benefit ratio, CBR）もしばしば用いられる．費用便益比は，その名のとおり便益の現在価値を費用の現在価値で除した値のことである．現在から将来にかけての便益の流列と費用の流列が推定されており，社会的割引率が所与であれば，容易に計算することができる．具体的には，費用便益比は次式の B/C として定義される．

$$B/C = \frac{\sum_{t=0}^{T} \frac{B_t}{(1+r)^t}}{\sum_{t=0}^{T} \frac{C_t}{(1+r)^t}} \tag{8.3}$$

これらの評価指標を用いて，複数の公共投資プロジェクトに対して投資の優先順位を判断する場合には，注意しなければならない点がある．それは，用いる指標によって優先順位が変化してしまう可能性があることである．

表 8.2 に示す例を見ながら，このことを理解しよう．ここでは，プロジェクトの規模と便益の発生タイミングが異なる三つの仮想的な公共投資プロジェクトを想定している．いずれも初期にのみ投資費用がかかり，その後は費用は生じない．プロジェクトライフは共用から 5 期間と仮定されている．プロジェクト A は，共用直後には便益があまり発生せず，時間を経てから便益が増加していく特徴を持っている．プロジェクト B は，供用後は毎期同じ便益をもたらす．プロジェクト C は，B とほぼ同様のパターンで便益が生じるが，共用直後の便益がわずかに少なく，また投資規模が大きいという特徴を持つ．社会的割引率を 10 % と仮定してこれらのプロジェクトの費用便益分析を前述の三つの指標を用いて行うと，純現在価値はプロジェクト C が最も大きく，費用便益比はプロジェクト A が最も高く，内部収益率ではプロジェクト B が最も効率的であるという結果が得られる．このように，用いる指標によってプロジェクト間の

表 8.2 費用便益分析の指標によって優先順位が異なる例

（社会的割引率：10 %）

プロジェクト 時点	A		B		C		最高順位の プロジェクト
	費用	便益	費用	便益	費用	便益	
0	1 000		1 000		10 000	0	
1		50		270	0	2 600	
2		100		270	0	2 650	
3		300		270	0	2 700	
4		400		270	0	2 700	
5		650		270	0	2 700	
純現在価値		30.3		23.5		102.9	C
費用便益比		1.030		1.024		1.010	A
内部収益率		10.85 %		10.92 %		10.40 %	B

効率性順位が入れ替わってしまう可能性について理解しておく必要がある。

ただし，表8.2の例はプロジェクト間の便益発生パターンが極端に異なるものであり，現実的にはそのようなプロジェクト同士を代替案として比較することは少ないであろう。このため，理論的には上記のような問題が懸念されていても，実務的に公共投資プロジェクトの選択判断に問題が生じることは少ない。実際の公共投資プロジェクト評価の場面においては，どの評価指標が望ましいかという指標の選択を行うのではなく，これら三つの評価指標をすべて算出し，公共投資プロジェクトの目的や性格を加味しながら，それぞれの結果を検討するという適用方法が中心である。

演 習 問 題

〔8.1〕 便益評価の考え方としての発生ベースの評価手法と帰着ベースの評価手法について，それぞれの利点と欠点を踏まえつつ，違いを説明せよ。

〔8.2〕 パレート最適な状態について説明せよ。

〔8.3〕 ある公共投資プロジェクトが計画されており，表8.3のように各年の費用と便益が推定されている。社会的割引率を4％，プロジェクトライフを10年とし，0年目を基準年としたときに，この公共投資プロジェクトの純現在価値，内部収益率，費用便益比をそれぞれ計算せよ。

表8.3 公共投資プロジェクト例

時点	費用	便益
0	100	0
1	50	16
2	0	18
3	0	20
4	0	22
5	30	24
6	0	25
7	0	25
8	0	25
9	0	25
10	0	25

9章 費用便益分析の実践と応用

◆本章のテーマ

本章では，まず，実際の公共投資プロジェクトでどのように費用便益分析が実施されているかを説明する。さらに，費用便益分析の適用の際に生じやすい誤り，需要予測との関係，非市場財を対象とするプロジェクトの評価方法についても概説する。

◆本章の構成（キーワード）

9.1 費用便益分析の実践
    指針・ガイドライン，機会費用，事業費
9.2 二重計測の問題と直接・間接効果
    便益の二重計測，便益計測の誤り，ファーストベスト，セカンドベスト
9.3 需要予測
    需要曲線，交通需要予測，4段階推定法，精度，透明性
9.4 費用便益分析のマニュアル
    マニュアル化，行政コスト
9.5 非市場財の便益計測手法
    CVM，旅行費用法，ヘドニックアプローチ

◆本章を学ぶと以下の内容をマスターできます

☞ 理論と完全に整合的な費用便益分析は，どのような困難性を伴うか
☞ 費用便益分析の実務において注意すべき二重計測の問題とはなにか
☞ 需要予測はどのように行われるか
☞ 非市場財の整備政策における費用便益分析には，どんな手法が用いられるか

9.1 費用便益分析の実践

　公共事業の意思決定における透明性や合理性についての関心が高まり，わが国の公共投資プロジェクトにおいて費用便益分析が適用されることが増えてきた。本章では，前章までで説明してきた費用便益分析に関する理論から少し離れ，実際にどのように実務的応用がなされているか，現実世界に目を向けてみる。

　道路，鉄道，空港などの交通社会基盤整備をはじめとする多くの公共事業において，事業評価の実施は指針・ガイドラインなどによって義務付けられている。事業評価は，採算性や実施可能性なども含む広範な視点からの概念であるが，その中でも投資効率性の評価基準である費用便益分析は大きな位置を占めている。効率性以外の評価視点には，判断基準に定性的要因が含まれるなど，曖昧なものが多いが，（狭義の）費用便益分析は事業が効率的であるかどうかの基準が明確であり，その定義も社会的効率性という点で明確であることが，事業評価において重視される一つの理由である。

　実務的な公共投資プロジェクトの費用便益分析について，まず，費用に関しては，実際に計画されている事業の費用を用いている。そのため，将来の需要者行動の推定が必要な便益に比べて，高い精度で費用を把握することができる。ただし，経済分析における費用とは，その金額を別の用途に利用したならば得られたであろう最大の利益（便益）という機会費用の概念で捉えたものであり，実際の事業費とは厳密には定義が異なる。しかし，機会費用の正確な推定は非常に困難であるので，事業に要する金銭費用が機会費用の近似値であるものとして用いられる。

　便益計測の方法については，一般に部分均衡アプローチである消費者余剰法が用いられる。等価変分や補償変分の計測のためには一般均衡アプローチが必要であるが，計測手法の構築が容易でなかったり，便益の推定精度が十分に保証できないなどの理由から，これらを便益計測の指標として正式に用いることはきわめて少ない。ある公共投資プロジェクトが行われるとき，通常その事業主体は，当該プロジェクトによって直接的に影響が及ぶ市場についての情報を

より把握していると考えられる。例えば、道路整備の事業主体は、つねに道路交通に関心があるため、交通流の情報を多く持ち、空港整備の事業主体は、航空市場に関する情報をより把握している。したがって、公共投資プロジェクトによって直接的に変化する市場の需要曲線や価格の変化についても、より精度の高い推定を実施可能であることが期待される。このため、費用便益分析の精度という観点からも、消費者余剰法の適用が望ましいと考えられるのである。

9.2 二重計測の問題と直接・間接効果

　実際の公共投資プロジェクト評価において、未だに誤解が多く、最も注意が必要なのは、便益の**二重計測**（double counting）に関する問題である。発生ベースの評価手法によって推定されるのは、公共投資プロジェクト実施によって直接的に変化がもたらされた、ある特定の財・サービス市場において発生した便益であり、他の市場については言及していない。このような、プロジェクトによって最初に社会経済に生じた変化は、直接効果と呼ばれる。

　ところが、現実の社会経済で観察される変化はそれに留まらない。交通施設整備を行うと、地域間の交通所要時間や交通費用が変化し、それによって交通機関分担や利用される交通経路が影響を受け、さらにはそうした地域の交通利便性の変化が産業や住宅の立地、地域の産業の生産額や家計所得などにも影響を及ぼすことがある。これらは、交通施設整備による直接効果が他の市場へ波及したものであり、直接効果と対比して、間接効果（波及効果または金銭的外部効果ともいう）と呼ばれる。

　上記のような間接効果は直接効果に比べて、一般市民に実感しやすい効果であったり、目に見える社会の変化として顕在化したりすることが多い。そのこともあり、直接効果として計測された便益だけでは過小評価であり、間接効果の便益も加算しなければならないという主張がなされることがある。結論からいうと、このように間接効果の便益を直接効果の便益に加算することは、基本的に誤りである。これは便益の二重計測を行っていることとなり、費用便益分

析の理論においては，古くから注意を要する点として知られている。

間接効果として生じた財の価格低下は，消費者に対しては利益をもたらすが，生産者には損失をもたらす。不動産価格が上昇すると，地主は利益を得るが，居住者にとっては損失となる。このように間接効果として表れる効果は，経済全体では相殺されてしまう[25]ため，ある経済主体にとって利益・便益に見えるところだけを取り上げて便益に加算すると，その裏にある他の経済主体の損失を見逃し，便益を二重計算していることになる。間接効果は，目に見える社会経済状態の変化として表れるが，それが必ずしも純便益をもたらしているわけではない。また，帰着ベースの評価手法で計測された便益も，間接効果を通じてどの経済主体に対して便益が及んだかを示すものであり，理論的には，その総和は必ず発生ベースの評価手法で計測した便益と等しくなる。

この関係を模式的に表したのが**図 9.1**である。公共投資プロジェクトは，直接効果として最初に影響が及ぶ市場に変化をもたらして便益を発生させ[†]，さまざまな市場への波及を通じて，間接効果としての経済状態変化をもたらす。その結果としてさまざまな主体に便益が帰着するが，間接効果によって便益が増幅されることはない。

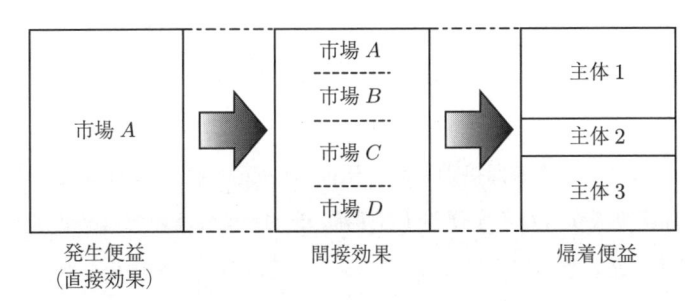

図 9.1 便益の発生と帰着，および間接効果

[†] 厳密には，事業によって直接的に影響される市場の価格のみが変化し，他の財・サービスの価格体系が変化しない，部分均衡需要曲線に沿った変化として，直接効果は定義[26]される。発生便益は他市場の価格体系変化も考慮した一般均衡需要曲線で計測される便益であるため，直接効果そのものを意味しているのではない。図 9.1 では，直接効果が生じる市場 A で観測された発生便益という意味で記している。

どのような便益がどのような主体へと帰着するか，そして経済効果にどのような相殺関係があるかを理解するには，**便益帰着構成表**（benefit incidence table）を利用するとわかりやすい．便益帰着構成表は，公共投資プロジェクトによって発生する便益や費用の項目と，それらの受益者あるいは損失者との関係を表形式で示したものである．単なる図解的なわかりやすさだけではなく，一般均衡理論と整合的であるという，理論的背景の強固さも便益帰着構成表の特徴である†．

ただし，上記のように間接効果が相殺されて，直接効果が生じる市場のみの便益を考慮すれば十分となるためには，価格体系に歪みのない**ファーストベスト**（first best）の世界であるという前提が必要になる．価格体系に歪みがないというのは，すべての市場において，社会的限界費用と価格（需要者にとっての一般化費用）が一致するということである．経済学に馴染みのない人にとっては聞き慣れない用語が並んでいるように思えるかもしれないが，イメージしやすいように多少厳密性を犠牲にして言い換えると，混雑による外部性がない，独占的な企業が存在して高い価格設定で利潤を得ていることがない，などといった状態がファーストベストの世界である．

価格が社会的限界費用から乖離している状態は，**セカンドベスト**（second best）の世界と呼ばれる．セカンドベストの世界では，すでに**死重損失**（dead weight loss）と呼ばれる社会的損失が生じている状態である．このとき，公共投資プロジェクトによる間接効果が，死重損失の大きさも変化させることがあるので，間接効果がもたらす便益（不便益）を明示的に考慮する必要がある．例えば，高速道路の整備によって並行する一般道路の混雑が緩和され，かつ適切な混雑税が課されていない場合には，直接的に一般化費用が変化した高速道路利用者の便益だけでなく，間接効果としての一般道路の混雑緩和便益も加算しなければ，便益が過小評価されることになる．

現実の世界は，税制やさまざまな外部性の存在や，独占的・寡占的市場の存在

---

† 便益帰着構成表の理論的背景や作成方法は，森杉（1997）[27]に詳しい．

により，ファーストベストの世界であるとはいいがたい。けれども，セカンドベストの世界を高い精度で描写し，すべての間接効果の便益を適切に評価できる経済モデルを構築することは非常に困難であり，実質的に不可能に近い。このトレードオフ関係を考慮して，実際の費用便益分析では，ファーストベスト世界を仮定した便益のみを正式な便益として計測し，混雑緩和や環境改善（改悪）など，間接効果によってもたらされる便益については，正式な値ではない参考値としての扱いがなされることが多い。

9.3 需要予測

　費用便益分析における便益計測のためには，部分均衡アプローチであっても一般均衡アプローチであっても，需要曲線が事前にわかっていることが前提となる。そのようなことが可能かというと，理想的な需要曲線を知ることは事実上不可能である。公共投資プロジェクトは，一つあるいは複数の財・サービス市場における価格（一般化費用）を変化させるような社会経済状態へのインパクトを与える。過去に実現していた価格と需要の関係をプロットして需要曲線を推定したとしても，それまで実現していなかった価格に対する需要がその曲線の延長上にあることは保証できない。

　それでは実際にどのような方法をとるかというと，市場の将来**需要予測**（demand forecast）を実施して，需要曲線上にあると想定される点を離散的に推定するのである。これらを結んだものが，需要曲線の近似として見なされる。特に，プロジェクトライフが長期間である公共投資プロジェクトにおける費用便益分析では，遠い将来までの便益と費用を予測する必要がある。したがって，需要予測の精度と理論的整合性が，費用便益分析の信頼性を決定付けるといっても過言ではない。

　多くの公共投資プロジェクトの中でも，交通社会基盤投資は費用便益分析の適用が進んでいる分野である。そして，交通社会基盤投資の費用便益分析においては，交通需要予測が非常に重要な役割を果たしている。「過大な需要予測」

という批判を受けることもある交通需要予測であるが,じつは交通需要予測は,あらゆる分野の将来需要予測の中でも,理論的にも技術的にも最も成熟し,かつ手法の実用化が進んでいるものである[28]。**4段階推定法**(four steps method)に代表される,コンセプトがほぼ定型化された需要予測手法は,他分野では類を見ないものである。

ここで,簡単に4段階推定法について紹介しておこう。文字どおり,交通需要を四つの段階に分けて予測していくものであるが,一般に,発生(集中),分布,機関分担(選択),経路配分の4段階の予測モデルで交通需要が捉えられる(図9.2)。発生・集中モデルとは,需要予測対象の範囲において分割された地域単位ごとに,その地域から出ていく交通量(発生量)とその地域へ入ってくる交通量(集中量)を予測する段階である。分布モデルは,各地域の発生・集中量と整合的に,地域間あるいは起終点間の交通量を予測する段階であり,地域間の交通量はOD交通量(origin-destinationの頭文字から)と呼ばれる。機

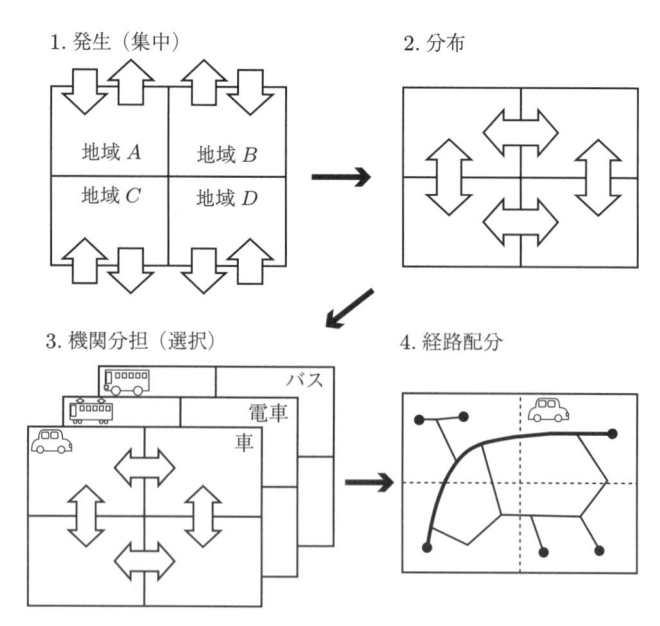

図9.2 交通需要予測の4段階推定法

9.3 需 要 予 測

関分担または機関選択モデルは，交通機関別のOD交通量を予測する段階である．最後の経路配分は，各交通機関のネットワーク上の利用経路ごとに交通量を予測する段階である．

このように階層化された枠組みで需要予測が行われるのが一般的であるが，途中の段階が省略されたり，階層の順序が入れ替わる場合もある．また，発生量・集中量の予測よりも先の段階に，対象地域全体の交通量（生成交通量と呼ぶ）を予測する段階が加わることもある．いずれの場合においても，大きな交通量から小さな交通量へと階層化された構造となっていることが，4段階推定法の特徴である．本書では，4段階推定法の概略を説明するに留めるが，経済学的視点を踏まえた4段階推定法の説明は山内・竹内（2002）[28]を，計算例や演習問題を含む実践的なテキストとしては森杉・宮城（1996）[29]を参考にするとよい．

費用便益分析の中のプロセスとして交通需要予測を捉えたときに，しばしば課題として指摘されることが二つある．一つは，交通需要予測の方法論に関するものであり，需要予測手法と経済理論との整合性についてである．本書の説明でも明らかなように，便益の概念や定義はミクロ経済学の理論を土台として成り立っているため，需要予測で用いられる手法および便益計測のために用いられる需要予測結果の交通量が，ミクロ経済理論の考え方と整合的であるかどうかが論点となる．本書ではその具体的な論点については省略するが[†]，その本質的な原因は，需要予測に求められるニーズが多様であることにある．交通需要予測の第一義的な目的は，交通社会基盤施設の計画・設計であった．すなわち，どれだけの施設容量，施設強度を確保すべきかという視点である．道路の幅員や車線数，港湾における岸壁の仕様，空港の滑走路やターミナルの規模など，交通社会基盤の計画において，交通需要予測値は不可欠な要素である．こうした施設計画のための交通需要予測においては，経済理論との整合性はさほど重視されるものではなく，予測値の精度や安定性，予測手法の操作性が重

[†] 経済学的観点からの批判とそれらに対する議論は桐越ら（2007）[30]や円山（2006）[31]に整理されているので参照されたい．

要となる。また，施設計画に必要な数値が得られるかという点も重要であり，例えば，空港計画においては，旅客数だけではなく，どのような機材が就航するかという情報も，舗装やエプロン（駐機スペース）の仕様の検討に必要とされる。

　費用便益分析では，需要予測の精度が高いことはもちろんであるが，ミクロ経済理論と整合的な交通需要予測が行われることを求められる。しかし，一般的に，ミクロ経済理論と整合的であることを目指そうとすればするほど，交通需要予測手法を単純化・抽象化する必要性が増し，施設計画のための交通需要予測に堪えられないものとなりかねない。交通需要予測の実施は，特に4段階推定法に基づく手法を用いる場合，比較的小規模なものであっても，データ整備からシステム開発，予測値の検証までを含めると，大きな労力，コスト，時間を要する。したがって，交通需要予測を行う目的に応じてオーダーメイド的に需要予測手法を作り分けることは現実的ではない。さらに，複数の需要予測手法・需要予測値が存在するときに，それらの間の整合性が保たれているかや，どれが正式な予測かといった問題が生じる。このため，実際の交通需要予測では，最も詳細なニーズに対応した需要予測手法をベースとして，必要に応じて需要予測値の一部を集計化することで，さまざまな目的に対応した交通需要予測値を算出する方法が基本となる。このように，ミクロ経済理論との整合性と需要予測のきめ細かさは，しばしばトレードオフ関係になることがあるが，この溝を埋めるための理論的・実証的研究[31]も進んでいる。

　ミクロ経済理論との整合性とは別の，もう一つの交通需要予測の課題は，予測値そのものに関するものである。先に述べたように，交通投資プロジェクトの共用後に需要が予測を下回り，過大な需要予測（稀に過小な需要予測）という批判がなされることがある。その際に，予測手法そのものに問題がある場合よりも，予測の前提条件に問題があることが多い[28]。交通需要予測の手法，特に4段階推定法に基づく手法は，構造がシステマティックであるため，手法の理論的な部分やモデルの定式化に誤りがあったとしても，発見が容易であり，そ

こに大きな問題が生じる余地は少ない。

しかし，予測の前提条件の設定に関しては，手法の理論面ほど定型化されておらず，良い意味でも悪い意味でも需要予測実施者の裁量が働きやすい。将来の交通ネットワーク整備状況や，規制，公的料金は，政策的に決定される要件であるので，交通需要予測手法の中では外生条件として与えられるものである。したがって，さまざまな政策代替案による将来需要の違いをテストできるため，より効果的な政策を発見するための方法として活用しうる。一方，前提条件を裁量的に決められるということは，需要予測結果も間接的に操作されうると見ることもできる。プロジェクトを推進したい立場の者が交通需要予測の前提条件を決定できると，需要の成長に有利な前提条件を設定してしまう誘因がある。いかなる前提条件のもとで需要予測が実施されているかをチェックすることは，需要予測の透明性という観点から非常に重要である。

9.4 費用便益分析のマニュアル

費用便益分析の理論的な面は，いかなる分野の評価においても共通のものであるが，実際に公共投資プロジェクトを対象とした分析を行う場合には，データの利用可能性やどのような市場を観測するかなど，個別の事業分野ごとに異なる特性を考慮しなければならない。また，公共投資プロジェクトは，さまざまな地域・時点において実施されるため，どこで・いつ費用便益分析が実施されても，それらが統一的に比較可能であることが求められる。

このため，日本の行政においては，多くの省庁が費用便益分析のマニュアルや要領を定めている[32]。マニュアル化は，費用便益分析の理論的枠組みが比較的明快である点を利用し，費用便益分析の手順や計算方法について情報を統一化することで，行政コストの低減化に寄与している。すなわち，費用便益分析に関する専門知識の習得に要する時間を短縮し，あるいは専門知識を習得せずとも費用便益分析を可能にするという効果をもたらしている。費用便益分析マニュアルの適用が進むことにより，当初には想定されていなかった課題が発見

され，マニュアルに記述されている方法のみでは費用や便益の計測が困難となることもあるが，そうした事例の蓄積をもとにしてマニュアルの改訂も行われている．

9.5 非市場財の便益計測手法

通常の費用便益分析では，市場における需給と価格を観察して便益を計測することが基本となっている．しかし，公共投資プロジェクトが対象とする事業の中には，需要や価格の変化を観察できる市場が明確には存在しないことがある．このように市場を介して取引されないものを**非市場財**（non-market goods）と呼ぶ．非市場財を対象とした投資の評価に対しては，通常の便益計測手法を適用することが困難であるため，代替的な方法によって便益が推定される．ここでは，その代表的な方法をいくつか紹介する．

9.5.1 CVM

CVM（contingent valuation method，仮想的市場評価法）は，公共投資プロジェクトがもたらす変化に対する消費者の**支払い意思額**（willingness to pay）または受け取り補償額を，アンケート調査などにより消費者に直接尋ねる手法である．例えば，あるプロジェクトによって都市景観や上水道の水質などの改善が実施されるとしよう．景観も水質も市場で取引されて価格が観測できるものではないため，仮想的な市場を設定して，いくらでそれらの改善が購入されるかが尋ねられる．

CVMの基本的な考え方を理解するために，河川環境保全プロジェクトを例に考えてみよう．ある河川の水辺を整備して河川環境を保全する具体的なプロジェクトが計画されているとする．その便益を計測するために，近隣の住民に対して「○○川の水辺環境を整備して河川環境を保全するために，あなたの家庭にも毎月費用を支払っていただく必要がある場合，いくらまでなら支払ってもよいですか」というような設問を含むアンケート調査が実施される．ここで，

その回答が500円だったとすると、年間に換算すると12か月分で6000円の費用負担を受け入れるという支払い意思額が表明されたことになる。この支払い意思額が正しいもので、かつ、このプロジェクトから便益を享受する家計がすべて均質であったとすると、ここで得られた6000円という支払い意思額に家計数を乗じた値が、年当りの便益に相当するのである。

このように、CVMのアイデアそのものは非常にシンプルである。しかし、CVMによる便益計測に対しては、手法の理論面と、適用段階での精度との両面について課題が指摘されている。CVMの一つの大きな特徴は、実際に人々が行動した結果ではなく、このように行動するであろうという、仮想的な市場における**表明選好**（stated preference）に基づくところである。CVMの理論面における問題点は、この点に関するものである。他の一般の便益計測手法は、実際に人々が行動した結果をもとにする**顕示選好**（revealed preference）の考え方を用いているのに対し、仮想的な選択である表明選好は、真の選好とは乖離している可能性があるという批判[33]がある。その一方で、個々人の意識の表明にも意味があり、特にその集計値については、個々の差はたがいに打ち消されるため、行動結果の代理指標として十分信頼しうるという見方[34]もある。

もう一つの、より実務的な課題は、調査の妥当性と信頼性に関することである。CVMは、市場を観察することが困難なときに、アンケート調査などの代替手段によって需要者の支払い意思額を計測するものであるが、このことは逆に、アンケート調査などを実施すること自体は、比較的困難さの度合いが小さいということでもある。支払い意思額を尋ねるための調査が適切に設計されて、適切な回答が得られれば、このことは大きなメリットとなるが、実際にはアンケートなどの調査の実施にあたり、さまざまなバイアス（調査結果の歪みや偏り）が生じうる[34],[35]。アンケート調査の結果に含まれる代表的なバイアスとしては、自己の回答が調査結果や政策決定に及ぼす影響を考慮して、回答者が真値と異なると認識しながら偏った回答を行う誘因を持つこと（戦略バイアス）や、調査者が提示する仮想的市場の状況や政策のシナリオが回答者にうまく伝

わらないこと（伝達ミス），質問者が最初に提示した金額が回答に影響すること（開始点バイアス）など，評価の手がかりとなる情報によるバイアスが知られている[†]。このようなバイアスが，CVMによる便益計測の妥当性や信頼性に対する疑問点として，批判の材料となっている。

バイアスを完全に排除することはきわめて困難であるため，アンケート調査票の設計方法や質問方法，結果の処理方法など，CVMの実施段階においてバイアスを可能な限り除去するように慎重な対応をすることが，現時点における対策となっている。しかし，CVMは市場が存在しない多くの評価対象に適用可能であるため，実務的にニーズが大きい方法である。国土交通省では，CVM適用時に実務担当者が留意すべき事項や最低限確認すべき事項について，事業分野横断的な指針[37]を策定している。そこでは，CVM適用可否の検討から始まり，調査方法の設定，調査票の作成，プレテストと本調査の実施，便益の推定まで，順を追って留意点や確認点が解説されており，評価対象によらずおおむね統一的な方法でCVMを適用できるよう配慮されている。こうした指針を定めることで，CVMの誤った適用によって誤った便益評価がなされるリスクが軽減される。

9.5.2 旅行費用法

旅行費用法（travel cost method）は，消費者余剰アプローチの概念に近い考え方であり，価格を持たない非市場財・サービスの消費にかかる価値を，その財・サービスを利用するために要する旅行費用によって評価する方法である。旅行費用法も，英語名の頭文字をとり，しばしばTCMと略される。この旅行費用は，消費者が非市場財の利用のために支払ってもよいと考える実質的な金銭価値と見なされ，あたかも財価格のように扱われる。

旅行費用法は，公園やレクリエーション施設整備などの評価に対して用いられることが多い。これらのプロジェクトは，施設の質や環境質の向上に寄与す

[†] CVMのバイアス要因は，栗山（1998）[36]に詳しい解説がなされている。

るため，整備の結果として非市場財・サービスの魅力が増し，需要者の増加という形で整備効果が顕在化する．したがって，交通施設整備などを対象とする一般的な消費者余剰法では一般化費用の低下による便益計測が主であるのに対し，旅行費用法が適用される場合では，価格が一定のもとで需要曲線がシフトすることによる便益が計測される例が多い．図 9.3 を例に説明すると，公園整備などのプロジェクトによって需要曲線が D_A から D_B にシフトしたとき，旅行費用自体は p_* に固定されて変化しないとすると，このプロジェクトの便益は図中の $p_A A B p_B$ で囲まれた網掛け部分の面積となる．

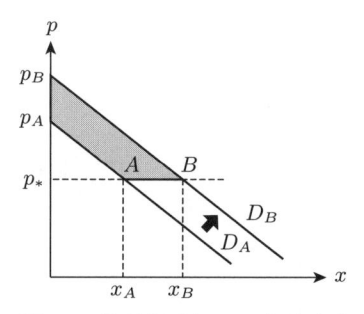

図 9.3 旅行費用法による便益計測

9.5.3 ヘドニックアプローチ

ヘドニックアプローチ（hedonic approach）とは，非市場財の価値の変化が，それと関連する他の財の価格に反映され，それにより生じた便益が資本化して帰着するという，キャピタリゼーション（資本化）仮説を理論的基礎とする便益計測手法である．わが国においては，土地区画整理事業や市街地再開発事業などの便益評価に用いられている事例がある[38]．一般的には，便益が資本化する市場として土地市場が採用されることが多い．景観や治安が充実することによる住環境の向上や，区画整理による利便性の向上，さらには水質改善のような環境質の変化は，便益を受ける土地の地価を上昇させる．このような地価の上昇分をプロジェクトの便益として見なすのが，ヘドニックアプローチの実務的な利用方法である．

ヘドニックアプローチにおいて計測されるべき値は，厳密には便益が資本化される（土地）市場における**付け値地代**（bid rent）であるが[39]，付け値地代関数の推定は困難である。そのため，わが国ではデータが充実している，土地の市場価格である地価が，代理指標としてしばしば用いられる。すべての家計が均質であり，同じ付け値地代関数を持つという特殊な場合には，付け値地代関数と市場価格関数が一致するが，通常はそのような仮定は成立せず，市場価格関数と付け値地代関数には乖離が生じており，市場価格は付け値地代よりも大きくなるのが一般的である[33]。すなわち，市場価格（地価）を用いたヘドニックアプローチでは，環境質のような非市場財の価値変化が過大評価される恐れがあることを念頭におく必要がある。

　また，金本（1992）[40]では，ヘドニックアプローチの理論面について詳細な検討がなされており，ヘドニックアプローチが正確な便益評価をもたらすためには，つぎの条件がすべて満たされる必要があることを指摘している。

(1) 地域間の移住が自由で費用がかからないという意味で，地域が開放性（openness）を持つ。

(2) 経済を構成する消費者が同質的（homogeneity）である，すなわち同様の効用関数を持つ。

(3) プロジェクトの規模が小さいか，便益の及ぶ地域が他地域全体と比べて小さいか，消費と生産について財の間の代替性が存在しないか，のいずれかが成立する。

これらをすべて満たす理想的な状況はたいへん厳しい前提条件であり，現実的には満たされていないことが多く，したがって，ヘドニックアプローチでは正確な便益評価が保証されないこととなる。しかし，通常の便益推定方法が適用できない非市場財の便益評価は困難であり，金本（1992）[40]は，ごく大雑把な便益推定ができることだけでも，ヘドニックアプローチは有益であるとしている。

演習問題

〔**9.1**〕 便益の二重計測の問題について説明せよ。

〔**9.2**〕 交通需要予測における4段階推定法を構成する四つの段階を答えよ。

〔**9.3**〕 市場における需給と価格が観察できない非市場財を対象とした便益計測手法として，代表的な三つの手法を挙げよ。また，公共投資プロジェクトの対象であり，非市場財と考えられるものを挙げよ。

10章 不確実性

◆本章のテーマ

本章では不確実性下の意思決定手法について学ぶ。各状態の生起確率は，情報が追加されるたびに更新される必要がある。期待効用理論は，意思決定者のリスク回避的選好を考慮した最適化行動の導出やプロジェクトの便益評価の基礎となる。また，リアルオプションアプローチを用いれば，新たな情報を得てから投資を実行する権利を加味した投資機会の価値を評価することができる。

◆本章の構成（キーワード）

10.1 土木計画と不確実性
　　　リスク，リスクマネジメント
10.2 ベイズの定理
　　　主観的確率論，事前確率，事後確率
10.3 期待値原理
　　　行動・状態・結果，期待値
10.4 期待効用理論
　　　リスク回避的選好，確実性等価，リスクプレミアム
10.5 プロジェクトの便益指標
　　　期待余剰，オプション価格，オプション価値
10.6 リアルオプションアプローチ
　　　不確実性と不可逆性，投資機会，準オプション価値

◆本章を学ぶと以下の内容をマスターできます

☞ ベイズの定理によって確率の更新ができるか
☞ 期待効用理論を用いてリスク回避的個人の最適化行動を導けるか
☞ プロジェクトの便益としてオプション価格を計算できるか
☞ 投資の決定を遅らせることによって得られる情報の価値を評価できるか

10.1 土木計画と不確実性

　現代社会では，1年後に市場や政治でなにが起こるのかを完全に知ることは，もはや不可能である．19世紀以前には**不確実性**（uncertainty）や**リスク**（risk），偶然，運とは「無知の尺度」と考えられていた．ラプラス（Pierre S. Laplace）によると，すべての事象は「太陽の公転と同じ程度の必然性を持っている」．そして「無知な者にとっての偶然は，科学者にとっての偶然ではない」．いずれ人類の知性が進歩すれば不確実性の概念は消えていくものと考えられた．しかしながら，社会は人間の知性の進歩よりも格段に速い速度で複雑になっていく．第一次世界大戦の大惨事を経て，確実性が不確実性にとって代わるという夢は消え失せて，むしろ知識の急速な蓄積により世界はより理解しがたいものになった．人々の態度は，不確実性の存在を理解して，不確実性下でどのような意思決定を行っていくかという点に向かうべきだと考えられるようになった．これが**リスクマネジメント**（risk management）の考え方の源である．

　不確実性やリスクの概念に関しては，数学から社会科学，哲学に至る多くの分野でさまざまな定義がなされている．ここではその議論に立ち入らないが，さしあたり土木計画において重要なことは，リスクという言葉には「損失の期待値が大きい」という意味と「期待値の周りの変動性が大きい」という意味の2通りの使われ方があることを知っておくことであろう．例えば，保険市場において「バッドリスク」といえば，事故や病気の確率が大きいことにより損失の期待値が大きい人のことを指す．また，「カリフォルニアは地震リスクが高い」という場合にも，通常は地震被害の期待値が大きいことをいっている．それに対して，「商品先物はリスクが高い取引だ」という場合には，リターンの変動すなわち分散が大きいことを意味している．土木現場において地盤の状態が一定でない環境なども，分散が大きいという意味でリスクが大きいといえるだろう．以上のように，期待値を指す場合と分散を指す場合の意味は完全に異なる．例えば金融市場では，一般的にリターンの分散が大きい証券ほど期待値が

高くなるため，意味を取り違えるとたいへんなことになる。「リスク」という言葉が文脈によってどちらの意味で用いられているのかを理解することが重要である。

また，問題の状況を整理する際には，不確実性ないしリスクが外生的であるのか内生的であるのかに着目する必要がある。与件とすべき外生的不確実性には，先にも挙げた自然災害の可能性や建設現場の自然条件をはじめ，為替リスクや，技術や制度の変化なども含まれる。一方，内生的不確実性は，相手側とのゲーム的関係において生じる。すなわち，自分の戦略が相手の戦略の不確実性を生み出すことである。また，契約などを通じて相手のモラルハザードを防いだり，相手を自発的な情報開示に導いたりして，不確実性を制御できることもある。

10.2 ベイズの定理

20世紀の経営学の創始者の1人であるナイト（Frank H. Knight）は「リスク」（risk）と「**真の不確実性**」（genuine uncertainty）を明確に区別した。ナイトによると，「リスク」とは確率分布が知られている状況であり，「真の不確実性」とは確率分布すら存在しない状況である。例えば，交通事故や火災はリスクに近い。それに対して，ある国で革命が起こる可能性は真の不確実性といえよう。リスクは計算が可能であるため，市場で保険が供給され，保険を通じて多数の経済主体でシェアすることが可能である。一方，真の不確実性を保険会社が扱うことは難しい。しかしながら，例えば海外プロジェクトにおいて政変が起こる可能性などは必ず考慮されなければならない。近年はオーダーメイドの保険の範囲が拡大したり，企業が独自に保険子会社を設立する手法などが開発されたりして，真の不確実性への金融的対応策が進化している。

一方，ナイトとは別の潮流として，統計学者のサベッジ（Leonard J. Savage）らにより築かれた，**主観的確率**（subjective probability）に立脚した理論があ

10.2 ベイズの定理

る。そこでは，たとえ科学的裏付けのある確率分布が存在しなくても，だれしも「今年の梅雨は少雨になりそうだ」といった主観的な予測を形成し，それに従って行動を選択していると考える。統計的に支持された**客観的確率**（objective probability）が存在するケースを多くの主体の主観的確率が一致した特別なケースと見なせば，すべての確率を一貫して主観的と捉えることができる。

土木計画にも応用例が多い基礎的な意思決定理論は，主観的確率論のフレームを用いることが多い。そして，主観的確率を扱う場合には，根拠となる情報がほとんどないときにどのように確率を計算するか，また，新たな情報が追加されたときにどのように確率を更新するかを示すメカニズムを携えておく必要がある。そこでは**論拠不十分の原理**（Principle of insufficient reasons），**大数の法則**（Law of large numbers），**ベイズの定理**（Bayes' theorem）などが重要な道具となる。論拠不十分の原理とは，たがいに排反で，かつどれか一つが必ず起こる（mutually exclusive and collectively exhaustive）n 個の事象について，どの事象も別の事象より，より確からしく起こるといえないときには，各事象の生起確率には $1/n$ が割り当てられるべきであることを指示する原理である。一方，大数の法則は，観測や試行の回数が増えれば，ある事象の実現回数の割合は理論的確率に近づくという法則である。ベイズの定理は，以下のように説明される。

ベイズの定理は，主観的な判断または不十分な情報に基づいて推定した**事前確率**（prior probability）を，観測もしくは実験などによって得られた情報を利用して，より確かな**事後確率**（posterior probability）に更新するのに役立つ。事象 A_1 と事象 A_2 はたがいに排反であり，かつどちらか一方が必ず起こるものとしよう。事前確率はそれぞれ $P(A_1), P(A_2)$ である。いま，第3の事象である B が発生したとする。事象 B の生起確率 $P(B)$ は以下のように表すことができる。

$$P(B) = P(A_1 \cap B) + P(A_2 \cap B) \\
= P(B|A_1)P(A_1) + P(B|A_2)P(A_2) \tag{10.1}$$

$P(B|A_i)$ は**尤度**（likelihood）と呼ばれている。事象 B が発生した条件下での事象 A_i $(i=1,2)$ の生起確率は，以下のように更新される。

$$P(A_i|B) = \frac{P(A_i \cap B)}{P(B)}$$
$$= \frac{P(B|A_i)P(A_i)}{P(B|A_1)P(A_1) + P(B|A_2)P(A_2)} \qquad (10.2)$$

以上の $P(A_i|B)$ が事後確率である。ベイズの定理の数式の構造は，条件付き確率に関する恒等式と同じものである。

　ベイズの定理は 18 世紀にベイズ（Thomas Bayes）によって示された。ベイズの定理は多くの応用例を持つ。最近の有名な例として，スパムメールの判定への応用がある。そこでは，特定の語 X を含むメール（事象 X）がスパムメールである（事象 S）確率を

$$P(S|X) = \frac{P(X|S)P(S)}{P(X)} \qquad (10.3)$$

のように計算し，「$P(S|X) \geqq 0.9$ となる単語 X を含むメールはスパムである」というような判定をする。

　土木分野では，建設現場で設置される杭基礎が十分な支持力を有している確率を，試験杭を用いた載荷試験の結果を用いて更新する例もある。また，あるシグナルに着目しながらプロジェクトの進捗管理をするような方法も，ベイズの定理の考え方に沿っているといえる。

　一方，実際のベイズの定理の有用性については，疑義も示されている。例えば，追加情報となる第 3 の事象 B は，つねにいずれかの排反事象 A_i に属して生起しているという前提が，確実に満たされていなければならない。また，事後確率の計算結果の信憑性は事前分布と尤度の設定にかかっているため，その設定を慎重に行わないと，事後の推定値のほうが悪くなってしまう恐れもあることなどが指摘されている。

10.3 期待値原理

不確実性下の意思決定環境を最も単純に表すと，以下のようになる．

$$y_{ij} = g(a_i, s_j) \quad (i=1,\cdots,m, \quad j=1,\cdots,n) \tag{10.4}$$

y_{ij} は結果（result），a_i は行動（action），s_j は状態（state）を表す．とりうる行動は m 個あり，起こりうる状態の数は n 個ある．状態 s_j は，天候のように行動 a_i によっては制御できない外生的要因を集約しており，「s_1：天候良好」「s_2：天候不良」のように，起こりうる状態が複数存在する状況が想定される．また，行動 a_i は状態 s_j が与えられる前に決められる．農家を例にとると「a_1：作付けを増やす」「a_2：作付けを減らす」などが考えられる．状態 s_j が外生的に与えられる前の時点を「事前」，s_j が与えられたあとを「事後」と呼ぶ．したがって，式 (10.4) は，事後の結果 y_{ij} が，事前に選択される a_i と状態 s_j の組み合わせによって決まることを意味している．**表 10.1** に簡単な例を示す．なお，確実性下では結果は $y_i = g(a_i)$ と表される．

表 10.1 農家の意思決定環境

	s_1：天候良好	s_2：天候不良
a_1：作付けを増やす	y_{11}：10 000 千円の利益	y_{12}：400 千円の利益
a_2：作付けを減らす	y_{21}：6 400 千円の利益	y_{22}：3 600 千円の利益
p_j：s_j の生起確率	p_1：0.6	p_2：0.4

不確実性下で行動 a を決める原理として最もよく知られているものは，**期待値**（expected value）**原理**であろう．各状態 s_j $(j=1,\cdots,n)$ が生じる確率を p_j とする．意思決定者が m 個の行動の選択肢から行動 a_i $(i=1,\cdots,m)$ を選んだときの結果の期待値は，以下のように表される．

$$Ey|_{a=a_i} = \sum_j p_j y(a_i, s_j) \tag{10.5}$$

そして，期待値原理は最も大きい Ey を導く a_i を選択することを指示する．この原理は簡便で，かつ一見すると疑いようもない．しかしながら，期待値原理は人々が持つ「結果の変動を小さくしたい」という選好を加味していない．

有名な問題を紹介しよう。コインを表が出るまで投げ続けるゲームがある。1回目に表が出たらそこでゲームは終了して賞金は2万円，1回目は裏で2回目に表が出たら2回目でゲームが終了して賞金は4万円，1回目は裏，2回目も裏，3回目に表のときには賞金は8万円，$\cdots$，n回目に表が出たら賞金は2^n万円というのがルールである。さて，このゲームに参加するために，あなたはいくらまでなら支払ってもよいだろうか。おそらく，「最低でも2万円は保証されている，しかし4万円以下の確率は3/4もあり$\cdots$」といった考えを巡らせるだろう。いま，このゲームの期待値は以下のように計算される。

$$Ey = \frac{1}{2} \times 2 + \left(\frac{1}{2}\right)^2 \times 4 + \cdots + \left(\frac{1}{2}\right)^n \times 2^n + \cdots$$
$$= 1 + 1 + \cdots + 1 + \cdots = \infty \tag{10.6}$$

驚くべきことに期待値は無限大となる。よって，期待値原理に基づくと，このゲームには100万円を払ってでも，1000万円を払ってでも参加する値打ちがあることになる。理由は，きわめて小さい確率でしか得られない巨大な賞金が期待値を上げていることにある。しかしながら，3/4の確率で賞金は4万円以下なわけである。期待値原理が指示する行動は明らかに直感に反する。この例は**サンクトペテルブルクのパラドックス**（St. Petersburg paradox）と呼ばれている。

10.4 期待効用理論

期待効用理論（expected utility theory）では，初めに各状態で得られる金銭単位の結果y_{ij}を効用$U(y_{ij})$に変換し，ついで効用$U(y_{ij})$の期待値すなわち期待効用水準を計算する。期待効用水準を$EU(y)$と表すと，行動a_iを選択したときの期待効用水準は，以下のように与えられる。

$$EU(y)|_{a=a_i} = \sum_j p_j U(y(a_i, s_j)) \tag{10.7}$$

ここではイメージを容易にするために，金銭単位の「結果」が所得である場合を取

り上げて説明しよう。個人が所得の変動を嫌うことは**リスク回避的**（risk-averse）と呼ばれる。リスク回避選好は効用関数 $U(y)$ が凹関数であることにより表現される。すなわち，$dU(y)/dy > 0$，$d^2U(y)/dy^2 < 0$ であり，$U(y)$ は**図 10.1** のように描かれる。**図 10.2** において，所得が変動する状況よりも，その期待値を確実にもらえる状況のほうが期待効用が高くなることを確認できる。いま，災害が起こらなければ所得は y_0 円であるが，確率 p で災害が発生すると所得が y_1 円に落ちてしまうとしよう。このとき，所得の期待値 $Ey = (1-p)y_0 + py_1$〔円〕は，横軸上の y_1 と y_0 を $1-p : p$ に内分するところにプロットされる。一方，期待効用 $EU(y) = (1-p)U(y_0) + pU(y_1)$ は，効用を計る縦軸上の $U(y_1)$ と $U(y_0)$ を $1-p : p$ に内分するところにプロットされる。もし確率 1 で所得 Ey を得られるとしたら，そのときの期待効用水準は $U(Ey)$ である。そして，図 10.2 から $U(Ey) > EU(y)$ であることがわかる。このことは $U(y)$ が凹関数であること，幾何学的には曲線 $U(y)$ が $(y_1, U(y_1))$ と $(y_0, U(y_0))$ を結ぶ弦より

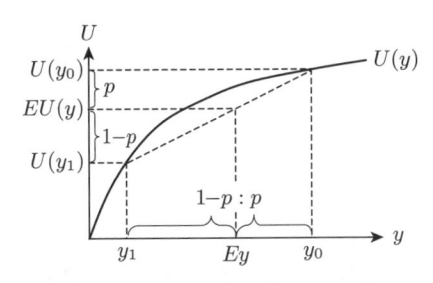

図 10.1 効用関数と期待効用水準

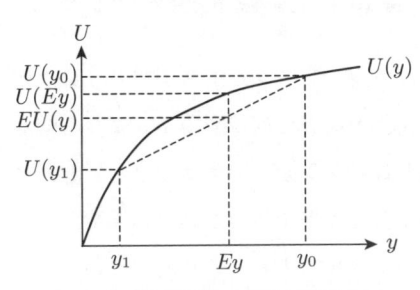

図 10.2 期待所得の効用と期待効用

もつねに上にあることによっている。より一般的に，期待値を保ちながら分散が小さくなるときには，新しい期待効用水準 EU' が元の水準 EU よりも大きくなることも容易に確認することができる。

そのようなリスク回避的選好を金銭単位で表したい。**確実性等価**（certainty equivalent）と**リスクプレミアム**（risk premium）は，それぞれ以下の等式を満たす $\hat{y}$ と ρ として定義される。

$$U(\hat{y}) = EU(y) \tag{10.8}$$

$$\rho = Ey - \hat{y} \tag{10.9}$$

式 (10.8) に示すように，確実性等価 $\hat{y}$ は，リスク下の期待効用水準 $EU(y)$ と等価な効用水準を与える確実な所得である。すなわち，$\hat{y}$ によって効用単位の期待効用水準が金銭単位に変換されたわけである。このとき，図 **10.3** からもわかるように，確実性等価は期待所得 Ey よりも小さくなる。式 (10.9) に示すように，リスクプレミアム ρ はこの差として定義される。

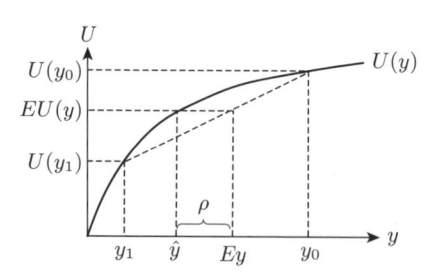

図 **10.3** 確実性等価とリスクプレミアム

したがって，個人は所得のリスクがある環境とリスクがない環境を比べたときに，後者の確実な所得が前者の期待所得 Ey よりも低くなったとしても，確実性等価 $\hat{y}$ 以上であればリスクがない環境を好む。したがって，リスクプレミアム ρ は，個人が安定した環境を得るためなら期待所得から差し引いてもよいと考えるお金の最大限度に相当する。より簡潔にいうと，リスクを排除するための支払い意思額の最大値を意味している。保険に加入するか否かを決める場

面で，われわれは自分が事故を起こす確率について考え，そのときに支給される保険金の額を参照する。このとき，保険金支給額の期待値と比較して保険料が割高だと思われる保険であっても加入する理由は，このリスクプレミアムの存在にある。

以上のように，期待効用理論においては，通常 $d^2U(y)/dy^2 < 0$ の効用関数を持つリスク回避的な個人が想定される。その一方で，理論上，**リスク中立的** (risk-neutral) な個人や**リスク愛好的** (risk-seeking) な個人を想定することもできる。リスク中立的な場合，図 **10.4** に示すように効用関数は $d^2U(y)/dy^2 = 0$ の線形関数となり，期待効用原理は期待値原理と一致する。リスク愛好的な場合は図 **10.5** に示すように効用関数は $d^2U(y)/dy^2 > 0$ の凸関数となり，変動が大きいほど期待効用水準は大きくなる。リスクプレミアムは負になるが，リスク愛好的な個人を土木計画の問題で想定することはほとんどないだろう。

図 10.4 リスク中立的個人の期待効用関数

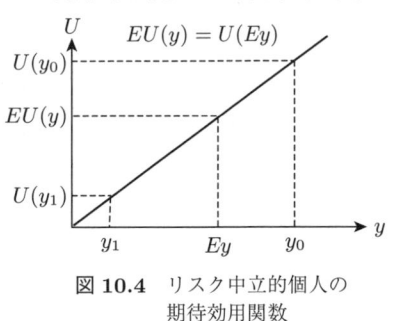

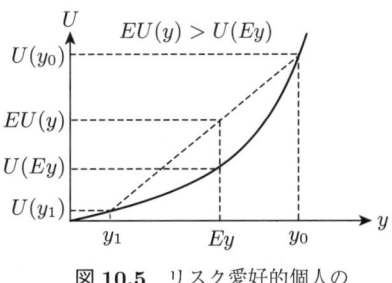

図 10.5 リスク愛好的個人の期待効用関数

最後に，前節で紹介したサンクトペテルブルクのパラドックスに期待効用理論を適用してみよう。効用関数には $U(y) = \log y$ を用いてみる。期待効用水準は

$$EU(y) = \frac{1}{2} \times \log 2 + \left(\frac{1}{2}\right)^2 \times \log 4 + \cdots + \left(\frac{1}{2}\right)^n \times \log 2^n + \cdots$$
$$= \log 4 \qquad (10.10)$$

すなわち確実性等価は 4 万円であり，このゲームに参加するために 4 万円までであれば支払ってもよいという結論になる。このほうがわれわれの直感には近いように思われる。

10.5 プロジェクトの便益指標

本節では不確実性下のプロジェクトの便益指標について紹介する。ここで対象とするプロジェクトは，防災投資のように不確実性そのものを軽減する施設の整備だけではない。周囲の環境が不確実に変化し，その各状態において効果や利便性が異なるような施設の整備も含まれる。不確実な周囲の環境には，自然災害や天候のみならず，景気や国際的な政治情勢，原油価格のようなものも該当する。したがって，観光地のインフラ整備や代替エネルギー開発などもプロジェクトの対象となる。むしろ環境が変化しても働きや効果の水準がまったく変わらないインフラのほうが少ないだろう。その意味では，本章で紹介する不確実性下の便益指標は，7 章で学んだ指標の一般化と位置付けることもできる。

例として，中山間地の集落へ向かう道路整備のプロジェクトを取り上げよう。当該集落には，外部地域とつながった道路が 1 本しかないものとする。そして，しばしば大型の台風が直撃すると土砂崩れが起こり，交通が遮断して孤立集落となる問題が認識されている。そこで，外部地域とつながる 2 本目のルートを確保するための道路の整備を考える。日常生活の中では新しいルートを使う住民はそれほど多くなく，災害時の外部地域への迂回路となることが主たる役割となることがわかっているものとする[†]。説明を簡単にするために，起こりうる状態を平常時と災害時の二つに限定し，それぞれ $s = 0, 1$ により表す。平常時の生起確率を $1 - p$，災害時の生起確率を p とする。2 本の道路がある環境と 1 本の道路しかない環境を，それぞれ $\theta =$ WP (With Project)，WO (WithOut project) と表記する。代表的家計の効用関数を $U(I, s, \theta)$ により表す。I は所得であり，一定と仮定する。すなわち，各状況における効用は，所得と状態，道路環境により決まるものとする。$\partial U(\cdot)/\partial I > 0$，$\partial^2 U(\cdot)/\partial I^2 < 0$ を仮定

[†] このように，平常時には一見無駄のようであるが，万が一の際の代替手段を用意しておくことを，**リダンダンシー**（redundancy）の確保という。

10.5 プロジェクトの便益指標

する[†1][†2]。

本節では，代表的な便益指標である**期待余剰**（expected surplus）と**オプション価格**（option price）を紹介する。両指標とも 7 章で学んだ支払い意思額の考え方が基本となる。初めに期待余剰について考える。期待余剰は，各状態下の施設の価値を個別に導出し，その期待値を計算したものである。平常時および災害時の施設の価値は，補償変分を用いると，つぎの 2 式を満たす (Π_0, Π_1) のように与えられる。

$$U(I - \Pi_0, 0, \mathrm{WP}) = U(I, 0, \mathrm{WO}) \tag{10.11}$$

$$U(I - \Pi_1, 1, \mathrm{WP}) = U(I, 1, \mathrm{WO}) \tag{10.12}$$

(Π_0, Π_1) は状況依存的余剰である。上式を解いて Π_0, Π_1 を得た上で，期待余剰 ES は以下のように決まる。

$$\mathrm{ES} = (1 - p)\Pi_0 + p\Pi_1 \tag{10.13}$$

期待余剰は期待値原理に基づいた指標である。

一方，オプション価格は次式を満たす OP として定義される。

$$(1-p)U(I - \mathrm{OP}, 0, \mathrm{WP}) + pU(I - \mathrm{OP}, 1, \mathrm{WP})$$
$$= (1-p)U(I, 0, \mathrm{WO}) + pU(I, 1, \mathrm{WO}) \tag{10.14}$$

平常時と災害時の効用関数の中で，所得から差し引かれる OP が同一のものになる。オプション価格は期待効用関数の上で定義された，事前の支払い意思額である。上式を解いて OP の値を得ることができる。

[†1] 期待効用理論では，所得ないし資産水準に関する効用関数を用いることが多い。お金自体は直接効用を上げるものではないため，厳密にいうと，それらは間接効用関数である。なお，直接効用関数として $u(x_1, x_2) = x_1^\alpha x_2^{1-\alpha}$ などの 1 次同次の効用関数を用いると，間接効用関数は所得に関して線形になり，リスク中立的な選好を想定することになる。リスク回避的選好の設定をしたい場合には，$u(x_1, x_2) = x_1^\alpha x_2^\beta \ (\alpha + \beta < 1)$ などの定式化が必要となる。

[†2] ここでは説明の便宜上，所得 I は状態によらず一定と仮定しているが，災害時には収入が減少する，住居や生活を再建するための支出により平常時の消費を行えなくなるなど，お金が失われると考えるのが自然であろう。そのような影響もここでは効用関数の中で変数 s に反映されている。

期待余剰とオプション価格の違いについて，もう一歩踏み込んで考えてみよう．いま，状況依存的な支払い意思額の組み合わせ (Ω_0, Ω_1) の概念を導入すると，不確実性下の便益指標はじつは無数に作ることができる．ここでは平常時が実現したら Ω_0 を支払い，災害時が実現したら Ω_1 を支払うという契約を事前に結ぶという考え方をする．(Ω_0, Ω_1) は次式により定義される．

$$(1-p)U(I - \Omega_0, 0, \text{WP}) + pU(I - \Omega_1, 1, \text{WP})$$
$$= (1-p)U(I, 0, \text{WO}) + pU(I, 1, \text{WO}) \qquad (10.15)$$

図 10.6 の曲線 AA' は，上式を満たす (Ω_0, Ω_1) の軌跡を示す[†]．期待余剰を構成する (Π_0, Π_1) は (Ω_0, Ω_1) の一つの解である．そのことは，式 (10.11), (10.12) にそれぞれウェイト $(1-p), p$ を付けて足し合わせると式 (10.15) となることからもわかる．また，式 (10.14) と式 (10.15) を見比べることにより，オプション価格 OP も $\Omega_0 = \Omega_1 = $ OP を満たす一つの解であることが簡単にわかる．さらに，図 10.6 に示すように，期待余剰 ES は直線 ES $= (1-p)\Omega_0 + p\Omega_1$ と直線 $\Omega_0 = \Omega_1$ の交点の座標として表現できる．そして，オプション価格と期待余剰の差 OV = OP − ES を**オプション価値** (option value) と呼ぶ．オプション価格は，どの状態が実現したとしても新しい道路のオプションを保証するために必要な前払い額である．よって，期待余剰との差であるオプション価値は，2

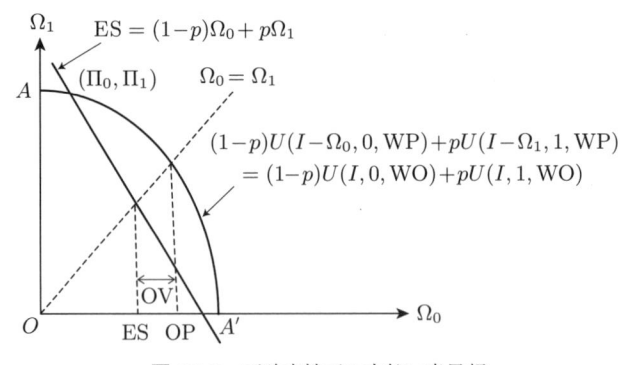

図 10.6 不確実性下の支払い意思額

[†] (Ω_0, Ω_1) 平面上で曲線 AA' が上に凸になるおもな理由は，リスク回避的選好にある．

本目の道路が事前の段階からもたらしている安心感を反映しているともいえる。

災害によって被災したときには，保険金によってどれだけ損失が補償されるかも重要な条件になる[41]。本節のモデルでは，平常時と災害時の状態の違いを効用関数 $U(I, s, \theta)$ における s のインパクトで表したが，保険の利用可能性は s による効用の差を小さくする。そのことは防災投資プロジェクトのオプション価格を小さくする。よって，逆に保険や被災者支援などによるリスクシェアリングが容易でないようなカタストロフィックな災害に対しては，防災投資のオプション価格は大きくなる。ハードの防災施設への依存度が高くなるわけである。以上のように，とりわけ防災や環境の問題においては，ハードの**緩和投資**（mitigation）の便益が，社会が持つリスクシェアのキャパシティに依存することに留意する必要がある。

10.6 リアルオプションアプローチ

設備投資などの実物投資の意思決定を金融市場の**オプション**（option）の行使とのアナロジーで考える方法がある。金融市場のオプションとは，例えばアメリカン・コールオプションの場合，ある所定の株式を，将来のある時点を期限として，いつでも一定の行使価格で購入できる権利のことである。例えば，オプションの行使価格が150であるとしよう。市場において，対象となる株式の価格が200になったときにそのオプションを行使すると，その株を150で購入して，その途端に市場価格200で売却することにより，50の利益が得られる。一方，株式の市場価格が50であるときには，そのオプションを行使する必要はない。市場価格よりも高い行使価格で購入して損をするようなことは避けることができる。

リアルオプションの「リアル」は，金融商品ではなく，生産施設などの実物資産（real asset）を対象とすることを意味する。一方，「オプション」は，金融のオプションと同様に，将来においてなにかの行動をとる「権利」（義務ではない）のことを指す。Dixit and Pindyck (1994)[42] は，投資機会はオプションと同義だ

と考えた。投資の実行，すなわちオプションの行使は，**不確実性**（uncertainty）と**不可逆性**（irreversibility）のもとで行われる。すなわち，投資した設備が長い将来にわたってどのような利益をもたらすかは確実にはわからない。将来利益は確率的な変動を伴うものである。また，いったん据え付けた設備は撤去が不可能であったり，取り外すのに無視できない大きさの費用がかかったりする。費用なしで元の状態に戻ることは不可能である。その一方で，ほとんどの投資はいますぐに行わなければならないものではない。利益を生む環境がどのように変化しているかを見計らいながらタイミングを選ぶことができる。以上の要素は投資行動の本質であり，よって，投資はオプションの行使にほかならない。

それに対して，8章で説明した伝統的な純現在価値（net present value, NPV）法は，以下のいずれかの前提を持っている。1) 投資は可逆性を有する。2) 投資が不可逆性を有するとすれば，その投資は「いま行うか，もしくは二度とできないか」（now or never）である。むろん，このような性格を持つ投資機会も存在する。不確実性が無視できるほど小さければ，現時点で適切な意思決定を行える。また，例えば公共投資の決定問題の中には，公約などの政治的制約によって先送りが許されないケースもある。「状況を見ながら判断する」という決定原理が，選挙で有権者の支持を得にくい状況もあるだろう。しかしながら，ある時点では行うべきだった投資が，社会経済環境が変わった後には行うべきではなくなっていることは少なくない。また，道路やダム，空港などの公共プロジェクトは，ほとんど不可逆的である。そのような場合，投資を先送りすることによって，その間に新しい情報が得られることのメリットを適切に評価しなければならない。

簡単な例を考えよう。政府が工業団地の整備を行い，ある民間企業がそこに生産設備を設置して操業を行い，収益を得るものとする。政府の工業団地の整備費用は150億円，当該企業の投資費用は300億円とする。一方，企業が操業により得る収益は，経済環境に応じて，シナリオ1では50億円，シナリオ2では400億円，シナリオ3では750億円とする。三つのシナリオはそれぞれ1/3ずつの確率で実現するものとする。この工業団地整備の是非を，初めにNPV

法を用いて分析してみよう。

企業の期待収益は

$$\frac{1}{3} \times 50 + \frac{1}{3} \times 400 + \frac{1}{3} \times 750 = 400 \ \text{〔億円〕} \tag{10.16}$$

である。一方，企業の投資費用は 300 億円であるので，企業の期待利益は $400 - 300 = 100$ 億円となる。期待利益は正なので企業は投資を行う。しかし，そのように計算した期待利益 100 億円は，工業団地の整備費用 150 億円を下回るため，社会的純利益は負とされて，工業団地の整備は行われないことになる。

それに対して，リアルオプションアプローチを適用すると，議論は以下のようになる。企業は経済環境を確認してから投資の意思決定を行うため，シナリオ 1 が実現したときには，収益 50 億円は投資費用 300 億円を下回るため，投資は行わない。シナリオ 2 とシナリオ 3 が実現したときには投資を実行する。企業の期待利益は，以下のようになる。

$$\frac{1}{3} \times 0 + \frac{1}{3} \times (400 - 300) + \frac{1}{3} \times (750 - 300) = \frac{550}{3} \ \text{〔億円〕} \tag{10.17}$$

上記の期待利益は団地の整備費用の 150 億円を上回るため，工業団地の整備は正当化される。企業の期待利益が 100 億円から 550/3 億円に上昇した理由は，企業が経済環境を確認するまで投資の意思決定を保留できたことにより，シナリオ 1 が実現するときの損失を回避できたからである。$(550/3) - 100 = 250/3$ 億円は，意思決定を遅らせることによって得られる情報の期待価値であり，**準オプション価値**（quasi-option value）と呼ばれている。準オプション価値はシナリオ間の収益の分散が大きくなるほど増大する。例えば，シナリオ 1 が 0 億円，シナリオ 3 が 800 億円となった場合，NPV 法で計算する期待収益は式 (10.16) から変わらず 400 億円であるが，企業が持つ投資機会の価値は

$$\frac{1}{3} \times 0 + \frac{1}{3} \times (400 - 300) + \frac{1}{3} \times (800 - 300) = 200 \ (> 550/3) \ \text{〔億円〕} \tag{10.18}$$

に増大する。

10. 不確実性

 以上のように企業が投資の意思決定を保留できるとき，企業が持つ投資機会はオプションと捉えられる。そして，政府による工業団地の整備は，オプションを創出する行為に相当する。このオプションを創出する価値は，NPV 分析が示す価値よりも大きくなる。

 企業はそもそもどのようにして投資機会を獲得するのか。多くの投資機会は，おそらくそれ以前に行った投資の結果として得られる。インフラ整備はその役割を担っている。単体では非経済的に見えるインフラ整備が，実際には将来市場環境が好転した際に他の活動を行えるというオプションを作り出しているかもしれない。例えば，人口が減少する地方のインフラを維持することや，社会の多様性を維持するような政策は，リアルオプションアプローチによって評価される必要があるだろう。また，交通施設は，民間主体がミーティングを持ち，ディスカッションを行うことにより，アイデアの革新をもたらす機会を提供する。よって，交通施設整備も，オプションを創出する価値を含むものといえる[†]。

演 習 問 題

[**10.1**] 太郎は自家用車，バス，電車の三つの交通手段で職場に通勤することができる。自家用車を用いると，交通渋滞に巻き込まれて 50 % の確率で遅刻をする。バスで通勤すると，バスは部分的に特別レーンがあるため，遅刻の確率は 20 % になる。電車で通勤すれば，遅刻の確率は 1 % になる。ただし，それぞれの手段で快適性や費用は異なる。
 1) ある日，太郎が遅刻をした。彼の上司は，太郎がその日に自家用車で通勤した確率を求めようとしている。上司は太郎が日頃どのような割合で各手段を用いているかをまったく知らないため，事前確率として各手段の選択確率に 1/3 ずつを割り当てるものとする。上司が計算した確率はいくらか。
 2) 同じように，太郎の同期入社の同僚も，太郎がその日に自家用車で通勤した確率を求めようとしている。その同僚は太郎が日頃，15 % の確率で自家用車を用い，バスはまったく使わず，85 % の確率で電車を用いることを知っている。

 [†] リアルオプションアプローチによるインフラ整備の評価手法は，土木計画学の分野で発展した方法である。最先端の研究成果については織田澤・小林 (2003)[43] や赤松・長江 (2004)[44] を参照されたい。

演 習 問 題

同僚が計算した確率はいくらか。

〔**10.2**〕 夏場に海水浴場で営業する店は，天候に収入が左右される。ある店では，確率 1/5 で天候が悪く，そのシーズンの収益が 100 万円になり，確率 4/5 で天候が良く，収益が 900 万円になるものとする。この店のオーナーの効用関数を $U(y) = y^{1/2}$ とする。ただし，y は 1 シーズンの収入で単位は万円である。保険がなければ，店の収益がすべてオーナーの収入になるとする。いま，このオーナーに対して，ある保険会社が以下のように毎シーズンの収入が z 万円（$100 \leq z \leq 900$）の一定額になるような保険契約を提示した。

> 保険契約：店の収益が 100 万円になったときは，保険会社はオーナーに対して差額 $(z - 100)$ 万円を支払う。その代わり，店の収益が 900 万円になったときには，オーナーが保険会社に $(900 - z)$ 万円を支払う。

1) オーナーはリスク回避的，リスク中立的，リスク愛好的のどれか。
2) オーナーが保険に加入するためには，保証される収入 z 万円の値がどのような範囲になければならないか。
3) 保険契約が結ばれた場合，保険会社の期待収益はいくらか。z を用いて表せ。また，保険会社はリスク中立的と仮定し，期待収益がゼロ以上でないと保険契約を結ばないとすると，z はどのような範囲に設定されなければならないか。2) の結果も考慮して不等式で示せ。

〔**10.3**〕 10.6 節の工業団地整備の例を参考に，NPV 法では拒否されるプロジェクトが，リアルオプションアプローチを用いれば採択される数値例を作成せよ。

11章 長期の社会基盤政策

◆本章のテーマ

本章では，社会基盤政策の時間的側面に関する話題について説明する。まず，社会基盤に関する政策に要する時間の長期的特性，およびアセットマネジメントの概念について概説する。つぎに，より長期的な視点である経済成長に着目し，社会基盤による経済成長への寄与と，基礎的な経済成長理論について説明する。

◆本章の構成（キーワード）

11.1 社会基盤の長期的特性
11.2 アセットマネジメント
　　　マネジメント，劣化予測，ライフサイクル費用
11.3 社会資本の生産性
　　　生産力，社会資本の生産性
11.4 経済成長理論と社会基盤
　　　ソローモデル，最適成長モデル，内生的成長理論，社会資本のマネジメント

◆本章を学ぶと以下の内容をマスターできます

- 社会基盤政策は，なぜ長期的な視野で考えられないといけないのか
- アセットマネジメントとはなにか
- 社会経済システムにおいて，社会基盤施設はどんな役割を果たすのか
- 経済成長のメカニズムは，どんな理論で説明されるのか。経済成長に対して社会基盤はどのように貢献するのか

11.1 社会基盤の長期的特性

　社会基盤と呼ばれる構造物，施設，システムは，一般に長期的特性を持っている。ここで「長期的」という曖昧な表現を用いたのは，主として公共投資によって建設されるものは，私的なものに比べて，さまざまな側面において長期であるといえるからである。例えば，建設期間や共用期間（すなわち寿命）が長期間にわたることは想像にかたくない。プロジェクトが意思決定されて建設が開始されるまでの期間についても，計画策定，用地取得，事前評価，パブリックインボルブメントなど，多くのプロセスが設けられ，それが長期にわたることも珍しくない。

　このように，社会基盤政策を，プロジェクトの起案から，建設段階，運用段階，そして寿命を終えた廃棄・更新段階までの時間的スパンで捉えると，時にそれは人々の世代や世紀をまたぐような長期間に及ぶこととなる。自ずと，社会基盤政策の検討には，こうした長期的視野からのアプローチが求められることとなる。

　本章では，これらの長期的特性のうち，特に経済学的な視点が求められる話題を取り上げる。一つは，運用段階，すなわち既設の社会基盤を対象とするテーマである。その代表は，劣化する社会基盤の維持管理の効率化を目的とし，近年，研究蓄積も実用化も急激に進展している**アセットマネジメント**（asset management）である。

　もう一つのテーマは，個別の社会基盤施設ではなく，社会全体の社会基盤と経済システムとの関係を対象とするテーマである。社会基盤を文字どおり社会経済を支える基盤として捉えると，経済活動における付加価値を生み出す要素，あるいは産業の生産技術の一端を担う役割を，マクロ経済学の文脈と整合的に位置付けることができる。その中でも，長期の経済システムの変化を扱う経済成長理論と親和性が高い。本章の後半では，経済成長理論の概観および，経済成長と社会基盤の関係について，最近の研究にも言及しながら解説する。

11.2 アセットマネジメント

アセットマネジメントという言葉を単体で用いるとき，一般的にはそれは金融分野の用語であり，金融資産の運用のことを指す。しかし，社会基盤（社会資本）も，国民の資産（アセット）であることから，国民の便益のためにその効率的な管理・運営・保全を行うことが要求される。これこそが，土木分野におけるアセットマネジメントが目指しているものである[51]。

金融資産におけるアセットマネジメントは，資産価値の最大化を目指したものであるが，社会基盤施設（いわゆる土木施設）のアセットマネジメントは，収益性よりも社会基盤としての機能が失われないように，施設の維持・補修・更新を行うことを第一義としている。このため，社会基盤施設のアセットマネジメントは，経済学，経営学，会計学などに加えて，既存の土木工学をも包含した広範な学術領域を形成している。

貝戸ら（2010）[52]は，マネジメントの概念を「情報」「知識」「意思決定（判断）」の三つのプロセスが循環する構造であると考え，土木施設のアセットマネジメント行為をこれに当てはめて解説している。すなわち，土木施設から得られた「情報」を「知識」に基づいて評価し，管理者が「意思決定」するという行為のサイクルであるとされる。さらに，意思決定の時間視野の違いにより，長期のものから戦略レベル，戦術レベル，維持補修レベルという三つの階層に分けてマネジメントが捉えられている。個々の部材，構造物，社会基盤施設，施設の集合体からなるネットワークなど，マネジメントの対象によってライフサイクルの時間視野の長さも異なる。このように，マネジメントの対象や時間視野に応じてサイクルが階層化された構造となっている点が，社会基盤施設のアセットマネジメントの大きな特徴である。

劣化予測（deterioration forecasting）やライフサイクル費用評価など，システムとしてのアセットマネジメントの「部分をなす要素技術」は急速に発展し，研究開発段階から実践的な道具の段階へと移行しつつある。特に，社会基盤施設の健全度の時間的推移を予測する劣化予測は，アセットマネジメントの中核

的技術として，非常に多くの研究成果が蓄積されている。劣化予測の概念を図 11.1 を用いて簡単に説明する。横軸に経過時間を，縦軸に社会基盤施設や構造物の健全度をとって，実際に観測された点検データをプロットすると，時間とともに健全度が低下していく状況（劣化曲線）が描かれる。これはすなわち，時間とともに施設や構造物の状態が劣化していくことを意味している。劣化予測（健全度推移予測）とはこの劣化曲線を予測することにほかならず，どのように健全度を評価するかや，どのような点検方法が適切かといったモニタリング方法や，限られた点検データから劣化曲線を推定するための理論やモデルの開発など，関連分野の知見を集約した総合的な技術である。

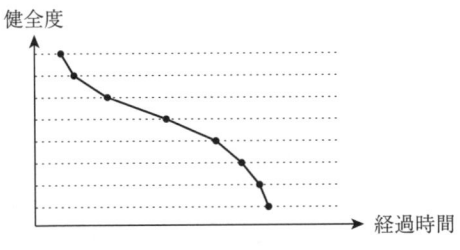

図 11.1 劣化予測（健全度推移予測）の概念

その一方で，体系化されたアセットマネジメントシステムの構築や実践に関しては，個々の社会基盤施設の異質性が大きいことや，マネジメントシステムの定性的概念が整理されても社会基盤施設の異質性のために統一的な定式化などの基準化された定量的手法の構築が困難であることにより，未だ発展途上にある。

11.3 社会資本の生産性

経済システムと社会基盤との関係については，ケインズ経済学に依拠した，短期的な景気刺激対策や雇用創出策，すなわち政府支出としての公共事業の役割や，乗数効果・クラウディングアウト効果が従来より議論の中心であった。これに対して，1980 年代後半から，社会経済システムの中で社会基盤自体が果たす

役割として，社会基盤ストックの蓄積が民間部門の生産性向上に寄与する効果が注目されるようになってきた．その大きなきっかけとなったのは，Aschauer (1989)[53]による，米国経済の成長率鈍化は社会資本整備の不足に起因するとした実証研究である．

Aschauer (1989)[53]は，経済成長に対して社会資本ストック蓄積が寄与する度合いを定量的に推定した．このような，経済システムの生産力と社会資本のストックとの関係性は，社会資本の**生産性** (productivity) と呼ばれ，これ以降さまざまな方法で計測・検証が進められている．Aschauer (1989)[53]の成果に対しては，方法論や利用データなどの適切性に関して批判的な議論も数多くなされたが，このことが社会資本の生産性について世界的に関心を集める好機となった．邦文では，三井・太田 (1995)[54]や江尻ら (2001)[55]において，それらの経緯や研究のレビューとともに，手法についての解説もなされている．

社会資本の生産性に関する実証結果については，広く同意が得られている統一的見解がなく，さまざまな研究グループによってさまざまな結果が報告されている．しかし，そのように結果に差異のある実証研究であっても，分析の基礎となる理論に大きな違いはなく，マクロ経済学の主要な分野の一つである経済成長理論に負っている．次節は，その基礎的な考え方について紹介する．

11.4　経済成長理論と社会基盤

11.4.1　ソローモデル

一般に経済成長は，**国内総生産** (gross domestic product, GDP) あるいは1人当り GDP (GDP per capita) の成長と同義で用いられる．GDP の定義については次章において述べるが，GDP が国民経済全体の経済的豊かさの大きさを，GDP per capita が国民1人当りの経済的豊かさの平均的水準を近似する指標であるためである．

そして，経済的な豊かさを生み出す源泉となっているのが，生産活動である．個人や個々の企業の行動を描写するミクロ経済学と同様に，国民経済や県民経

11.4 経済成長理論と社会基盤

済のような，集計的なマクロ経済システムにおける経済活動も，興味の対象となる経済現象に焦点を絞って単純化・抽象化された経済モデルを用いて表現される。マクロ経済における生産力は，生産活動への投入物の任意の組み合わせからどれだけの産出量を得られるかを表す生産関数によって描写される。

現代の経済成長理論の出発点となった**ソローモデル**（Solow model）[56]では，生産関数が重要な役割を果たす。ソローモデルも含め，経済成長のモデルでは，生産への投入物として資本と労働が考慮されることが多い。これは次章で説明される，分配面から見た GDP の概念とも整合している。資本の蓄積を表す方程式がソローモデルのもう一つの主要なパーツである。これらの単純なモデルの組み合わせでソローモデルの基本形が構成されており，この基本形が経済成長のメカニズムを理解する出発点となる。以下では，ソローモデルの主要部分について具体的に説明する。

生産関数をつぎのようなコブ＝ダグラス型関数として仮定する。

$$Y_t = K_t^{\alpha} \left(A_t L_t\right)^{(1-\alpha)} \tag{11.1}$$

ここで，t は時点のスクリプトであり，Y は産出を，K は資本ストック量を，L は労働投入を表す。また，A は技術水準を表す変数であり，技術進歩によってこの値が大きくなると労働生産性が向上し，同一の投入量水準に対する産出が増加することとなる。経済的な豊かさという観点からは，経済全体の産出（所得）の総額よりも，1 人当りの水準のほうがより注目される。そこで，式 (11.1) の生産関数を有効労働 1 人当り†の変数 $y = Y/AL$ と $k = K/AL$ とに変換して表すと

$$y_t = k_t^{\alpha} \tag{11.2}$$

となる。

資本蓄積の方程式は，つぎのような微分方程式により表される。

---

† 「有効労働 1 人当り」とは，生産活動における有効な労働投入 1 単位当り，という意味であり，単なる労働者 1 人当りとは区別して用いられることが多い。

$$\dot{K}_t = I_t - \delta K_t \tag{11.3}$$

先に右辺について説明すると，I は投資を，δ は資本の減耗率を表す．つまり，投資のフローによって資本ストックが増加する一方で，毎期の期首資本ストックの一定率 δ が減耗し，その差し引きが，期首から期末にかけての資本ストックの変化量となるのである．左辺に現れる上付きのドット記号は，時間に関する微分を意味し，任意の時間依存変数 x の時間微分について

$$\dot{x} = \frac{dx}{dt} \tag{11.4}$$

である．この時間微分を用いて，ある時点 t における変数 x_t の変化率を $\dot{x}_t/x_t$ と表すことができる．式 (11.3) は，ある一定期間の資本ストックの変化量 $K_{t+1} - K_t$ を連続時間で表現したものと解釈できる．

標準的なソローモデルでは，国民の貯蓄が投資の原資になり[†1]，また，国民所得のうち一定の割合 s（貯蓄率）が貯蓄される[†2]と仮定される．すると，$I_t = sY_t$ であるので，資本蓄積の方程式は

$$\dot{K}_t = sY_t - \delta K_t \tag{11.5}$$

と書くことができる．

ここで，式 (11.5) の両辺を有効労働 $A_t L_t$ で割ると，先に定義した有効労働 1 人当りの変数の定義および生産関数を用いて

$$\frac{\dot{K}_t}{A_t L_t} = sk_t^\alpha - \delta k_t \tag{11.6}$$

の関係が得られる．ところで，労働力の成長率 $\dot{L}/L$ を外生的に決まる一定値 n とし，同じく技術進歩の度合い（技術成長率）$\dot{A}/A$ も外生値の g であるとすると，有効労働 1 人当り資本ストックの時間微分は

$$\dot{k}_t = \frac{d\left(\dfrac{K_t}{A_t L_t}\right)}{dt} = \frac{\dot{K}_t}{A_t L_t} - k_t \left(\frac{\dot{A}_t}{A_t} + \frac{\dot{L}_t}{L_t}\right)$$

[†1] この前提が成立するのは，モデルの焦点を経済成長に絞る目的で，閉鎖経済すなわち海外との貿易収支を考慮しない経済システムを仮定しているためである．

[†2] したがって，消費は $(1-s)Y$ となる．

11.4 経済成長理論と社会基盤

$$= \frac{\dot{K}_t}{A_t L_t} - k_t(g+n) \tag{11.7}$$

となる．先の式 (11.6) をここに代入すると

$$\dot{k}_t = sk_t^\alpha - k_t(g+n+\delta) \tag{11.8}$$

という関係が導出される．ここで，式 (11.8) の右辺第 1 項を $\dot{k}_1$，第 2 項を $\dot{k}_2$ として，右辺を二つに分けて考えると，（以下では時点を表す t を省略する）その差が $\dot{k}$ となることがわかる．これを図示したものはソローダイヤグラムと呼ばれ，**図 11.2** のように描かれる．つまり，有効労働 1 人当り資本ストック k の水準が k^* よりも小さいときは k が増加する方向に変化し，逆に k の水準が k^* よりも大きいときは k が減少する方向に変化する．

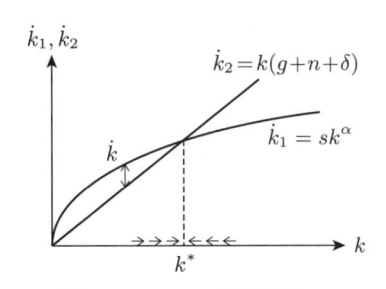

図 11.2 ソローダイヤグラム

このことは経済成長率に関する重要な帰結を意味している．式 (11.2) より，y の変化方向の符号が k の変化方向の符号と一致することは明らかである．したがって，有効労働 1 人当り資本ストックが小さい状態，すなわち経済が未発展の段階では，有効労働 1 人当りの生産 y は正の成長となり，k^* において y の成長がゼロとなる．このような点のことを**定常状態**（steady state）と呼ぶ．k が k^* よりも大きい状態は k が過剰となっているため，これを減らす方向の力が働き，y の成長も負となる．

このように，$k = k^*$ の点で定常状態となり，y の成長がゼロとなる．ここで注意が必要なのは，定常状態において経済全体の総生産の成長率がゼロとなるのではなく，有効労働 1 人当り生産の成長が止まるということである．y の定

義 $y = Y/AL$ に注意し，y, A, L, Y それぞれの成長率の関係を考察しよう．この定義式の両辺の対数をとり，時間で微分すると，成長率で表された関係が導かれる．

$$\frac{\dot{y}}{y} = \frac{\dot{Y}}{Y} - \frac{\dot{A}}{A} - \frac{\dot{L}}{L} = \frac{\dot{Y}}{Y} - g - n \tag{11.9}$$

つまり，有効労働 1 人当り生産 y の成長率がゼロの状態では，経済全体の総生産 Y は，技術成長率と労働人口成長率の和と等しい率で成長する．

また，生産活動ではなく国民（労働者）からの視点で，労働者 1 人当りの生産を $\hat{y}$ と表すと

$$\hat{y} = \frac{Y}{L} = Ay \tag{11.10}$$

であり，y に技術水準を乗じた値になる．この式についても，同様に成長率の関係を示すと

$$\frac{\dot{\hat{y}}}{\hat{y}} = \frac{\dot{A}}{A} + \frac{\dot{y}}{y} = g + \frac{\dot{y}}{y} \tag{11.11}$$

であり，定常状態では，労働者 1 人当りの生産が，技術成長率と同じ率で成長を続けていくこととなる．この結論が，ソローモデルによって理論的に導出された帰結の重要なポイントであり，1 人当りの生産，すなわち 1 人当りの所得の長期的成長率は，"外生的な" 技術成長率にのみ依存してその成長率へと収束することを意味している．

11.4.2 最適成長モデル

ソローモデルは生産関数と資本蓄積の方程式という，経済システムを表現する単純な二つの関係のみから経済成長率の本質を解釈するものであり，単純でありながら洞察に富むモデルである．しかし，ソローモデルはその簡便さの反面，合理的な経済活動というミクロ経済学的基礎を捨象している．特に，貯蓄率を外生的に与えるという点については，人々は自らの所得の使途決定において意思を働かせないということであり，合理的な経済活動を反映しているとはいいがたい．

11.4 経済成長理論と社会基盤

この点について，人々の長期的な効用最大化行動を前提として経済成長のシステムを描写する方法は，**最適成長モデル** (optimal growth model)，あるいはモデル構築者の名前をとった Ramsey-Cass-Coopmans モデルと呼ばれる．本節では，最適成長モデルの簡略形[†1]について説明する．

まず，ソローモデルと同じ生産関数

$$Y = K^\alpha (AL)^{(1-\alpha)} \tag{11.12}$$

を仮定し，有効労働 1 人当りの変数 $y = Y/AL$, $k = K/AL$ についても同じ定義を用いる．経済全体の資本蓄積も式 (11.3) と同じく

$$\dot{K} = I - \delta K \tag{11.13}$$

とする．なお，これらの式ではいずれも時点を表す t を省略している．

生産から得られた所得は，消費 C と投資 I へと配分される．

$$Y = C + I \tag{11.14}$$

この両辺を AL で除し，また，式 (11.7) および有効労働 1 人当り消費 $c = C/AL$ の関係を用いて有効労働 1 人当りの所得支出バランスとして表すと

$$y = c + \dot{k} + k(g + n + \delta) \tag{11.15}$$

となる．

この経済（国）の各家計（労働者個人）は，各時点における消費から得られる効用

$$u(c(t)) = \ln c(t) \tag{11.16}$$

を通時的に最大化するように，各時点の消費水準を決定する[†2]．この家計の行動は，以下のように動的最適化問題として定式化される．

[†1] 本来の最適成長モデルでは，生産活動を行う企業の行動と消費活動を行う家計の行動がそれぞれモデル化されるが，ここでは生産も消費も行う経済主体として家計を扱う．この簡略化が経済成長に関する帰結に影響することはない．

[†2] この対数型の効用関数は，動的マクロ経済モデルにおいて標準的に用いられる異時点間弾力性一定型（または相対的危険回避度一定型）効用関数において，弾力性を 1 とした特殊形である．

$$\max_{c(t)} U = \int_0^\infty \ln c(t) e^{-\rho t} dt \tag{11.17}$$

subject to $\dot{k} = y - c - k(g + n + \delta)$

上記の最適化問題を解くために，つぎのように現在価値ハミルトニアンを定義する．

$$H = \ln c(t) e^{-\rho t} + \lambda [k^\alpha - c - k(g + n + \delta)] \tag{11.18}$$

ここで，λ は動的最適化問題を解くために導入された，随伴変数と呼ばれる補助変数である．問題 (11.17) の最適解の 1 階の条件は，ポントリャーギンの最大値原理（Pontryagin's maximum principle）[†] より

$$\frac{\partial H}{\partial c} = 0 \tag{11.19}$$

$$\dot{\lambda} = -\frac{\partial H}{\partial k} \tag{11.20}$$

$$\lim_{t \to \infty} \lambda_t k_t = 0 \tag{11.21}$$

として得られる．式 (11.19) より

$$\lambda = \frac{1}{c} e^{-\rho t} \tag{11.22}$$

の関係が導出され，式 (11.20) からは

$$\dot{\lambda} = \lambda \left[-\alpha k^{\alpha-1} + g + n + \delta \right] \tag{11.23}$$

が得られる．これらの式を用いて λ を消去すると

$$\frac{\dot{c}}{c} = \alpha k^{\alpha-1} - (g + n + \delta + \rho) \tag{11.24}$$

が導出される．式 (11.24) は**オイラー方程式**（Euler equation）と呼ばれ，家計の行動が動学的に最適であるときに実現される，有効労働 1 人当り消費の成長経路を意味する．この右辺がゼロになるとき，すなわち c の成長がゼロとな

[†] これらの式の解釈はやや高度な内容となるため，本書では割愛するが，興味のある読者は，経済成長理論に特化した専門書である Barro and Sala-i-Martin (1995)（大住 訳 1997）[57] を参照されたい．

るときの k の水準を k^* とする。また，これを式 (11.17) の制約条件において $\dot{k}=0$ を満たす式へと代入，すなわち

$$\dot{k} = y - c - k^*(g+n+\delta) = 0 \tag{11.25}$$

としたときに得られる c の値を c^* とする。この k^* と c^* の組み合わせが実現するとき，k と c のどちらの変化率もゼロとなり，この状態が最適成長モデルにおける定常状態となる。定常状態においては，$\dot{k}=0$ かつ $y=k^\alpha$ より，$\dot{y}=0$ でもある。したがって，ソローモデルと同じく労働者 1 人当りの生産 $\hat{y}$ の成長率は

$$\frac{\dot{\hat{y}}}{\hat{y}} = \frac{\dot{A}}{A} + \frac{\dot{y}}{y} = g + \frac{\dot{y}}{y} \tag{11.26}$$

であることから，経済主体の最適化行動から導出したモデルにおいてもやはり，定常状態における 1 人当り所得の成長率は，外生的な技術成長率と等しくなるという結論が得られる。

11.4.3 内生的成長理論と社会資本のマネジメント

ソローモデルにおいても，最適成長モデルにおいても，経済成長をもたらす究極的な要因は外生的な技術進歩とされる。しかし，技術進歩がどのようにもたらされるのかについて，これらの理論は言及しておらず，経済成長の源泉は謎のままであった。これに対し，1980 年代後半以降，Romer (1986)[58] を嚆矢として，経済システムの技術進歩メカニズム自体を記述する**内生的成長理論** (endogenous growth theory) が発展した。内生的成長理論では，研究開発や人的資本蓄積など，知識の習得や伝達が生産技術を向上させる過程を理論化する試みがなされている[59),60)]。

先に述べた，社会資本の生産性という概念は，経済成長理論の文脈で考えると，内生的成長理論の応用形として位置付けられる。つまり，社会資本の蓄積が経済全体の生産技術向上に寄与する[61] という点で，成長率に影響を与えうる要因として働く。社会資本は公共投資によって蓄積されるが，それだけではな

く，既設の社会資本の管理によっても影響されうる。適切な維持管理がなされずに社会資本施設が劣化・荒廃してしまうと，産業の生産技術に寄与する度合いも小さくなる。これは，実質的な社会資本ストックが目減りすることとほぼ同じことである。

現在の日本経済においても，多くの社会資本ストックが蓄積されているが，今後は新設投資の割合が減少し，維持管理費や老朽化した施設の更新費の割合が増大することが予想されている[62]。したがって，社会資本維持に要するコスト削減が求められるようになり，これからはアセットマネジメントが担う役割の重要度が，より増していくこととなる。また，アセットマネジメント技術の高度化は，単にコストを圧縮する点だけではなく，上記のように経済成長率に対しても正の影響を及ぼす要因であることが，維持管理・更新技術による社会資本ストック劣化の制御を考慮した理論研究[63],[64]によって示唆されている。

演習問題

〔11.1〕 公共投資によって整備される社会基盤（施設，構造物，システム）は，一般的には，どのような点において長期的な特性を持っているかを述べよ。

〔11.2〕 土木施設のアセットマネジメント技術について，発展が進んでいる分野と，未発達な分野をそれぞれ説明せよ。

〔11.3〕 本章で紹介したソローモデル，すなわち生産関数を $Y_t = K_t^{\alpha}(A_t L_t)^{(1-\alpha)}$ とおき，資本蓄積を $\dot{K}_t = I_t - \delta K_t$ で表したモデルを考える（総生産：Y_t，生産技術：A_t，労働：L_t，資本ストック：K_t，投資：I_t，減耗率：δ）。

本章に示したように，このモデルにおいて，有効労働1人当り総生産 $y\ (= Y/AL)$ と有効労働1人当り資本ストック $k\ (= K/AL)$ を定義したとき，定常状態における k^* および y^* を求めよ。ただし，労働人口成長率は n，生産技術成長率は g であることとする。

また，社会基盤の整備により，A の向上がもたらされた（ただし，生産技術成長率 g は変化しない）とすると，経済にどのような影響が生じるかを考察せよ。

12章 国民経済計算と産業連関表

◆本章のテーマ

本章では，国民経済や地域・都市経済の状態を描写する経済データのシステムについて説明する。特に，経済循環の概念を定め，実際の経済統計表として整理されている国民経済計算（SNA）体系と，SNAの一部をなしており，社会基盤政策の経済効果分析の基礎データとしてしばしば利用される産業連関表について解説する。

◆本章の構成（キーワード）

12.1 国民経済計算の役割と体系
　　　SNA，生産勘定，所得支出勘定，蓄積勘定，国内総生産，三面等価の原則
12.2 産業連関表
　　　産業連関表，中間投入，最終需要，競争輸入型，非競争輸入型
12.3 地域と地域間の産業連関表
　　　地域産業連関表，地域間産業連関表，国際産業連関表

◆本章を学ぶと以下の内容をマスターできます

☞ 国民経済計算とはなにか
☞ 国内総生産はどのように定義されているのか
☞ 産業連関表はどのように読むのか

12.1 国民経済計算の役割と体系

12.1.1 SNA体系

　国土計画や広域の地域計画を検討する際には，国全体や地域全体の経済状態を考慮する必要がある．交通社会基盤整備などのインフラ政策は，単にハードウェアとしての社会基盤の状態を変化させるだけではない．地域間の交通所要時間の変化，防災力の向上，環境質の改善，景観の創出などは，市民の生活や産業活動にも影響を及ぼす．すなわち，産業や住宅の立地，家計所得，消費，交易など，経済活動の変化として，それらの影響が顕在化するのである．

　このように，政策によって経済状態の変化がもたらされるとき，「経済の状態」が統一的に定義されていなければならない．なぜなら，時と場合によって定義が変わってしまうと，異種の政策間で効果を比べられなくなり，代替案比較や政策評価が適切に行われなくなる．

　国民経済や地域経済など経済システム全体の活動は，複雑かつ大規模である．しかし，幸いなことにそうした経済システムを整然と記述するための方式として，国民経済全体を表示する国民経済計算というものが存在する．国民経済計算は，ある国における企業，家計，政府などのすべての経済主体が行った，生産，消費，投資などのすべての経済活動を対象に，それらの実績と関係性を網羅的に表すものである．国民経済計算は社会会計と呼ばれることもあるが，その呼称のとおり，企業会計における財務諸表と同様に，国民経済における経済活動を会計的に記録した諸勘定表からなる体系として構成されている．

　国民経済計算を記述するための体系は，国際的な基準である **SNA**（Systems of National Accounts）として定められている．SNAは，一国の経済を構成する諸側面を系統的・組織的に捉えて記録するマクロ経済統計[65]群の総称であるばかりでなく，経済循環の概念や経済勘定記述方法についての基準も包含する統合体系である．SNA体系は，国際連合において開発・成熟化が進められ，1993年に採択された1993SNAと呼ばれるシステム[66]を経て，現在では1993SNA

の改訂版である2008SNA[67]) が標準となっている[†1]。日本においても，2001年以降は1993SNAに準拠する経済統計が採用されている。さらに，SNA体系は，ある1年の間に行われた経済取引を勘定として記録することで，国民経済の姿を経済統計として描写する。これは簿記における勘定と同様に，国民経済の活動についても，借方と貸方へ複式記入することを原則とすることを意味する。このことは，SNAを構成する勘定概念のうち最も基本的な三つの勘定である，生産勘定（production accounts），所得支出勘定（income and outlay accounts），蓄積勘定（accumulation accounts）において借方と貸方のバランスが整合的に構成されることからも理解できる。ここで，三つの勘定について説明しておこう。理解を容易にするために，経済主体として海外部門を明示的に表さないこととする（海外部門については後述する）。生産勘定は，どのような生産活動が行われて，どのように所得が発生したかを記述する勘定である。所得支出勘定は，経済主体（SNAでは制度部門と呼ぶ）が所得を受け取り，支出と貯蓄が行われることを記述する勘定である。蓄積勘定は，貯蓄やそれ以外の資本調達によって，資産が蓄積した過程を記述する勘定である。生産勘定と所得支出勘定は，経常的な経済活動に関する勘定（経常勘定）であり，借方を「使途」，貸方を「源泉」と表現する。これに対し，蓄積勘定では借方を「資産の変動」，貸方を「負債・正味資産の変動」と表現する[†2]。

12.1.2 生産勘定

生産勘定では，表 **12.1** のように，源泉の欄に国内の生産活動における産出額が記入される。すなわち，経済循環の第一の源泉は，生産活動がもたらす算出であると捉えられる。使途の欄にはまず，生産の過程において消費される財・サービスである中間消費（あるいは中間投入）が記入される。製品を構成する原材料や，出張などの業務による交通サービス利用などが，中間消費に当たる。

[†1] SNAの体系が現在の形になるまでの経緯については，武野 (2001)[68]，作間 (2003)[69] を参照されたい。

[†2] 蓄積勘定はフローの統計であるが，SNAではこれと整合するように，期首と期末のストックについても貸借対照表が整理されている。

産出額から中間消費を差し引いた残余が付加価値であり，バランス項目として生産勘定の使途側に現れる．生産勘定の使途の欄は，生産活動において投入されるものであることを意味しており，中間消費と付加価値は，それぞれ生産活動における費用を構成する項目としても解釈できる．

表 12.1 生産勘定

使　途	源　泉
中間消費	産出額
付加価値　（内訳）	
雇用者報酬	
営業余剰・混合所得	
固定資本減耗	
生産・輸入品に課される税（控除）補助金	

93SNA 以前の SNA 体系（68SNA）では，生産勘定の中に付加価値の内訳が明示される勘定システムであった．生産活動の投入構造を理解する上で，付加価値がどのように構成されているかを知ることは有益であるので，ここでは付加価値項目それぞれについても簡単に説明を加える．表 12.1 の付加価値の内訳を上から見ていこう．雇用者報酬は，文字どおり生産主体に雇用されている者へ労働の対価として支払われる賃金のことである．営業余剰・混合所得については後述する．固定資本減耗は，企業会計における減価償却に相当する概念であり，生産活動に資する固定資本ストックの価値減耗分を表す．生産・輸入品に課される税とは，消費税や輸入関税のような，一般的に間接税と呼ばれる税を表す．こうした税も，購入者にとっては財・サービスの価格に含まれる要素となるので，費用側である使途に含まれる項目となる．同じ理由で，補助金は費用を押し下げる効果があり，控除項目として負値で付加価値を構成する項目となる．これらを合算したものが，生産・輸入品に課される税（控除）補助金である．最後に残った，営業余剰・混合所得は，付加価値から雇用者報酬，固定資本減耗，生産・輸入品に課される税（控除）補助金を差し引いた額であり，68SNA では残余であるバランス項目として扱われていた．営業余剰・混合所得は，資本の投入への対価として解釈できるものであり，財産所得と呼ばれる

こともある．おもに利子，賃貸料，株式配当などがこれに相当する．雇用者報酬と営業余剰・混合所得をあわせたものは，**要素所得**（factor income）と呼ばれる．

12.1.3 所得支出勘定

所得支出勘定では，経済主体の所得が源泉側に，支出が使途側に記入される．SNA 体系の考え方に厳密に従って所得と支出を記入していくと，勘定の読み取り方がやや煩雑になる†ため，ここでは，実際に SNA 統計を利用する際に目にすることになる，わが国の内閣府が公表する国民経済計算の統計[70]のうち，フロー統合勘定の形式と同様に相殺項目を除いて所得支出勘定を示す．**表 12.2**の源泉の欄には，生産勘定における費用項目のうち，雇用者報酬，営業余剰・混合所得，生産・輸入品に課される税（控除）補助金が記入される．これらが，生産活動によって発生し，国内の経済主体間の取引結果として分配される所得となる．使途には，経済主体による最終消費支出が記入され，源泉からこれを差し引いた残余が貯蓄となる．

表 12.2 所得支出勘定

使　途	源　泉
最終消費支出 貯蓄	雇用者報酬 営業余剰・混合所得 生産・輸入品に課される税（控除）補助金

12.1.4 蓄 積 勘 定

蓄積勘定では，**表 12.3** のように，資産がどのように蓄積されたかが，借方である資産の変動の欄に記入され，資本がどのように調達されたかが，貸方である負債・正味資産の変動の欄に記入される．総資本形成は，生産された財が資産として蓄積されたものを表す．固定資本減耗が控除項目として資産の変動側

---

† 第 1 次所得（要素所得および生産・輸入品に課される税（控除）補助金）の支払いと受け取り，国内の経常移転の支払いと受け取りなど，国民経済レベルでは相殺される項目が，それぞれ使途側と源泉側に現れる．

表 12.3　蓄積勘定（経済主体別）

資産の変動	負債・正味資産の変動
総資本形成 −(固定資本減耗) その他の資産の純増	貯蓄 負債の純増

に記入されており，既存の固定資本ストックの資産価値の減少分がここで考慮される。資産の変動の欄の最後にある，その他の資産の純増に関して，その最も大きな割合を占めるものは金融資産であり，ほかには，非生産資産である土地と無形非生産資産が含まれる。所得支出勘定の支出項目である貯蓄は，資産変動のための原資となる。負債は金融資産の取引に伴って生じる債権を逆向きに見たものであるため，金融資産の純増と負債の純増は等しくなる。また，土地や無形非生産資産の純取引を国内経済全体で集計すると，主体間でキャンセルアウトされるため，一国経済全体を統合した蓄積勘定では消去されることとなる（表 12.4）。

表 12.4　蓄積勘定（統合）

資産の変動	負債・正味資産の変動
総資本形成 −(固定資本減耗)	貯蓄

ここで，表 12.1，表 12.2，表 12.4 をすべて集計することを考える。借方と貸方の両方に現れる項目をキャンセルアウトされるものとして消去していくと，借方に残る項目は，中間消費，最終消費支出，総資本形成の三つとなり，貸方に残る項目は産出額のみとなる。国内経済において，生産活動において産出（供給）された財・サービスは，中間消費，最終消費支出，総資本形成のいずれかの形で需要されるため，残った項目についても，じつは借方と貸方が合計としてバランスしているのである。

12.1.5　勘定行列形式

以上で SNA の基本となる三つの勘定が示されたが，経済循環の状況を理解する観点からは，個々の勘定体系だけでなく，それらがどのような関係にある

12.1 国民経済計算の役割と体系

かを観察しやすいように表示されることが望ましい。こうしたニーズに対しては，上記のような通常の勘定形式に加えて SNA のもう一つの標準的な表示形式である勘定行列形式を用いるとよい。ここまで省略してきた海外部門についても，勘定行列形式で SNA 体系を表示することにより，経済循環の中で国内経済とどのような関連があるのかを理解することが容易になる。表 12.5 は，作間 (2003)[69] と同様に，海外部門の統合勘定を含む国民経済勘定を，勘定行列形式で示したものである。ただし，本節では海外部門との間に経常移転も資本移転もないことを前提としている。

表 12.5　海外部門を含む SNA 勘定行列

			国　　　内			海外
			1	2	3	4
国内部門	生産	1	中間消費	最終消費支出	総資本形成	輸出
	所得支出	2	要素所得 生産・輸入品に課される税 （控除）補助金			
	蓄積	3	固定資本減耗	貯蓄		
海外部門		4	輸入		海外に対する 債権の純増	

表 12.5 の行方向には勘定の貸方の情報が記入され，列方向には借方の情報が示されている。1 行目と 1 列目は生産勘定を表しており，産出額は需要項目の内訳ごとに記入される。国内の経済主体，すなわち国内部門による財・サービスの需要が，中間消費，最終消費支出，総資本形成である。注意すべき点は輸出と輸入であり，輸出については，海外部門による自国財・サービスの需要として，1 行目に記入される。輸入は，海外で生産された財・サービスの国内部門による需要であるが，SNA の標準的な記載形式では，生産勘定の使途側という扱いになる。ただし，後述する産業連関表では，行方向の需要側に控除項目として記入される。

2 行目と 2 列目は所得支出勘定に相当し，表 12.2 と整合的であることが確認できる。3 行目と 3 列目は蓄積勘定であり，貯蓄を S，固定資本減耗を D，総資本形成を I，海外に対する債権の純増を F で表すと

$$(S+D) - I = F \tag{12.1}$$

の関係が成立していることがわかる。4行目と4列目は海外部門の統合勘定を表しており，輸出をE，輸入をMで表すと

$$E - M = F \tag{12.2}$$

の関係となっている。これらの関係式より，ただちに

$$(S+D) - I = E - M \tag{12.3}$$

が導かれる。この式の左辺は国民経済の粗貯蓄（貯蓄＋固定資本減耗）と総投資の差額を，また，右辺は輸出と輸入の差額すなわち純輸出を表しており，両者を結ぶ等号によって，開放経済における国民の粗貯蓄と総投資の差額と経常収支とのバランス関係を示している。2行1列の欄にある要素所得と生産・輸入品に課される税の和から補助金を控除した値は，国内純生産（net domestic product, NDP）と定義される。NDPとDをあわせたもの，すなわち表12.5の2行1列と3行1列の合計が付加価値であり，生産面から見た国内総生産（gross domestic product, GDP）を意味する。GDPをYと表し，最終消費支出をCと表すと，生産勘定のバランスは

$$Y = C + I + (E - M) \tag{12.4}$$

と表される。この式の右辺は，支出側から見たGDPを意味しており，Yの内訳が生産勘定において費用として所得分配される項目であることとあわせると，国民経済において生産と支出と所得のそれぞれの面から見たGDPが恒等式[†]の関係で表されるという，いわゆる三面等価の原則が成立することが示される。

[†] 一般的なマクロ経済学では，最終消費支出，総資本形成，純輸出という支出の分類ではなく，民間消費，民間投資，政府支出，純輸出へと分けて，この恒等式が表される。

12.2　産業連関表

　SNAの生産勘定は，国内経済において生産された財・サービスがどの経済主体にどれだけ需要されたかという販路構成（需要構造）と，生産活動を行う産業部門がどのような投入を行いどれだけの費用を要したかという産業部門の費用構造（投入構造）を表している。生産勘定を複数の産業部門に分割し，それぞれの産業部門間の連関構造と，生産活動を中心とした経済循環構造に焦点をおいた経済統計が，**産業連関表**（Input-Output table）である。産業連関表は，1930年代に米国の経済学者レオンチェフ（Wassily Leontief）によって開発された概念であり，SNAよりも古い歴史を持つ。

　産業連関表のひな形は，上述のように生産勘定を多産業部門へ拡張したものであり，**表12.6**のような逆L字型の形式となっている。左上から3行3列は，生産勘定における中間消費を表しており，産業連関表では特に，費用構造として見るときは**中間投入**（intermediate input）と呼ばれ，需要構造として見るときは中間需要と呼ばれる。表中の x_{ij} は，産業 j が生産活動のために投入する，産業 i の生産物（以下，財 i と呼ぶ）の中間投入額を表している。この中間投入（中間需要）の構造に関する情報が，産業連関表において最も活用される部分である。

表 **12.6**　産業連関表のひな形（3産業部門）

	産業1	産業2	産業3	国内最終需要	輸出	輸入（控除）	国内生産額
産業1	x_{11}	x_{12}	x_{13}	Y_1	E_1	$-M_1$	X_1
産業2	x_{21}	x_{22}	x_{23}	Y_2	E_2	$-M_2$	X_2
産業3	x_{31}	x_{32}	x_{33}	Y_3	E_3	$-M_3$	X_3
付加価値	V_1	V_2	V_3				
国内生産額	X_1	X_2	X_3				

　行方向，すなわち需要側に産業連関表を見たときに，中間需要よりも右側の列に表れる部分は，産業部門の生産活動における消費以外の需要であり，これらをまとめて**最終需要**（final demand）と呼ぶ。最終需要のうち，Y_i は国内経

済主体による財 i の最終需要額を，E_i は海外部門への財 i の輸出額を表す．M_i は海外で生産された財 i の，国内経済主体による需要額つまり輸入額であり，負値で表記する．なお，表 12.6 のように，国内生産財と海外生産財を区別せず同じ行の値として扱うタイプの産業連関表を，競争輸入型産業連関表と呼ぶ．一方，海外での生産財を国内生産財と区別して，別の行で表す形式の産業連関表は，非競争輸入型産業連関表と呼ばれる．

わが国の実際の産業連関表では，表 12.7 のように，国内最終需要額 Y_i は最終消費支出と総資本形成から構成されており，さらに，最終消費支出は民間消費支出と一般政府消費支出に細分化され，総資本形成も総固定資本形成（公的），総固定資本形成（民間），在庫純増という三つの項目に細分化されている．

表 12.7 最終需要部門と付加価値部門の構成

	産業1	産業2	産業3	民間消費支出	一般政府消費支出	国内総固定資本形成（公的）	国内総固定資本形成（民間）	在庫純増	輸出	輸入（控除）	国内生産額
産業1	x_{11}	x_{12}	x_{13}	C_1	G_1	I_1	IG_1	IN_1	E_1	$-M_1$	X_1
産業2	x_{21}	x_{22}	x_{23}	C_2	G_2	I_2	IG_2	IN_2	E_2	$-M_2$	X_2
産業3	x_{31}	x_{32}	x_{33}	C_3	G_3	I_3	IG_3	IN_3	E_3	$-M_3$	X_3
雇用者所得	L_1	L_2	L_3								
営業余剰	O_1	O_2	O_3								
資本減耗引当	D_1	D_2	D_3								
間接税(除関税)	T_1	T_2	T_3								
(控除)経常補助金	$-S_1$	$-S_2$	$-S_3$								
国内生産額	X_1	X_2	X_3								

列方向，すなわち投入側方向に見ていくと，中間投入の行列の下部に，産業 j 部門で生み出された付加価値 V_j が記入されている．生産勘定で見たように，実際の産業連関表のデータでは，付加価値はさらに項目が細分化されている．呼称が SNA とは若干異なっており，産業連関表では，雇用者所得，営業余剰，資

本減耗引当，間接税（除関税），（控除）経常補助金という構成になっているが，それぞれの数値の意味は SNA の生産勘定と同じである．

それぞれの行和と列和はどちらも国内生産額 X_i（および X_j）を表しており，需要側の和と投入側の和が等しくなる．これは，産業の生産物の需給均衡が成立していることを意味している．産業連関表の各項目の詳細な概念については，上田 (2009)[71] の 2 章に詳しい説明がある．

12.3 地域と地域間の産業連関表

ここまで扱ってきた産業連関表は，一国全体の経済を対象としたものである．しかし，国民経済はどの地域も一様な経済構造を持つものではなく，特定の地域に着目した産業構造の分析に対するニーズも大きい．そして実際に，国内経済のうちの一部の地域を経済システムとして扱った地域産業連関表も作成されている．さらに，経済システムを複数の地域経済からなるシステムとして捉えた地域間産業連関表や，同じく経済システムの対象範囲を海外にまで広げた国際産業連関表についても整備が進んでいる．

地域産業連関表の考え方および構造は，基本的には一国産業連関表とほぼ同じである．一国産業連関表と同様に，対象地域における産業構造を SNA の生産勘定の概念を適用する形で，地域外経済が一国経済に対する海外経済に相当すると考えればよい．ただし，国際間の取引を輸出・輸入と呼ぶのに対し，国内の地域間取引は移出・移入と呼ぶ．

地域間産業連関表と国際産業連関表は，同時に 2 地域以上を対象とするものであり，表の形態は一国産業連関表や地域産業連関表とやや異なる．ここでは，地域間産業連関表の形式について説明する．先述のように，産業連関表における地域外生産財の取り扱い方については，産業部門が同じであれば生産地を差別化しない競争輸入型の形式と，生産地が異なると同じ産業部門の財であっても差別化して扱う非競争輸入型の形式がある†．地域間産業連関表や国際産業連

---

† 国内地域間産業連関表では，それぞれ競争移入型と非競争移入型と呼ぶ．

関表では，その違いがより顕著に表れる．そこで，まずは非競争型地域間産業連関表の形式を例に，構造を見ていくことにする．**表 12.8** は，ある一国経済を 2 地域 2 産業部門に分割した場合の非競争型地域間産業連関表の形式を示している．中間投入の部分の x_{ij}^{rs} は，s 地域の産業部門 j による，r 地域産の財 i の投入額を表している．また，Y_i^{rs} は，s 地域における r 地域産の財 i の地域内最終需要を，E_i^r は r 地域産の財 i の輸出額を，M_i^r は r 地域産の財 i の輸入額をそれぞれ表す．さらに，V_j^s は s 地域の産業部門 j の付加価値を，X_j^s は s 地域の産業部門 j の生産額を表す．

表 12.8 非競争型地域間産業連関表のひな形（2 地域 2 産業部門）

地域		1		2		1	2	輸出 − 輸入	国内生産額
	産業	1	2	1	2	最終需要	最終需要		
1	1	x_{11}^{11}	x_{12}^{11}	x_{11}^{12}	x_{12}^{12}	Y_1^{11}	Y_1^{12}	$E_1^1 - M_1^1$	X_1^1
	2	x_{21}^{11}	x_{22}^{11}	x_{21}^{12}	x_{22}^{12}	Y_2^{11}	Y_2^{12}	$E_2^1 - M_2^1$	X_2^1
2	1	x_{11}^{21}	x_{12}^{21}	x_{11}^{22}	x_{12}^{22}	Y_1^{21}	Y_1^{22}	$E_1^2 - M_1^2$	X_1^2
	2	x_{21}^{21}	x_{22}^{21}	x_{21}^{22}	x_{22}^{22}	Y_2^{21}	Y_2^{22}	$E_2^2 - M_2^2$	X_2^2
付加価値		V_1^1	V_2^1	V_1^2	V_2^2				
国内生産額		X_1^1	X_2^1	X_1^2	X_2^2				

この地域間産業連関表からも明らかなように，産業連関表に地域の概念が加わることで産業間の経済循環構造に加えて，経済循環構造に関する空間的な情報も得られることになる．すなわち，ある地域で生産される財が，どの地域のどのような経済主体に需要されているか，あるいは，ある地域の生産活動において原材料となる中間財をどの地域から調達しているかなどを把握することが可能となる．都市間交通整備など，空間的に離れた地域を結ぶ交通社会資本政策などは，所要時間や費用など，直接的に地域間交易の状況に影響を及ぼすことが予想されるが，そうした政策がそれぞれの地域にどのような効果をもたらすかを分析する際には，地域間産業連関表が提供する地域間の経済的相互依存関係に関する情報が非常に重要となる．

わが国では，経済産業省が日本国内を 9 地域に分割した地域間産業連関表を作成している．そのほかにも，さまざまな研究グループや組織によって，より

12.3 地域と地域間の産業連関表

詳細な地域分割を施した地域間産業連関表の整備が進められている（例えば，石川・宮城（2004）[72]による47都道府県間表など）。

　非競争移入型の地域間産業連関表は，このように地域間産業間の連関構造を詳細に描写できる長所を持つ一方で，表を作成するために膨大なデータと作業量を必要とする[73]という難点がある。ある地域の生産物が，どの地域に対して販売されたかを把握することに比べて，どの地域のどの産業部門あるいは家計に対して販売されたかを把握することは，非常に困難な作業を伴う。そのため，この前者の情報である各財の地域間移出入データのみを利用して，（地域別の）競争移入型地域産業連関表を連結し，非競争移入型地域間産業連関表を構築する方法がある。この形式で作成される地域間産業連関表は競争移入型の地域間産業連関表として分類されるものであり，チェネリー＝モーゼス（Chenery-Moses）型の表と呼ばれる[73]。これに対して，先に示したような非競争型の地域間産業連関表として作成された表は，アイサード（Isard）型の表とも呼ばれる。

　ここまでに述べた地域間産業連関表は，国内経済を複数の地域経済システムに分割して捉えるものであるが，国際産業連関表も基本的なアイデアは同じものである。すなわち，世界経済あるいは世界の中の一部の地域を，複数の国家からなる経済システムとして見なすものであり，表の形式も国内地域間産業連関表とほぼ同様である。国際産業連関表は貿易構造に関する豊富な情報を提供し，社会基盤政策としては，わが国では港湾や空港に関連するような国際物流政策の効果分析において，基礎データとして用いられることが多い。欧州のように陸上交通も国際輸送のおもな手段となりうる地域においては，国際道路網の整備効果検討についても，国際産業連関表が重要な役割を果たす。

演習問題

〔**12.1**〕 SNA を構成する勘定概念のうち，最も基本的な三つの勘定を列挙せよ。

〔**12.2**〕 支出側から見た GDP（国内総生産）について説明せよ。

〔**12.3**〕 以下の産業連関表の空欄に，適切な数値を記入せよ。

表 12.9 産業連関表（2 産業部門）

	産業 1	産業 2	国内最終需要	輸出	輸入（控除）	国内生産額
産業 1	100	30	40	30	−40	
産業 2	20	150		50	−30	
付加価値		60				
国内生産額						

13章 産業連関分析と応用一般均衡分析

◆本章のテーマ

社会基盤政策によってもたらされる経済効果が，国民経済や地域経済など広範囲の経済システムやさまざまな産業分野に対してどのように波及するかを評価する代表的手法として，産業連関分析と応用一般均衡分析がある．本章は，これらの手法の基本的な考え方と，両者の違いについて概説する．

◆本章の構成（キーワード）

13.1 産業連関分析の基礎
　　　投入係数，レオンチェフ逆行列，経済波及効果
13.2 応用一般均衡分析
　　　一般均衡理論，応用一般均衡モデル，空間的応用一般均衡モデル

◆本章を学ぶと以下の内容をマスターできます

☞　産業連関分析とはどのような手法か
☞　応用一般均衡分析とはどのような手法か

13.1 産業連関分析の基礎

13.1.1 産業連関分析の考え方と基本的なモデル

産業連関表は，それぞれの産業部門の生産活動における投入構造と需要構造に関する情報を与えてくれる経済統計データとして利用価値があるが，そうした経済構造を踏まえた経済分析の手法（産業連関分析または産業連関モデル）にも適用することができる．産業連関分析の理論的基礎となる最も重要な概念は，**投入係数**（input coefficient）である．投入係数は，ある産業部門の生産1単位当りに必要とされる中間投入の量，つまり生産に対する投入割合のことであり，具体的には

$$a_{ij} = \frac{x_{ij}}{X_j} \qquad (13.1)$$

の形で定義される．ここで，a_{ij} は産業 j の生産における財 i の投入割合を表す投入係数である．また 12 章の表記と同様に，x_{ij} は産業 j による財 i の中間投入額であり，X_j は産業 j の国内生産額である．このように，産業連関分析では中間投入額と生産額の間に線形関係が仮定される．**表 13.1** に示す（競争輸入型）産業連関表の数値例では，各産業の各財の投入に対応する投入係数は，**表 13.2** のようになる．このように行列形式で表された投入係数は，投入係数行列

表 13.1 産業連関表の数値例

	産業1	産業2	産業3	国内最終需要	輸出	輸入（控除）	国内生産額
産業1	2	20	5	4	1	−17	15
産業2	3	131	64	96	55	−44	305
産業3	3	61	178	404	17	−10	653
付加価値	7	93	406				
国内生産額	15	305	653				

表 13.2 投入係数

	産業1	産業2	産業3
産業1	0.13	0.07	0.01
産業2	0.20	0.43	0.10
産業3	0.20	0.20	0.27

と呼ばれ，各産業の生産における原材料投入の構成を理解するのに役立つ。産業連関モデルでは，この投入係数行列が中心的な役割を果たすこととなる。そこで，まずは産業連関モデルの本質的意味に着目するため，中間投入以外の部分をできるだけ簡略化した産業連関表を例にして考える。表 12.6 の表記において，財 i の最終需要を一つにまとめて F_i と表す（つまり $F_i = Y_i + E_i - M_i$）と，3 産業部門の産業連関表は**表 13.3** のように表される。

表 13.3 簡略化された産業連関表のひな形（3 産業部門）

	産業 1	産業 2	産業 3	最終需要	国内生産額
産業 1	x_{11}	x_{12}	x_{13}	F_1	X_1
産業 2	x_{21}	x_{22}	x_{23}	F_2	X_2
産業 3	x_{31}	x_{32}	x_{33}	F_3	X_3
付加価値	V_1	V_2	V_3		
国内生産額	X_1	X_2	X_3		

産業連関表を行方向に見たときの各財の需要の合計は，それぞれの財の国内生産額と一致する。これを各産業部門についての連立方程式として表すと

$$\begin{cases} x_{11} + x_{12} + x_{13} + F_1 = X_1 \\ x_{21} + x_{22} + x_{23} + F_2 = X_2 \\ x_{31} + x_{32} + x_{33} + F_3 = X_3 \end{cases} \quad (13.2)$$

となる。この需給均衡の関係と，投入係数の定義を用いると，需給均衡のバランスは

$$\begin{pmatrix} a_{11} & a_{12} & a_{13} \\ a_{21} & a_{22} & a_{23} \\ a_{31} & a_{32} & a_{33} \end{pmatrix} \begin{pmatrix} X_1 \\ X_2 \\ X_3 \end{pmatrix} + \begin{pmatrix} F_1 \\ F_2 \\ F_3 \end{pmatrix} = \begin{pmatrix} X_1 \\ X_2 \\ X_3 \end{pmatrix} \quad (13.3)$$

と表すことができる。これを

$$\mathbf{A} = \begin{pmatrix} a_{11} & a_{12} & a_{13} \\ a_{21} & a_{22} & a_{23} \\ a_{31} & a_{32} & a_{33} \end{pmatrix}, \ \mathbf{X} = \begin{pmatrix} X_1 \\ X_2 \\ X_3 \end{pmatrix}, \ \mathbf{F} = \begin{pmatrix} F_1 \\ F_2 \\ F_3 \end{pmatrix}$$

のように行列表記を定義し，書き換えると

$$AX + F = X \tag{13.4}$$

となる。この式を X について解くと

$$X = (I - A)^{-1} F \tag{13.5}$$

の関係が得られる。ただし，I は単位行列を表す。これは，最終需要ベクトル F が与えられると，内生的に国内生産額が算出される式になっており，**均衡産出高モデル**（Input-Output model）と呼ばれる。均衡産出高モデルは，例えば，公共投資のような政府支出を増加させたときに国内産業の生産額のどれだけの増加を誘発するかという，経済波及効果を分析する際に用いられる。すなわち，政策によって ΔF の最終需要増加が想定されるとき

$$\Delta X = (I - A)^{-1} \Delta F \tag{13.6}$$

の関係から，ΔX の国内生産額増加が期待される。一般に，産業連関分析と単純に呼ぶ場合，均衡産出高モデルによる国内生産額の誘発効果分析を指すことが多い。均衡産出高モデルに現れる逆行列 $(I - A)^{-1}$ は，**レオンチェフ逆行列**（Leontief inverse）と呼ばれ，産業連関表を用いた経済波及効果分析において重要な役割を果たす。

13.1.2 レオンチェフ逆行列の意味

産業連関分析で計測される経済効果がなぜ「波及効果」と呼ばれるかは，レオンチェフ逆行列の意味を考えると理解しやすい。最終需要が ΔF 増加したとき，最初に必要とされる生産額の増分 $\Delta X_{(1)}$ は，ΔF そのものである。そして，$\Delta X_{(1)}$ を生産するために必要とされる中間投入額 $\Delta X_{(2)}$ は

$$\Delta X_{(2)} = A \Delta X_{(1)} = A \Delta F \tag{13.7}$$

である。同様に，この中間投入需要を生産するために必要な中間投入額は

13.1 産業連関分析の基礎

$$\Delta \mathbf{X}_{(3)} = \mathbf{A}\Delta \mathbf{X}_{(2)} = \mathbf{A}^2 \Delta \mathbf{F} \tag{13.8}$$

となる。このプロセスが繰り返されていくと，究極的に $\Delta \mathbf{F}$ の最終需要増加を満たすために必要となる生産額増加は

$$\begin{aligned}
\Delta \mathbf{X} &= \sum_{n=1}^{\infty} \Delta \mathbf{X}_{(n)} \\
&= \Delta \mathbf{F} + \mathbf{A}\Delta \mathbf{F} + \mathbf{A}^2 \Delta \mathbf{F} + \mathbf{A}^3 \Delta \mathbf{F} + \cdots \\
&= \left(\mathbf{I} + \mathbf{A} + \mathbf{A}^2 + \mathbf{A}^3 + \cdots\right) \Delta \mathbf{F} \\
&= (\mathbf{I} - \mathbf{A})^{-1} \Delta \mathbf{F}
\end{aligned} \tag{13.9}$$

となる。式 (13.9) の最後の行の変形は，スカラーの無限級数の和と同じ考え方ができる。投入係数行列の要素は，各産業の産出額に対する割合であるので，すべて 1 よりも小さな値となる。その場合，式 (13.9) の 3 行目の括弧内の行列の和が，最後の行のようにレオンチェフ逆行列の形へと収束することが知られている[74]。

このように，レオンチェフ逆行列は，最終需要に外生的な変化が生じたときの生産波及の究極的な状態を表していると解釈することができる。

13.1.3 輸入を考慮した産業連関モデル

ここまでは，簡単化のため，最終需要を区別せずに産業連関モデルを議論してきたが，実際の経済循環を考えるときは，輸入の扱いについて注意が必要となる。産業連関モデルにおいて，投入係数の概念は，産業の生産のために必要とされる中間投入の割合を意味しており，このことは，産業部門による中間投入の需要が生産額に対して内生的に決定されるシステムであることを前提としている。このため，産業連関表における中間投入の部分は，内生部門とも称される。一方で，国内最終需要部門と輸出については，国内の生産活動に伴う消費需要ではない。しかし，輸入については，国内の生産活動に大きく依存しており，内生的に決定されるべき性質を持っているとも考えられる。産業連関モデルにおける輸入の取り扱い方には複数の方法が存在する[74]が，ここでは，上

記のような性質を踏まえ，輸入は国内総需要に対して内生的に決定されるという考え方に基づく分析方法を紹介する。

あらためて，最終需要を国内最終需要 Y_i，輸出 E_i，輸入 M_i に区別して，産業連関表の需給均衡を

$$\begin{cases} x_{11} + x_{12} + x_{13} + Y_1 + E_1 - M_1 = X_1 \\ x_{21} + x_{22} + x_{23} + Y_2 + E_2 - M_2 = X_2 \\ x_{31} + x_{32} + x_{33} + Y_3 + E_3 - M_3 = X_3 \end{cases} \tag{13.10}$$

の式で表す。行列表記すると

$$\mathbf{AX} + \mathbf{Y} + \mathbf{E} - \mathbf{M} = \mathbf{X} \tag{13.11}$$

である。ただし

$$\mathbf{Y} = \begin{pmatrix} Y_1 \\ Y_2 \\ Y_3 \end{pmatrix}, \quad \mathbf{E} = \begin{pmatrix} E_1 \\ E_2 \\ E_3 \end{pmatrix}, \quad \mathbf{M} = \begin{pmatrix} M_1 \\ M_2 \\ M_3 \end{pmatrix}$$

である。ここで，各財の輸入額はそれぞれの財の国内総需要に比例すると仮定し，輸入係数 m_i をつぎのように定義する。

$$m_i = \frac{M_i}{\sum_{j \in J} x_{ij} + Y_i} \left(= \frac{M_i}{\sum_{j \in J} a_{ij} X_j + Y_i} \right) \tag{13.12}$$

そうすると，m_i を対角要素とする行列 $\hat{\mathbf{M}}$

$$\hat{\mathbf{M}} = \begin{pmatrix} m_1 & 0 & 0 \\ 0 & m_2 & 0 \\ 0 & 0 & m_3 \end{pmatrix}$$

を用いて，式 (13.11) は

$$\mathbf{AX} + \mathbf{Y} + \mathbf{E} - \hat{\mathbf{M}}(\mathbf{AX} + \mathbf{Y}) = \mathbf{X} \tag{13.13}$$

すなわち

$$(\mathbf{I} - \hat{\mathbf{M}})(\mathbf{AX} + \mathbf{Y}) + \mathbf{E} = \mathbf{X} \tag{13.14}$$

となるので，これを $\mathbf{X}$ について解けば

$$\mathbf{X} = \left[\mathbf{I} - (\mathbf{I} - \hat{\mathbf{M}})\mathbf{A}\right]^{-1}\left[(\mathbf{I} - \hat{\mathbf{M}})\mathbf{Y} + \mathbf{E}\right] \tag{13.15}$$

の形で，均衡産出高モデルが導出される。この形式は，国内生産財への最終需要が変化したときに，どれだけの国内生産財の総生産額変化が必要かを表しており，したがって，輸入を内生化したモデルは，国内での生産財に焦点を絞り込んだ需給均衡モデルであると解釈することができる。輸入を区別しないタイプ（輸入を外生化したタイプ）の産業連関モデルと同様に，輸入を内生化した場合においても，レオンチェフ逆行列の形式で表される行列 $\left[\mathbf{I} - (\mathbf{I} - \hat{\mathbf{M}})\mathbf{A}\right]^{-1}$ は，生産波及効果の特性を表している。

前章で示した地域間産業連関表，国際産業連関表についても，それらに対応した産業連関モデルを構築することができる。基本的な考え方は上で述べた均衡産出高モデルと同様であり，相違点は，投入係数行列に生産地と需要地の情報が加わることや，輸入係数と同様に移入係数が定義されることなどである。このように，地域の概念が加わってもモデルの本質的構造が転用できるのは，産業連関モデルが固定的な係数を基礎とする線形の経済システムとして定式化されているためである。多地域を扱う産業連関モデルの詳細はやや上級の内容になるため，本書では立ち入らないが，興味のある読者は上田（2009）[75]，藤川（2005）[76] を参照されたい。

13.1.4 産業連関分析の課題

産業連関分析の最大の長所は，前述のように，経済システムが線形のシステムとしてモデル化されているため計算が容易であり，高度なプログラミングを行わなくとも，表計算ソフトウェアのみを用いて分析ができるという手軽さである。時間や労力が限られた状況で政策がもたらす間接効果を分析する必要がある場合に，簡便な分析手法として大きな力を発揮する。経済学的な解釈としては，産業連関表から得られる各種係数は，データが整備された時点に

おける産業間の相互依存関係や技術構造の静的な状態を表しており，均衡産出高モデルによる経済波及効果推定は，政策実施によって（ワルラス的な）価格体系変化が生じる前の短期的な経済インパクト推定を行っているものと見なせる。

　これらを踏まえ，産業連関分析の課題や，分析結果についての注意点を理解しておく必要がある。まず，固定的な係数に基づく線形の経済システムを仮定するモデルということに関しては，分析を容易にする一方で，経済システムが硬直的であるという前提を設けて，分析の範囲を限定していることにもなる。より具体的には，産業間での財の代替性と生産地間での財の代替性がモデルから排除されているため，価格体系に外生的なショックが与えられたときに需要の代替が生じるという，標準的なミクロ経済分析が想定する経済状態変化を描写できないという課題がある。

　最終需要の変化を外生的要件として考える産業連関モデルでは，その外生的な最終需要変化をもたらす源泉については言及されないことが多い。ミクロ経済学における消費者行動の基本的な考え方は，所得の制約下での効用最大化であり，その解として所得と価格の関数である需要関数が導出される。しかし，産業連関モデルを用いた分析において，外生的に最終需要を変化させること，特に最終需要が純増するような外生変化を想定することは，所得制約を考慮しないことを意味する。また，最終需要の増加は，三面等価の原則からも明らかなように，同額の付加価値増加（所得の増加）が生じることも意味しているが，この付加価値増加がいかなる要因によってもたらされるかを無視していることも課題となる。経済システムにおける資源（労働力や資本の保有量）が有限であれば，いずれかの財の最終需要額を増加させることは，価格体系に変化がないとすれば，代替的に他部門の財の最終需要額減少をもたらすはずである。このような代替的な最終需要の減少がまったくないと想定することは，変化前の状態では，いずれかの市場に需給不均衡が生じている（例えば，労働市場の不均衡である失業が存在している）ことを前提としているともいえ，便益計測にお

いて前提とされる市場均衡とは理論的に整合しない[†1]こととなる。

　線形体系であるために価格変化がもたらす代替効果を表現できず，ミクロ経済理論における需要関数（価格の関数）との接合が困難であるという産業連関モデルの課題は，後述する**応用一般均衡**（computable general equilibrium，CGE）モデル[†2]で補完される。応用一般均衡モデルは，ミクロ経済学における消費者行動理論と生産者行動理論を基礎として，明示的に需要と価格の関係を描写し，かつモデル上のすべての市場均衡を考慮する一般均衡理論と整合的な手法である。また，応用一般均衡モデルは，産業連関表をはじめとするSNA体系と整合的に経済循環を捉える方法であり，例えば産業連関表のデータはそのまま応用一般均衡モデルの基準均衡データとして適用できるという利点がある。したがって，応用一般均衡モデルが産業連関モデルの特殊形と呼ばれることや，逆に応用一般均衡モデルの特殊形として産業連関モデルが位置付けられることもある。これらの基本的な差異は，産業連関モデルにおける投入係数を固定係数として扱うか，価格体系により変化しうるものとして扱うかという点と，産業連関モデルでは外生として扱われる最終需要を応用一般均衡モデルでは内生的に扱う点である。これらの相違によって，モデル分析から得られる結果の性質も異なってくる。以下では，応用一般均衡モデルの基本的な概念とともに，産業連関モデルとの違いを見ていく。

13.2　応用一般均衡分析

13.2.1　応用一般均衡モデルの理論と定式化

　応用一般均衡モデルは，その名のとおり，一般均衡理論に基づく経済均衡モデルであるが，「応用」と名が付く点に大きなポイントがあり，モデルに実際の経済統計データを当てはめて数値的な計量分析へ適用することを主目的とする

[†1] ただし，産業連関表の創始者であるレオンチェフは，ワルラス的一般均衡理論の計量分析ツールとして産業連関表の概念を構築した。

[†2] AGEモデル（applied general equilibrium model）と称されることもある。

手法である。通常，経済理論で用いられるモデルは，現実世界を高度に抽象化して表現し，数量的な分析よりも解析的な，すなわち定性的な結果を求める分析に用いられるものが多い。応用一般均衡モデルはそれらとは対照的に，政策実施による効果を定量的に推定するために用いられる。その意味では，産業連関モデルも同じタイプの手法であるが，応用一般均衡モデルはミクロ経済理論と整合的に構築されているため，モデル分析の結果から，経済厚生評価の指標である便益を算出できる長所があるという点で，産業連関モデルとは大きく異なっている。

応用一般均衡モデルは，通常，産業連関表や SNA 体系に基づく経済循環を行列表示した社会会計行列（social accounting matrix, SAM）を基準データとして用いて構築される。ここでは，産業連関表を例として，応用一般均衡モデルとどのように接合されるかを見ることとする。現実の精緻な描写ではなく，モデル概念の理解がここでの目的であるので，まず，海外との貿易が存在しない閉鎖経済としての一国経済を想定し，その産業連関表を**表 13.4** のように表す。注意すべき点は，これまで金額ベースとして扱ってきた表中の値を価格×量の形式で表し，それぞれを区別していることである。表 13.4 において，p_1, p_2, p_3 はそれぞれ財 1 から財 3 の価格を表し，p_v は付加価値の価格を表している。一般には，付加価値を構成する生産要素として労働投入と資本投入が考慮され，これらの価格である労働価格（賃金）と資本価格（資本レント）が区別されるが，ここではすべての付加価値要素をひとまとめとして扱い，仮想的にその価格として付加価値価格が存在することとしている。V_1, V_2, V_3 は各産業に投入される付加価値要素の量であり，その合計量（V と表す）が，この経済

表 13.4 価格と量を区別して表した産業連関表のひな形（3 産業部門）

	産業 1	産業 2	産業 3	最終需要	国内生産額
産業 1	$p_1 x_{11}$	$p_1 x_{12}$	$p_1 x_{13}$	$p_1 F_1$	$p_1 X_1$
産業 2	$p_2 x_{21}$	$p_2 x_{22}$	$p_2 x_{23}$	$p_2 F_2$	$p_2 X_2$
産業 3	$p_3 x_{31}$	$p_3 x_{32}$	$p_3 x_{33}$	$p_3 F_3$	$p_3 X_3$
付加価値	$p_v V_1$	$p_v V_2$	$p_v V_3$		
国内生産額	$p_1 X_1$	$p_2 X_2$	$p_3 X_3$		

の家計部門が保有している付加価値要素の総量である。

まず，この国民経済における家計[†]の消費行動を考える．家計は，所得制約のもとで効用最大化するように，消費需要を決定する．かりに，家計の選好がコブ＝ダグラス型の効用関数であると想定すると

$$\max_{F_1, F_2, F_3} U = F_1^{\alpha_1} F_2^{\alpha_2} F_3^{\alpha_3} \tag{13.16}$$

$$\text{subject to} \quad p_1 F_1 + p_2 F_2 + p_3 F_3 = I \tag{13.17}$$

$$\alpha_1 + \alpha_2 + \alpha_3 = 1 \tag{13.18}$$

のように効用最大化行動は定式化される．ただし，I は所得を表しており，所得は生産活動へ投入される付加価値要素の対価として得られるので

$$I = p_v V \tag{13.19}$$

である．この効用最大化問題を解くと，それぞれの財の消費に関する需要関数が得られ

$$p_1 F_1 = \alpha_1 I, \quad p_2 F_2 = \alpha_2 I, \quad p_3 F_3 = \alpha_3 I \tag{13.20}$$

の関係が導出される．

また，この国民経済における企業の利潤最大化行動は，こちらも生産関数をコブ＝ダグラス型関数と想定すれば，各産業部門 j について

$$\max_{x_{1j}, x_{2j}, x_{3j}, V_j} \pi = p_j X_j - (p_1 x_{1j} + p_2 x_{2j} + p_3 x_{3j} + p_v V_j) \tag{13.21}$$

$$\text{subject to} \quad X_j = A_j x_{1j}^{\beta_{1j}} x_{2j}^{\beta_{2j}} x_{3j}^{\beta_{3j}} V_j^{\beta_{vj}}$$

$$\beta_{1j} + \beta_{2j} + \beta_{3j} + \beta_{vj} = 1$$

と表される．これを解くと

$$p_1 x_{1j} = \beta_{1j} p_j X_j$$

[†] 国民経済や地域経済などの集計的な経済システムにおける家計の行動をモデル化するときは，その経済に属する家計が一様であると見なし，あたかも1人の行動のように簡略化して扱う，代表的家計という考え方を用いることが多い．同様に，企業についても代表的企業という簡略化がなされる．ここでも家計＝代表的家計として扱っている．

$$p_2 x_{2j} = \beta_{2j} p_j X_j$$

$$p_3 x_{3j} = \beta_{3j} p_j X_j$$

$$p_v V_j = \beta_{vj} p_j X_j \tag{13.22}$$

のように，各産業部門への中間投入と付加価値投入に関する関係式が導出される。

以上のようにして，消費（最終需要），中間投入，付加価値投入のそれぞれについて，需要が価格変数の関数すなわち需要関数として表現される。これを用いて産業連関表を表現すると，**表 13.5** が得られる。このように，価格変数，付加価値要素保有量，各財の生産量，および効用関数と生産関数のパラメータのみで，すべての値を表現することができる。

表 13.5 家計と企業の最適化行動を反映した産業連関表のひな形（3 産業部門）

	産業 1	産業 2	産業 3	最終需要	国内生産額
産業 1	$\beta_{11}p_1 X_1$	$\beta_{12}p_2 X_2$	$\beta_{13}p_3 X_3$	$\alpha_1 p_v V$	$p_1 X_1$
産業 2	$\beta_{21}p_1 X_1$	$\beta_{22}p_2 X_2$	$\beta_{23}p_3 X_3$	$\alpha_2 p_v V$	$p_2 X_2$
産業 3	$\beta_{31}p_1 X_1$	$\beta_{32}p_2 X_2$	$\beta_{33}p_3 X_3$	$\alpha_3 p_v V$	$p_3 X_3$
付加価値	$\beta_{v1}p_1 X_1$	$\beta_{v2}p_2 X_2$	$\beta_{v3}p_3 X_3$		
国内生産額	$p_1 X_1$	$p_2 X_2$	$p_3 X_3$		

均衡状態では，すべての市場の需給が均衡しているので，表 13.5 の財市場である 1 行目から 3 行目について，最終需要および中間投入の和が国内生産額と等しくなるという行方向の市場均衡条件が成立する。これは産業連関モデルにおける均衡産出高モデルと同様である。さらに，付加価値構成要素の市場（要素市場）においても需給均衡が成立するが，それは付加価値の行方向合計が要素保有量の価値と等しくなることを意味し，次式で表される。

$$\beta_{v1}p_1 X_1 + \beta_{v2}p_2 X_2 + \beta_{v3}p_3 X_3 = p_v V \tag{13.23}$$

産業部門の列方向のバランスは，総投入額と総生産額とが一致していることを表しており，これは財の費用と価格との関係を意味している。この関係をより明確にするため，企業行動における利潤最大化の双対問題である費用最小化

13.2 応用一般均衡分析

問題を考える．企業が合理的な生産活動を行っているならば，次式のように，所与の技術構造のもとで生産費用が必ず最小となっていなければならない．

$$\min_{x_{1j}, x_{2j}, x_{3j}, V_j} \text{Cost}_j = p_1 x_{1j} + p_2 x_{2j} + p_3 x_{3j} + p_v V_j \qquad (13.24)$$

$$\text{subject to} \quad X_j = A_j x_{1j}^{\beta_{1j}} x_{2j}^{\beta_{2j}} x_{3j}^{\beta_{3j}} V_j^{\beta_{vj}}$$

$$\beta_{1j} + \beta_{2j} + \beta_{3j} + \beta_{vj} = 1$$

この費用最小化問題 (13.24) の解を整理すると，各財の生産水準に応じた，それぞれの中間投入需要および付加価値投入が，価格の関数として得られる．

$$x_{1j}^* = \frac{\beta_{1j}}{p_1} B_j X_j \qquad (13.25)$$

$$x_{2j}^* = \frac{\beta_{2j}}{p_2} B_j X_j \qquad (13.26)$$

$$x_{3j}^* = \frac{\beta_{3j}}{p_3} B_j X_j \qquad (13.27)$$

$$V_j^* = \frac{\beta_{vj}}{p_v} B_j X_j \qquad (13.28)$$

$$\left(B_j = \frac{1}{A_j} \left(\frac{p_1}{\beta_{1j}} \right)^{\beta_{1j}} \left(\frac{p_2}{\beta_{2j}} \right)^{\beta_{2j}} \left(\frac{p_3}{\beta_{3j}} \right)^{\beta_{3j}} \left(\frac{p_v}{\beta_{vj}} \right)^{\beta_{vj}} \right)$$

費用最小化問題の解を利用すると，各産業部門の生産額と投入額のバランス条件は，式 (13.29) として表される．この両辺を生産量水準 X_j で除すと，財価格と単位生産量当りの生産費用の関係，すなわち，それぞれの財生産における費用構造を示すことになる．

$$p_j X_j = p_1 x_{1j}^* + p_2 x_{2j}^* + p_3 x_{3j}^* + p_v V_j^* \qquad (13.29)$$

このように，標準的な応用一般均衡モデルは，表 13.5 における各財の行方向バランスで表される財市場の均衡，式 (13.23) による要素市場均衡，および，式 (13.29) による財価格形成で構成される連立方程式体系として，経済システムを描写する．この連立方程式の未知数は，財価格，付加価値要素価格，財の生産

量であり，その数は 2 × 産業部門数 + 付加価値構成要素の数（ここでは 1）となって，ちょうど方程式の式数と一致している[†]．

13.2.2　応用一般均衡分析の適用

本章で示した応用一般均衡モデルの例は，モデルの概念を理解するためにきわめて簡略化した形で定式化されている．そのため，政策によって経済システムに外生的変化があったときの経済状態変化を推定するという本来のモデルの使用目的に対して，どの値を変化させればよいのかが不明瞭に見えるであろう．経済学の分野では，モデルの中で政府の存在を明示的に扱い，税に関係する政策効果を評価するという分析が主流である．例えば，環境政策（鷲田（2004）[77]など）や貿易協定（関税政策）に関する分析（細江ら（2004）[78]や Francois and Reinert（1997）[79]など）が代表的である．この場合，税率などを外生的なパラメータとして扱い，政策がもたらす便益や所得移転，経済主体間の費用負担などについて評価がなされる．

社会基盤政策に関連する適用分野としては，近年では交通施設整備効果の分析が，土木計画学分野を中心として精力的に進められている．交通政策への応用がなされる場合には，地域間の交通費用や所要時間をモデル内で明示的に組み込むような拡張がなされることもある．そのようなモデル技法や，手法の発展経緯，適用事例は，上田（2009）[75]に詳しい．

また，貿易や交通に関する政策は，複数の地域からなる経済システムへ影響を及ぼすものであり，経済モデルを適用した分析においても，多地域を前提とする枠組みが求められるのが一般的である．応用一般均衡モデルも，多地域モデルとして拡張されたものがあり，それらは **空間的応用一般均衡**（spatial computable general equilibrium，SCGE）モデルと呼称される．SCGE モデルは，政策によって地域間の経済的取引にどのような影響が及ぼされるか，そして，それぞ

[†] 一般均衡モデルは，すべての市場における超過需要額の合計がゼロになるというワルラス法則を満たしており，相対価格体系，つまり価格変数に対してゼロ次同次の体系となっている．このため，方程式が一つ冗長となるが，実際のモデル分析では基準財価格（ニューメレール）としていずれかの価格を固定し，価値基準として扱う[78]）．

れの地域における産業の生産額や家計の所得がどのように変化するか，さらには，便益が空間的にどのように分布するかをも描き出す手法である．このように，地域という空間的に差別化された単位で CGE モデルと同様のアウトプットを比較分析できる点が特徴であり，国土，都市，地域経済の計量的分析のための強力な手法として注目されている．交通社会基盤政策への SCGE モデル分析の適用は，特に欧州や日本において事例の蓄積が進んでいる[80]．

CGE モデル，SCGE モデルには，モデル分析から得られる知見が豊かであるというメリットがある反面，モデル構築に必要となるデータセットの作成やモデルの演算のために一定レベル以上の知識と労力が必要であり，他の経済分析手法に比べてコストがかかるという課題がある．また，一般的には，構築されるモデルの規模が大きくシステムが複雑であるため，モデルの定式化段階やプログラミング段階においてミスが生じやすく，それらの発見と修復にも労力を要する．こうした課題が，実務的な普及へのハードルとなっていることは事実であるが，最近では，理論だけではなくデータセットの作成方法や計算方法まで解説したテキスト[75],[78]が充実しつつあり，今後は一般的な分析手法として定着していくことが期待される．

演 習 問 題

〔**13.1**〕 表 13.2（以下に再掲）に示される投入係数行列の経済システムを考える．ただし，輸出入は考慮しないこととする．いま，公共政策の実施によって，産業 3 の最終需要が 10 億円増加することが予想されているとする．このとき，各産業の生産額のどれだけの増加が誘発されるか，均衡産出高モデルを用いて推定せよ．

表 13.6 投 入 係 数

	産業 1	産業 2	産業 3
産業 1	0.13	0.07	0.01
産業 2	0.20	0.43	0.10
産業 3	0.20	0.20	0.27

〔**13.2**〕 応用一般均衡分析の利点と欠点について説明せよ．

14章 さらに進んで勉強する人のために

◆本章のテーマ

本章では，読者が公共事業評価のための経済学に，より関心を持つように，一歩先のトピックを紹介する。初めに外部性の概念を紹介し，市場を通じて外部性を内部化するためのピグー課税の方法を示す。ついで，個人や企業などの民間主体が公共財を自発的に供給するモデルを紹介する。また，個人の将来視野が有限である世代重複モデルの枠組みを紹介し，それを用いて資本蓄積に関する動学的効率性について説明する。

◆本章の構成（キーワード）

14.1 外部性
　　　技術的外部性，外部性の内部化，ピグー課税
14.2 公共財の私的供給
　　　最適反応関数，公共財の中立命題
14.3 世代重複モデルと動学的効率性
　　　貯蓄関数，資本の蓄積経路，黄金律，動学的非効率
14.4 おわりに ― 土木エンジニアによる経済分析
　　　19世紀フランス，エンジニア・エコノミスト，公共事業の経済評価

◆本章を学ぶと以下の内容をマスターできます

- ピグー課税によって，なぜ外部性を内部化することができるのか
- 公共財が私的に供給されると，社会の公共財の総量はどうなるのか
- 動学的効率性の概念とはどのようなもので，判定基準はどうなっているか

14.1 外部性

　6章で説明したように,市場の失敗が起こるときに政府の介入は正当化される。社会基盤施設を含む公共財が政府によって供給される理由も,ただ乗りに対する排除不可能性などがあるために,民間企業による供給が困難だからであった。本章では,初めに外部性の概念を紹介し,その視点から政府の介入を説明する。ついで,個人や企業などの民間主体による公共財供給の枠組みと,ある有名な命題を紹介する。また,動学経済で問題となる効率性の概念を説明する。本章は,前章までに学んできたことの一歩先のトピックに触れることを通じて,読者が「公共事業評価のための経済学」への関心をより深めることを目的とする。

　ある個人または企業の経済行動が他の個人または企業に損失を与えているにもかかわらず,その補償を行わなかったり,逆に良い影響をもたらしているにもかかわらず,その報酬を得ていなかったりするとき,市場には**外部性**(externality)が存在するという。外部性とは,ある経済主体から別の経済主体へ,市場取引を通じずに便益や損害が及ぶ現象である。便益の場合には**正の外部性**(positive externality),損害の場合には**負の外部性**(negative externality)という。また,**技術的外部性**(technical externality)と**金銭的外部性**(pecuniary externality)という区分もあり,後者は市場を通じた影響を指す。例えば,ある財の市場に新規参入企業が現れることにより,市場価格が低下して既存企業の利益が減少することがある。このとき,既存企業は悪影響を被っているが,これは市場価格に反映された影響であり,企業や消費者は新しい価格に対応して生産や消費を調整する。結果的に社会全体の効率性は損なわれない。金銭的外部性は市場の効率性を阻害する要因にはならず,よって,その存在のみでは政府の介入の根拠にはならない。上の例でいうと,新規参入によって参入企業や消費者は得をし,社会全体の厚生は上がっているので,その観点からは政府が参入規制をすることは望ましくないであろう。

　したがって,市場の失敗として問題となる外部性は,技術的外部性のほうである。負の技術的外部性の代表的な例として,道路の混雑が挙げられる。道路

利用者は移動ルートを決める際に，自分が移動するのにかかる時間を考慮するが，自分自身が混雑の悪化に寄与していることは考えない。一方，正の技術的外部性としては，鉄道の駅が建設されて周辺地域の利便性が高まり，周辺の不動産の所有者が地価上昇などの利益を受ける例が挙げられる。文化遺産や歴史的建造物の保護，景観の保全なども同様の外部性をもたらす場合がある。それに対して，工場の排水が周辺の土壌や地下水を汚染する場合には，負の外部性が生じる。

外部性による資源配分の非効率性を修正するためには，経済主体が，自身が外部性としてもたらしている損害（外部費用）や便益（外部便益）を計算に含めて行動を決定するような仕組みが必要となる。外部費用（便益）を価格による支払い（収入）に反映させることを，外部性を**内部化** (internalize) するという。内部化にはいくつもの方法がある。最も有名な**ピグー課税** (Pigovian tax)の考え方を以下で紹介しよう。

ある河川流域で工場からの排水が下流の農業用水を汚染して，農産物の収穫が減少している問題を考える。工場は x の量の財を生産して，市場で販売して利潤を得ているが，この x の生産によって農家は $\gamma(x)$ の利潤の減少を被るとする。$\gamma'(x) > 0$，$\gamma''(x) > 0$ を仮定する。利潤の減少は，ここでは農家が負担する費用の増加と捉えてもさしつかえないので，以下では便宜上 $\gamma(x)$ を農家の費用と表現する。工場と農家の利潤は，それぞれ以下のように表される。

$$\pi_1 = \max_x \ px - c(x) \tag{14.1}$$

$$\pi_2 = -\gamma(x) \tag{14.2}$$

π_1，π_2 はそれぞれ工場と農家の利潤，p は工場で生産する財の販売価格，$c(x)$ は工場の費用関数である。$c'(x) > 0$，$c''(x) > 0$ を仮定する。単純化のために農家の作付規模などは工場の生産 x とは独立しているとする。よって，ここでは農家の行動に依存する利潤については明示的に扱わず，x による利潤の減少分のみを π_2 として取り上げる。市場において，工場の生産水準は

$$p = c'(x^m) \tag{14.3}$$

を満たす x^m に決められる．一方，社会的に最適な生産水準は社会の総利潤を最大にする水準である．すなわち，目的関数は

$$\pi = \max_x \, px - c(x) - \gamma(x) \tag{14.4}$$

となり

$$p = c'(x^*) + \gamma'(x^*) \tag{14.5}$$

を満たすように社会的に最適な生産水準 x^* が決められる．図 14.1 に x^m と x^* を示す．市場では工場が農家の限界費用 $\gamma'(x)$ を考慮しないため，生産水準が過剰になる．

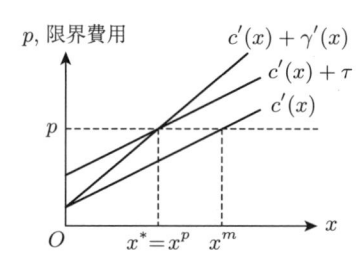

図 14.1 市場の失敗とピグー課税

したがって，工場が自ら x^* の水準を選択するような仕組みがあるとよい．その一つがピグー課税である．いま，政府は財の生産 1 単位当り τ だけの課税を行うものとする．工場の利潤最大化問題は，以下のように修正される．

$$\pi = \max_x \, px - c(x) - \tau x \tag{14.6}$$

工場の最適生産水準は

$$p = c'(x^p) + \tau \tag{14.7}$$

を満たす x^p に決められる．したがって，一定である税率 τ が $\gamma'(x^*)$ に一致していれば，工場の最適化条件式 (14.7) は，最適点 $x^p = x^*$ において社会的最適化条件式 (14.5) と一致する．その関係を図 14.1 に示している．政府はあらか

じめ社会的最適化問題 (14.4) より x^* を求めて，農家の限界費用関数の x^* における値 $\gamma'(x^*)$ を一定の税率とする．そうすると工場は x^p を選択し，その点において工場の私的費用は社会的費用と等しくなる．ピグー課税は，負の外部性を発する経済主体に対して，その外部効果を課税という形で認識させることにより，市場機構のもとでも最適な資源配分を実現させる方法である．なお，ピグー課税は所得分配についてはなにも議論していない．徴収した税金 τx^* を，被害を受けた農家に支給するか，工場に一括固定の補助として返還するかは，配分（ここでは生産水準 x^* の決定）の問題とは別の問題になる．政府が税金をどのように使おうと，それが経済主体の最適化条件 (14.7) に影響を与えなければ資源配分の効率性は維持される．なお，同様の考え方により，正の外部経済性を与える主体に対して定率の補助金を支給する方法を，**ピグー補助金**（Pigovian subsidy）と呼ぶ．

　内部化には，ピグー課税やピグー補助金の考え方を応用した方法だけではなく，まったく別の考え方による方法も多数存在する．外部性を発生させる企業と受ける企業が合併する方法や，温室効果ガスの排出権取引のように，外部性を直接取引する市場を創設する方法などである．上述した道路混雑の例では，混雑時には高い使用料を課して，不要不急の利用者に利用を控えさせるというピークロードプライシングなどの対策がとられることもある．また，駅の建設により正の外部性が生じる例では，建設費の一部を駅周辺の人々や自治体が負担することもある．街並みの魅力を上げるような歴史的建造物の維持管理を，所有者が個人の力だけで行うことが難しい場合には，公共が所有者に相続税などの優遇措置を与えたり，維持補修費を公的に補助したりすることもある．

14.2　公共財の私的供給

　6 章で述べられたように，公共財の最適供給は政府が担うものと考えるのが基本であるが，政府がなにもしなければ社会に公共財がまったく供給されないのかというと，そんなことはない．インターネット上で提供されるオープンソース

のソフトウェアやデータベース，フェイスブックなどのソーシャルネットワーキング・サービスは公共財（サービス）であるが，個人や民間企業によって供給されている．NGO や企業が森林保全活動をする例もある．身近なところでも，町内会などの地域コミュニティにおいて，地域住民が自発的に労力を出し合って，祭りなどの行事を運営したり，公園や通りを清掃したり，治安維持のためのパトロールを行ったりする例は数限りない．とりわけ政府の予算規模の縮小が求められるような社会状況においては，このような**公共財の私的供給**（private provision of public goods）の可能性に関する理解は不可欠となろう．一方，国際社会のレベルでは，近隣の国同士が自主的に防衛費を出し合って集団的に安全保障をするとき，それらの国々は国際公共財の自発的供給を行っていることになる．本節では，この種の自発的行動が私的利益の追求の中から生まれる構造の分析フレームを紹介する．

2 人の家計 A, B が存在し，各家計の効用関数が $U_i(x_i, Z)$ $(i = A, B)$ により表されるものとする．x_i は家計 i の私的財の消費水準，Z は公共財の消費水準とする．Z は社会全体の公共財の和に一致し，各家計による私的な供給水準を z_i と表すと

$$z_A + z_B = Z \tag{14.8}$$

が成立する．公共財の非競合性により，両家計とも社会の総供給量 Z を消費することができる．家計の予算制約は次式のように与えられる．

$$x_i + pz_i = I_i \quad (i = A, B) \tag{14.9}$$

p は私的財で計った公共財の価格，I_i は所得である．式 (14.8), (14.9) をあわせると，家計 A の予算制約は以下のように表される．

$$x_A + pZ = I_A + pz_B \tag{14.10}$$

家計 B による供給量 z_B を与件としたとき，家計 A の予算制約線と無差別曲線，最適消費ベクトルは，**図 14.2** のように表される．家計 B による公共財の

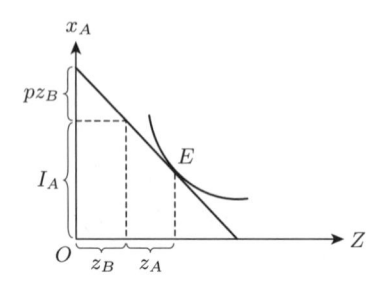

図 14.2 私的財と公共財の需要

私的供給は，家計 A の実質所得を増加させることと等価であることがわかる。内点解を仮定すると，最適消費ベクトルは点 E となる。家計 A の実質所得を $\tilde{I}_A(z_B) = I_A + pz_B$ と表すと，2 章で学んだように，需要関数は以下のように表現される。

$$\tilde{x}_A = \tilde{x}_A(p, \tilde{I}_A) \tag{14.11}$$

$$\tilde{Z}_A = \tilde{Z}_A(p, \tilde{I}_A) \Leftrightarrow \tilde{z}_A = \tilde{Z}_A(p, \tilde{I}_A) - z_B \tag{14.12}$$

$\tilde{Z}_A$ は家計 A の公共財の需要量であるので，家計 B が供給した公共財 z_B も含む。公共財の供給関数 $\tilde{z}_A$ は，z_B について以下の性質を持つ。

$$\frac{d\tilde{z}_A}{dz_B} = \frac{\partial \tilde{Z}_A}{\partial \tilde{I}_A}\frac{\partial \tilde{I}_A}{\partial z_B} - 1 \Rightarrow -1 < \frac{d\tilde{z}_A}{dz_B} < 0 \tag{14.13}$$

すなわち，相手の供給量 z_B が増加すると，まずはその分だけ自身の公共財供給を減らすことができる。そのことは式 (14.13) の左の等式の右辺第 2 項の -1 によって表されている。その一方で，実質所得 $\tilde{I}_A(z_B)$ の増加によって，私的財 x_A と公共財 Z の両方の消費が増加するため，z_B の増分ほどには $\tilde{z}_A$ は減少しない。そのことは同式の右辺第 1 項の所得効果として表されている。以下では，供給関数 $\tilde{z}_A$ を z_B に対する最適反応として，$\tilde{z}_A(z_B)$ と表記する。家計 B の最適化行動も同様に記述され，最適反応関数 $\tilde{z}_B(z_A)$ を得る。両者の最適反応関数は**図 14.3** のように表され，均衡は両者の反応関数の曲線が交わる点 $Q(z_A^*, z_B^*)$ に決まる。(z_A^*, z_B^*) は次式を満たす。

$$z_A^* = \tilde{z}_A(z_B^*) = \tilde{Z}_A(p, I_A + pz_B^*) - z_B^* \tag{14.14}$$

14.2 公共財の私的供給

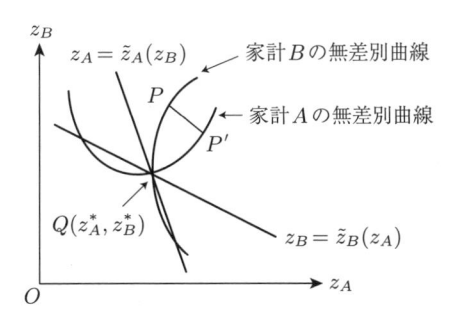

図 14.3 公共財の私的供給の均衡

$$z_B^* = \tilde{z}_B(z_A^*) = \tilde{Z}_B(p, I_B + pz_A^*) - z_A^* \tag{14.15}$$

図 14.3 は両家計の無差別曲線も示している。家計 A の無差別曲線は上に行くほど，また家計 B の無差別曲線は右に行くほど，効用が高くなる。点 Q において，両家計の無差別曲線は交わっているので，両者の限界代替率は異なっており，均衡はパレート効率的ではないことがわかる。パレート効率的な配分の集合は無差別曲線の接点の軌跡であり，その一部の線分 PP' はコアに相当する。線分 PP' が点 Q の右上にあることからわかるように，均衡点における公共財の総量はパレート最適な水準よりも過少になる。なぜなら，各家計は自分のみの効用を最大化の対象として，自分の限界便益である限界代替率が，限界費用である価格 p に一致するように，公共財の供給量を決めるからである。6 章で示したように，公共財の最適供給条件であるボーエン＝サミュエルソン条件は，2 人の限界代替率の和によって社会全体の限界便益を評価するため，社会的最適水準はここでの均衡水準よりも大きくなる。

所得再分配政策の効果について考えよう。いま，政府が家計 A から家計 B に pT の大きさの所得を移転するものとする。すなわち，公共財 T 単位分の所得移転が行われるとする。両家計の実質所得は以下のように変更される。

$$\tilde{I}_A' = I_A + p(z_B - T) \tag{14.16}$$

$$\tilde{I}_B' = I_B + p(z_A + T) \tag{14.17}$$

内点解を仮定すると，新しい均衡は次式を満たす (z_A^{**}, z_B^{**}) となる。

$$z_A^{**} = \tilde{Z}_A(p, I_A + p(z_B^{**} - T)) - z_B^{**} \tag{14.18}$$

$$z_B^{**} = \tilde{Z}_B(p, I_B + p(z_A^{**} + T)) - z_A^{**} \tag{14.19}$$

上記の解は以下の関係を満たすことがわかる。

$$z_A^{**} = z_A^* - T \tag{14.20}$$

$$z_B^{**} = z_B^* + T \tag{14.21}$$

そのことは,式 (14.20), (14.21) を均衡条件式 (14.18), (14.19) に代入すると,元の均衡条件式 (14.14), (14.15) に一致することにより,確認することができる。すなわち,移転 T をちょうど相殺するような自発的な調整が行われ,新たな均衡解となる。その結果,公共財の総量は

$$z_A^{**} + z_B^{**} = z_A^* + z_B^* \tag{14.22}$$

となり,元の水準と変わらない。政府の所得再分配政策は民間部門の公共財負担の調整によって完全に相殺され,なんの実質的な効果も持ち得ないことがわかる。この結果は個人間での選好の相違や所得分布の偏りとは無関係に成立し,**公共財の中立命題**(The neutrality theorem in the private provision of public goods)と呼ばれている[81],[82]。

以下,中立命題が成立するための構造的な条件や,公共財の私的供給モデルが応用されうる問題を簡単に紹介する。第一に,中立命題は家計が何人であっても成り立つ。第二に,上記のモデルでは両家計が同時に行動を決定する枠組みが用いられたが,家計の行動に先手・後手の順番がある枠組みでも中立命題は成立する†。第三に,上記のモデルでは所得再分配後にも $z_A^{**} = z_A^* - T > 0$ の内点解に収まることを仮定したが,移転 T が z_A^* よりも大きく,家計の公共財供給に非負制約がある場合には,$z_A^{**} = 0$ の端点解が導かれ,このときは自発的な調整の可能性が制約されるため,中立命題は成立しない。現実社会で多数

---

† ゲーム理論の用語を用いると,本節の同時手番の均衡はナッシュ均衡に,先手・後手の順番があるゲームの均衡はシュタッケルベルク均衡(Stackelberg equilibrium)に該当する。詳しくはギボンズ (1995)[83] などのゲーム理論のテキストを参照されたい。

の家計が対象となる問題では，自ずと所得格差は大きくなる。そのようなときには端点解の状況は発生しやすくなる[84]。第四に，再分配政策に用いられる課税や補助金が一括固定型ではなく，相対価格に影響を与える型である場合には，中立命題は成立しない[85]。政府が家計の自発的な負担に比例した額の補助金を出すような場合には，公共財供給の相対価格が政府の政策によって影響されるため，中立命題は成り立たない。第五に，負担をして社会貢献をしたこと自体が効用を上げるような選好を経済主体が持っている場合にも，中立命題は成立しない[86]。そのような主体は公共財の総供給量と同時に自分自身の貢献度にも関心があるため，所得が他人に移転したのでその分を他人にやらせておけばよいとは考えない。NGOやボランティアはそのような選好を持っている場合もある。第六に，主体間で公共財の生産技術や購入価格が異なる場合にも，中立命題は成立しない[87]~[89]。漁場などの共有地において，共有の資源を枯渇させないことにも配慮しつつ個人的利益のために漁を行うような問題†において，漁師間で船や器具に格差があるほうが，平等な状況よりも社会的効率性が向上するという研究結果も存在する[91],[92]。漁師間の格差が広がるほど各自のシェアの拡大を目的とした無駄な努力の投入競争が軽減されるため，能力が低いほうの漁師の状態も向上する場合さえあることも指摘されている。このような結果から，地域コミュニティに経済力や技術力において圧倒的な存在がいることによって，地域資産や資源の共同管理の効率性が上がる場合もあると推論される。第七に，等量消費が成立しない準公共財の場合にも，外部性の程度が各経済主体によって異なることになり，中立命題は成立しない。経済主体が三つ以上のときには，トランスファー（移転）を受け取る主体の経済厚生が低下し，与える主体の厚生が上昇する**トランスファーパラドックス**（transfer paradox）が起こることもある。国家間の防衛費の分担問題にトランスファーパラドックスが発生しうることも指摘されている[93]。ほかにもさまざまな形でモデルの構造

---

† Hardin（1968）[90]が**共有地（コモンズ）の悲劇**（Tragedy of commons）を唱えて以来，共有地管理の問題を分析した研究には膨大な蓄積がある。それらのモデルの多くは，公共財の私的供給問題の構造を持っている。

や適用対象の拡張が行われている．地域社会における個人や，国際社会における国家を対象とするのみならず，地域政府が全国レベルの公共財を自発的に供給し合う，連邦制度での地域間の再分配政策の効果なども分析の射程に入っている．

14.3 世代重複モデルと動学的効率性

11 章では，最も基本的な経済成長モデルとして Ramsey-Cass-Coopmans モデル（以下「ラムゼーモデル」と呼ぶ）を学んだ．現代のマクロ経済モデルは，各経済主体が合理的に行動するというミクロ的な基礎を持つことが求められるようになってきており，その点でラムゼーモデルは重要な出発点といえる．土木計画にとっても，インフラがもたらすマクロ経済成長を記述したり，長期的なインフラ管理戦略を分析したりするための枠組みとして有用である．動学的マクロ経済モデルは多元的な発展を続けているが，本節では基本的ラムゼーモデルの拡張の第一歩である**世代重複モデル**（overlapping generation model）を紹介する．

ラムゼーモデルでは，代表的家計が無限の将来まで生き続けると仮定する．あるいは，100 年後に生きているのが子孫だったとしても，子孫の効用も自分の効用と同じように評価する．すなわち，家計は無限の将来視野を持つものと仮定する．その仮定はいくつかの強い帰結を導く．第一に，ラムゼーモデルでは競争的市場均衡はパレート効率的となり，社会的に効率的な配分が実現する．厚生経済学の基本定理など，静学的一般均衡理論の多くの命題が，ラムゼーモデルでも成立する．第二に，分権経済において，政府が公共投資をする際の財源を租税で調達するか国債で調達するかの違いは，家計の行動に対してまったく影響を持たなくなる．なぜなら，政府が現時点で国債を発行して財源を調達したとしても，家計は将来国債を償還するために課税により財源調達が行われることを予期する．すなわち，国債発行は単なる課税のタイミングの変更にすぎないと理解する．その結果，家計は通時的な消費経路を変更することはない．

政府の財政赤字の大きさも意味を持たなくなる[†]。

世代重複モデルでは個人の寿命が有限であり，いつの時点でも異なった世代の人々が共存してたがいに取引を行う。そして，まだ生まれていない世代もあり，彼らの効用は現在の市場には現れてこない。**図 14.4** は世代重複モデルの最も簡単な形である，個人が2期間のみ生存するモデルの，期と世代の関係を示している。世代重複モデルの特徴は，まずは個人のライフサイクル貯蓄仮説をクリアに記述することができることにある。そのため，年金などの社会保障政策の分析に広く用いられている。また，このモデルでは競争均衡解とファーストベスト解が一般的に一致しない。競争均衡は，一般的にはパレート効率的ではない。ここでは**動学的効率性**（dynamic efficiency）という概念が鍵となる。本節では動学的効率性の理解に目的を集中するため，Diamond (1965)[94]による2期間生存世代重複モデルを紹介する。

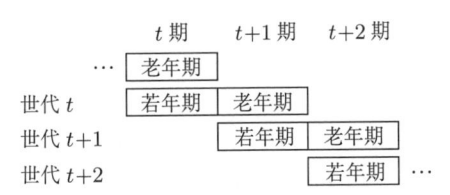

図 14.4 2期間生存世代重複モデル

t期に生まれた個人を世代tと呼ぶ。世代tの人口規模を$N(t)$により表す。人口成長率をnとし，人口は$N(t+1) = (1+n)N(t)$に従って増加するものとする。図14.4のように，個人はt期を若年期，$t+1$期を老年期として2期間を生存する。若年期には1単位の労働をし，得られた所得の一部を消費し，残りを老年期の消費のために貯蓄する。老年期には貯蓄の元本と利子を消費して人生を終える。一方，マクロ経済において，毎期の貯蓄は生産のための資本

[†] この議論はリカードの中立命題（The Ricardian equivalence proposition）と呼ばれている。また，バローの中立命題（The Barro's equivalence proposition）は，公債の償還が世代をまたいだとしても，家計に遺産を通じた自発的な世代間再分配が働くことによって，その効果がキャンセルアウトされることを主張する。リカードやバローの中立命題が成立しない条件も，いくつも示されている。例えば資本市場に流動性制約がある場合などである。

となり，各期の生産は，若者の労働と，老人が所有する資本によって行われる。市場は完全競争的であり，生産は賃金と利子所得に分配される。世代 t の個人の問題は，以下のように定式化される。

$$\max\ u(c_1(t)) + \frac{u(c_2(t+1))}{1+\rho} \tag{14.23}$$

$$\text{subject to}\ \ c_1(t) + s(t) = w(t) \tag{14.24}$$

$$c_2(t+1) = \{1 + r(t+1)\}s(t) \tag{14.25}$$

$u(\cdot)$ は各期の効用関数であり，$u'(\cdot) > 0$，$u''(\cdot) < 0$ を仮定する。$c_1(t)$，$c_2(t+1)$ は，それぞれ若年期の消費と老年期の消費を表す。ρ は割引率である。$s(t)$ は t 期に行う貯蓄，$w(t)$ は賃金所得，$r(t+1)$ は利子率である。1階の最適化条件は次式のようになる。

$$u'(c_1(t)) + \frac{1+r(t+1)}{1+\rho} u'(c_2(t+1)) = 0 \tag{14.26}$$

式 (14.24)，(14.25) より $c_1(t)$，$c_2(t+1)$ は $s(t)$ で表されるので，最適化条件 (14.26) は最適な $s(t)$ を決める条件式となり，ここから貯蓄関数 $s(w(t), r(t+1))$ を得る。貯蓄関数は，賃金に関して $0 < \partial s(\cdot)/\partial w(t) < 1$ であるが，利子率に関しては $\partial s(\cdot)/\partial r(t+1)$ が正にも負にもなりうる。利子率の増加に関して，代替効果が支配的となる場合には若年期の消費を減らすことになり，$\partial s(\cdot)/\partial r(t+1) > 0$ となるが，所得効果が支配的なときには，若年期の消費も増やすことになるので，$\partial s(\cdot)/\partial r(t+1) < 0$ となる。貯蓄関数 $s(w(t), r(t+1))$ に従って，最適消費関数 $c_1(w(t), r(t+1))$，$c_2(w(t), r(t+1))$ も決まる。

企業は競争的であり，毎期，規模に関して収穫一定の技術 $F(N(t), K(t))$ を用いて生産する。$N(t)$，$K(t)$ はそれぞれ t 期の社会全体の労働と資本ストックを表す。$Y(t) = F(N(t), K(t))$ は資本の減耗を差し引いたネットの生産量とする。また，技術進歩はないものとする。1人当りの資本ストックと生産量，生産関数を，小文字を用いてそれぞれ $k(t) = K(t)/N(t)$，$y(t) = Y(t)/N(t)$，$f(k(t)) = F(1, k(t))$ のように表すこととする[†]。$f'(k) = df(k)/dk > 0$，$f''(k) = d^2 f(k)/dk^2 < 0$

[†] $f(k(t)) = \dfrac{F(N(t), K(t))}{N(t)} = F\left(1, \dfrac{K(t)}{N(t)}\right) = F(1, k(t))$

である．企業は資本をその限界生産性が利子率に等しくなるまで借り入れ，労働をその限界生産性が賃金に等しくなるまで雇用する．すなわち，企業の行動は

$$\frac{\partial F(N(t), K(t))}{\partial K(t)} = r(t) \Leftrightarrow f'(k(t)) = r(t) \tag{14.27}$$

$$\frac{\partial F(N(t), K(t))}{\partial N(t)} = w(t) \Leftrightarrow f(k(t)) - k(t)f'(k(t)) = w(t) \tag{14.28}$$

により表される[†1]．財市場の均衡条件は，以下のように与えられる．

$$F(N(t), K(t)) + K(t) = N(t)\{c_1(w(t), r(t+1)) + s(w(t), r(t+1))\}$$
$$+ N(t-1)\{c_2(w(t-1), r(t))\} \tag{14.29}$$

すなわち，t 期の生産物と使い終わった資本が，若者の消費と貯蓄と，老人の消費にあてられる．上式は若干の展開により

$$k(t) = \frac{s(w(t-1), r(t))}{1+n} \tag{14.30}$$

に帰着する[†2]．財市場の均衡条件 (14.29) は，t 期の資本ストックが世代 $t-1$ の貯蓄で構成される関係 (14.30) と等価であることが確認できる．上式の期を一つずらして次式を得る．

$$k(t+1) = \frac{s(w(t), r(t+1))}{1+n} \tag{14.31}$$

要素市場の均衡条件は式 (14.27), (14.28) で与えられる．両式と式 (14.31) より，以下の関係を得る．

$$k(t+1) = \frac{s(w(k(t)), r(k(t+1)))}{1+n}$$
$$\Leftrightarrow k(t+1) = \frac{s(f(k(t)) - k(t)f'(k(t)), f'(k(t+1)))}{1+n} \tag{14.32}$$

[†1] $\dfrac{\partial F(N,K)}{\partial K} = \dfrac{\partial}{\partial K}\left(N \cdot f\left(\dfrac{K}{N}\right)\right) = Nf'\dfrac{1}{N} = r$．式 (14.28) も同様の展開により導かれる．

[†2] $F(N,K) + K = N(t)w(t) + N(t-1)\{1+r(t)\}s(t-1) = N\left\{f - kf' + \dfrac{(1+f')s(t-1)}{1+n}\right\}$ より，両辺を $N(t)$ で除して整理すると，式 (14.30) が得られる．

上式は1人当り資本の動学を表している。陰関数定理を適用して次式を得る。

$$\frac{dk(t+1)}{dk(t)} = \frac{-s_w \cdot k(t) f''(k(t))}{1 + n - s_r \cdot f''(k(t+1))} \qquad (14.33)$$

ただし $s_w = \partial s(\cdot)/\partial w$, $s_r = \partial s(\cdot)/\partial r$ である。右辺の分子は $s_w > 0$ より正である。$s_r > 0$ ならば分母も正になり，$dk(t+1)/dk(t)$ も正になる。この曲線が実際にどのような形状をしているかは，生産関数や効用関数に依存する。図 14.5 の曲線 A, B, C は多数の可能ケースの中の一部である。例えば曲線 A は資本がゼロに向かって単調に減少していくケースであり，曲線 B は二つの定常点を持つケースである。曲線 C は資本が単調に増加して定常状態に収束するケースである。ここではラムゼーモデルとの異同に関心があるため，一見ラムゼーモデルの成長に似ている曲線 C のケースを取り上げよう。初期ストック $k(0)$ が定常状態のストック k^s よりも小さいとき，経済は図 14.6 のような経路で資本を蓄積する。

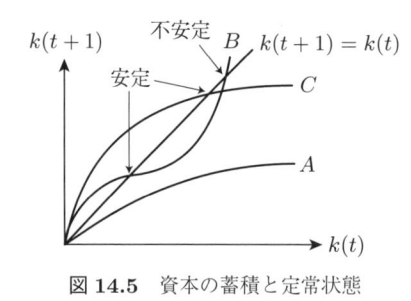

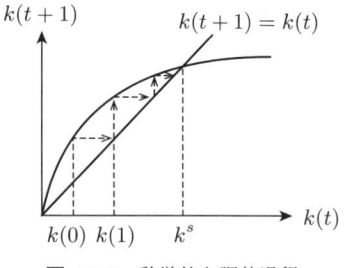

図 14.5　資本の蓄積と定常状態

図 14.6　動学的な調整過程

さて，この経済の厚生を評価する。静学的モデルでは，ある時点で価格比と限界代替率，限界変形率が一致していることがパレート効率性の条件であったが，動学的モデルの場合，それに加えて異時点間の資源配分を調べなければならない。そこでは過剰投資によって消費が犠牲になっていないかに着眼する。動学的効率性の判定基準は，資本ストックが**黄金律**（golden rule）のレベルを超えていないかどうかである。資本蓄積の黄金律とは，定常状態の消費を最大にする資本の水準のことをいう。そのことをモデルに沿って説明しよう。t 期

の資源配分は式 (14.29) で与えられる．式 (14.29) の貯蓄を次期の資本に書き換えると，以下のようになる．

$$F(N(t), K(t)) + K(t)$$
$$= N(t)c_1(t) + N(t-1)c_2(t) + K(t+1) \quad (14.34)$$
$$\Leftrightarrow \quad f(k(t)) + k(t)$$
$$= c_1(t) + (1+n)^{-1}c_2(t) + (1+n)k(t+1) \quad (14.35)$$

t 期における全消費を $\tilde{c}(t) = c_1(t) + (1+n)^{-1}c_2(t)$ とまとめて，定常状態における全消費と資本をそれぞれ $\tilde{c}^s, k^s$ と表すと，式 (14.35) より以下の関係を得る．

$$\tilde{c}^s = f(k^s) - nk^s \quad (14.36)$$

黄金律の資本水準 k_G は次式を満たす．

$$\frac{d\tilde{c}^s}{dk^s} = f'(k_G) - n = 0 \quad \Leftrightarrow \quad f'(k_G) = n \quad (14.37)$$

すなわち，黄金律とは資本の限界生産性が人口成長率に一致する状態をいう．資本の限界生産性が人口成長率よりも小さくなっていると，資本は過剰な水準になっていることになる．

いま，t 期において，この経済が定常状態にあるとする．ここで t 期の投資を減らして消費を増やし，$t+1$ 期以降の資本ストックを永続的に $|dk|$ だけ減少させることを考えよう（$dk < 0$）．t 期以降の全消費は

$$d\tilde{c}(t) = -(1+n)dk \ > 0 \quad (14.38)$$
$$d\tilde{c}(t+i) = \{f'(k^s) - n\}dk \quad (i = 1, 2, \cdots) \quad (14.39)$$

のように変化する†．$dk < 0$ であるので，$f'(k^s) < n$ すなわち $k^s > k_G$ であれば t 期以降のすべての期の全消費が増加する．各期で増加した分を若者と老人

---

† t 期の生産はすでに終わっているため，式 (14.35) の右辺において $d\tilde{c}(t) + (1+n)dk = 0$ である．これより式 (14.38) を得る．$t+1$ 期以降は生産も変化するため，式 (14.35) の全微分から式 (14.39) を得る．

に適切に分配すれば，すべての世代の生涯効用を上げることができる．パレート改善の余地があるため，現状は動学的に非効率であることになる．

一方，$f'(k^s) > n$ すなわち $k^s < k_G$ の場合は，式 (14.39) で $dk > 0$ とすれば $d\tilde{c}(t+i) > 0$ となり，将来世代の消費は増加する．しかし，式 (14.38) において $d\tilde{c}(t) < 0$ である．すなわち，より黄金律に近い資本ストックへの移行過程において，現在世代が犠牲を強いられる．よって，パレート改善はなされない．したがって，黄金律より小さい資本ストックは動学的に効率的と判定される．

繰り返すと，動学的効率性の判定基準は過剰投資のみを問題にしている．動学的非効率は，過剰資本により生産性が低くなってしまい，将来世代に対して同じ資本ストックを供給するために必要な資源の量のほうが多くなってしまうことから生じる．技術水準に比して資本ストックが重すぎて，それを維持することに耐えられなくなっている状況である．動学的効率性の基準は，社会基盤整備の意思決定にも重要な視点を提供している．なお，黄金律による判定基準は，経済が永遠に続く，すなわち最後の世代が存在しないという仮定のもとで成立するものである．また，本節のダイアモンドモデルに貨幣などのバブル資産を導入した場合には，家計は貯蓄の一部を貨幣の保有によって行えるようになるため，過剰投資が抑えられ，動学的非効率性が除去されることになる[95]†1．

2期間生存世代重複モデルは現実を高度に抽象化したモデルのように見えるが，個人の生存期間を長期間に拡張したモデルは高い一般性を持っている．例えば，Blanchard (1985)[96] による連続時間の重複世代モデルでは死亡事象がポアソン到着すると仮定されるが，そこではラムゼーモデルは到着率がゼロの特殊ケースと位置付けられる．また，1期間の長さを1年に近くし，生存期間を平均寿命に近くした応用モデル†2が，少子高齢化社会の社会保障や財政再建のテーマを中心に，政策分析に適用されている[97]~[99]．社会保障の分析ほど数

---

†1 社会厚生関数を用いて経済厚生を評価する方法もある．しかし，なにを社会厚生関数に選ぶべきかは，世代間の価値判断を含むため自明ではない．将来世代の効用をどのように割り引くかが問題となる．

†2 拡張の枠組みに応じて，一般均衡型世代重複モデルやライフサイクル成長モデルと呼ばれることもある．

は多くないが，社会資本蓄積の便益と，課税や公債による財政の長期的影響のシミュレーション分析も行われている[100]。現実の社会では，選挙のたびに公共事業の規模と財政の問題が争点となる。そこでは過疎化や人口減少が進む状況での将来世代の厚生が重要な論点になっている。今後，社会基盤政策の評価モデルとして，世代重複モデルがより大きな役割を担うようになっていくものと思われる。

14.4　おわりに ― 土木エンジニアによる経済分析

　公共事業の経済評価は，1844 年のフランスの土木技術者デュピュイ（Jules Dupuit）の研究にその端を発するといわれている。19 世紀前半のフランスでは，工業化のためのインフラ整備が焦眉の課題となっていた。そのような時世に，政府に所属する土木エンジニアたちは交通投資の合理的な評価基準を確立しようと努力し，エンジニア・エコノミストと呼びうる人々を輩出した。彼らは現場の具体的問題から出発して，交通網の整備が経済全般に及ぼす影響について検討した。その過程で，道路サービスの非競合性や排除不可能性などの性質を明らかにし，平均費用逓減の性質と国家介入の必要性を論証していった。彼らは科学的評価のためには数学的な定式化が有用であることを認識しており，費用便益分析を展開して交通投資評価の古典的な手法を確立した。

　公共政策の経済評価手法の分野が土木エンジニアによって開拓された歴史に，われわれエンジニアは目を見張り，誇りを覚えるだろう。エンジニア・エコノミストたちが数学的定式化や計算にアドバンテージを発揮したことは想像にかたくない。その一方で，それほど自明ではない以下の二つの事実に注目したい。一つは，上記のように彼らが現場の具体的問題から出発して，「市場の失敗」と国家の経済的活動の関係に関する一般的な理論に到達した点である。現場から理論を生み出したのである。それと同時に彼らは，鉄道という新しい交通手段が登場したときに，鉄道は道路と異なり排除可能性を持つが，鉄道サービスを一つの私企業が経営することは独占による弊害を生み出すことを指摘した。つ

まり，鉄道という新しい現象を前にして，道路の問題で到達した排除不可能性という枠組みにとらわれることもなかった。

いま一つは，彼らが交通サービスの社会的便益として，計測が困難な多様な外部効果を検討していたことである。費用便益計算では「公共的効用」は厳密に計測可能でなければならなかった。しかし，彼らは公共事業の雇用促進や所得増加の影響はもとより，交通網の発展による天然資源の新規開発の可能性や，産業の集積の効果を検討した。また，個人のミーティング機会が増加すれば情報交換や技術習得が進み，経済発展が促進されるという効果も考えていた。さらに，交通網が遠隔地の人的交流や文化交流を可能にし，地域的利害の対立を解消していくという期待，すなわち「コスモポリタンの精神の実現の夢」[101] が社会的便益に含まれることさえあったらしい。このように多様な効果を検討しようという動機の中には，巨額の建設費を正当化したかった側面もあったかもしれない。しかし，ここではそれよりも，彼らの発想がその計測の任務や技術的制約に縛られることがなかった点を強調したい。現在でも，彼らの着眼に起源を発する種々の地域間の外部効果に対して，地域経済分析や経済成長分析が定量化の挑戦を続けている。挑戦に値する意義を持っているからである。実務家は，ややもすれば現実的な計測技術や予算の範囲に思考を留めがちになる。しかし，われわれはかつてのエンジニア・エコノミストたちが現場から抽象化への志向性を持っていたことや，既存の経済理論には整合的に統合できない考察を展開していたことを忘れてはならない。

演習問題

〔**14.1**〕 ある企業の生産に伴う粉塵が環境を悪化させて，住民に損害を与えている。企業が x の量の生産を行うとき，企業の費用を $C(x) = x^2$，住民の損害を $\gamma(x) = x^2/2$ とする。企業の産出物の市場価格を p とする。
1) 企業の利潤を最大にする生産量 x^0 と，そのときの企業の利潤 π^0 を求めよ。
2) 社会的に最適な生産量 x^* を求めよ。
3) 政府が企業にピグー課税を行うときの，企業の生産量 x^p を求めよ。また，徴収

された税が企業に返されないと仮定して，そのときの企業の利潤 π^p を求めよ。
4) 政府が企業に対して，x^0 からの生産量の削減 1 単位当り σ の補助金を与えるものとする。σ がいくらのときに，企業の生産量が x^* に一致するか。また，そのときの企業の利潤 π^s を求めよ。

〔**14.2**〕2 人の家計 A, B の経済を考える。各家計 $i\,(=A,B)$ は私的財 x_i と，私的に供給された公共財の総量 $Z = z_A + z_B$ より効用 $U(x_i, Z) = x_i Z$ を得るものとする。両家計とも初期に $\bar{x}$ の量の私的財を保有しており，公共財を 1 単位生産するためには私的財を 1 単位投入しなければならないものとする。

1) サミュエルソン条件は，2 人の公共財の私的財に対する限界代替率の和が限界変形率に一致する条件，$\mathrm{MRS}^A_{Zx} + \mathrm{MRS}^B_{Zx} = \mathrm{MRT}_{Zx}$ として与えられる。本問の効用関数などの設定のもとでのサミュエルソン条件を示し，社会的に効率的な公共財の水準 Z^* を求めよ。
2) 公共財が私的に供給される場合の，均衡における各家計の公共財の供給量 z_i^0 を求めよ。また，このときの社会全体の公共財の量 Z^0 を求め，Z^* と比較せよ。
3) 家計 A から家計 B に $\bar{x}/4$ が移転されるものとする。このときの均衡における各家計の公共財の供給量 z_i^1 と，社会全体の公共財の量 Z^1 を求めよ。

引用・参考文献

2 章
1) ハル・R・ヴァリアン 著, 佐藤隆三, 三野和雄 訳：ミクロ経済分析, 勁草書房 (1986)
2) 丸山雅祥, 成生達彦：現代のミクロ経済学——情報とゲームの応用ミクロ, 創文社 (1997)
3) 奥野正寛：ミクロ経済学, 東京大学出版会 (2008)

3 章
4) ハル・R・ヴァリアン 著, 佐藤隆三, 三野和雄 訳：ミクロ経済分析, 勁草書房 (1986)
5) 奥野正寛：ミクロ経済学, 東京大学出版会 (2008)

4 章
6) 武隈慎一：ミクロ経済学, 新経済学ライブラリ 4, 新世社 (1989)
7) ハル・R・ヴァリアン 著, 佐藤隆三, 三野和雄 訳：ミクロ経済分析, 勁草書房 (1986)
8) 奥野正寛：ミクロ経済学, 東京大学出版会 (2008)

5 章
9) 武隈慎一：ミクロ経済学, 新経済学ライブラリ 4, 新世社 (1989)
10) ハル・R・ヴァリアン 著, 佐藤隆三, 三野和雄 訳：ミクロ経済分析, 勁草書房 (1986)
11) 奥野正寛：ミクロ経済学, 東京大学出版会 (2008)
12) 井堀利宏：公共経済の理論, 有斐閣 (1996)
13) 植草 益：インセンティブ規制の理論と政策, 公益事業研究, 48-1, pp.1-8 (1996)

6 章
14) Mas-Colell, A., Whinstion, M. D. and Green, J. R.：Microeconomic Theory, Oxford University Press (1995)
15) 常木 淳：公共経済学 第 2 版, 新世社 (2002)
16) 奥野信宏：公共経済学 第 3 版, 岩波書店 (2008)

8 章
17) 上田孝行 編著：Excel で学ぶ地域・都市経済分析, コロナ社 (2009)
18) 常木 淳：費用便益分析の基礎, 東京大学出版会 (2000)
19) Kanemoto, Y. and Mera, K.：General Equilibrium Analysis of the Benefits of Large Transportation Improvements, Regional Science and Urban Economics, vol.15(3), pp.343–363 (1985)

引 用 ・ 参 考 文 献

20) 金本良嗣：交通投資の便益評価・消費者余剰アプローチ, 日交研シリーズ A-201, 日本交通政策研究会 (1996)
21) Boardman, A. D., Greenberg, D. H., Vining, A. R. and Weimer, D. L.：Cost-Benefit Analysis: Concepts and Practice, Second Edition, Prentice Hall (2001)
【邦訳】岸本光永 監訳：費用・便益分析, ピアソン・エデュケーション (2004)
22) Varian, H. R.：Intermediate Microeconomics: A Modern Approach, Seventh Edition, W. W. Norton (2005)
【邦訳】佐藤隆三 監訳：入門ミクロ経済学, 勁草書房 (2007)
23) 常木 淳：公共経済学 第 2 版, 新世社 (2002)
24) 奥野信宏：公共経済学 第 3 版, 岩波書店 (2008)

9 章

25) Kanemoto, Y. and Mera, K.：General Equilibrium Analysis of the Benefits of Large Transportation Improvements, Regional Science and Urban Economics, vol.15(3), pp.343–363 (1985)
26) 金本良嗣：交通投資の便益評価・消費者余剰アプローチ, 日交研シリーズ A-201, 日本交通政策研究会 (1996)
27) 森杉壽芳 編著：社会資本整備の便益評価——一般均衡理論によるアプローチ, 勁草書房 (1997)
28) 山内弘隆, 竹内健蔵：交通経済学, 有斐閣 (2002)
29) 森杉壽芳, 宮城俊彦：都市交通プロジェクトの評価——例題と演習, コロナ社 (1996)
30) 桐越 信, 毛利雄一, 安部勝也, 青木 優：道路投資における費用便益分析のための交通需要予測の方法——実務における予測作業の実施可能性を踏まえて, 高速道路と自動車, vol.50, No.5, pp.18–26 (2007)
31) 円山琢也：交通需要のレベル別便益指標の一致性, 土木学会論文集 D, Vol.62, No.3, pp.460–473 (2006)
32) 総務省：公共事業に関する評価実施要領・費用対効果分析マニュアル等の策定状況（平成 22 年 9 月 6 日現在）, http://www.soumu.go.jp/main_sosiki/hyouka/seisaku_n/koukyou_jigyou.html (2011 年 3 月 28 日参照)
33) 金本良嗣：都市経済学, 東洋経済新報社 (1997)
34) 肥田野登 編著：環境と行政の経済評価, 勁草書房 (1999)
35) 大野栄治 編著：環境経済評価の実務, 勁草書房 (2000)
36) 栗山浩一：環境の価値と評価手法：CVM による経済評価, 北海道大学図書刊行

会 (1998)
37) 国土交通省:仮想的市場評価法 (CVM) 適用の指針 (2009)
38) 伊多波良雄 編著:公共政策のための政策評価手法, 中央経済社 (2009)
39) Rosen, S.: Hedonic Prices and Implicit Markets: Product Differentiation in Pure Competition, Journal of Political Economy, Vol.82, No.1, pp.34–55 (1974)
40) 金本良嗣:ヘドニック・アプローチによる便益評価の理論的基礎, 土木学会論文集, No.449/IV-17, pp.47–56 (1992)

10章

41) 小林潔司, 横松宗太:カタストロフ・リスクと防災投資の経済評価, 土木学会論文集, No.639/IV-46, pp.39–52 (2000)
42) Dixit, A. K. and Pindyck, R. S.: Investment under Uncertainty, Princeton University Press (1994)
43) 織田澤利守, 小林潔司:プロジェクトの事前評価と再評価, 土木学会論文集, No.737/IV-60, pp.189–202 (2003)
44) 赤松 隆, 長江剛志:不確実性下での社会基盤投資・運用問題に対する変分不等式アプローチ, 土木学会論文集, No.765/IV-64, pp.155–171 (2004)
45) 酒井泰弘:不確実性の経済学, 有斐閣 (1982)
46) 多々納裕一, 高木朗義 編著:防災の経済分析, 勁草書房 (2005)
47) 長 尚:ベイズの定理の適用について, 土木学会論文集, No.350/I-2, pp.301–310 (1984)
48) 亀田弘行, 池淵周一, 春名 攻:確率・統計解析, 技法堂 (1981)
49) ピーター・バーンスタイン 著, 青山 護 訳:リスク — 神々への反逆, 日本経済新聞社 (1998)
50) チャールズ・D・コルスタッド 著, 細江守紀, 藤田敏之 監訳:環境経済学入門, 有斐閣 (2001)

11章

51) 土木学会編:アセットマネジメントへの挑戦, 技報堂出版 (2005)
52) 貝戸清之, 青木一也, 小林潔司:実践的アセットマネジメントと第2世代研究への展望, 土木技術者実践論文集, Vol.1, pp.67–82 (2010)
53) Aschauer, D. A.: Is Public Expenditure Productive?, Journal of Monetary Economics, 23, pp.177–200 (1989)
54) 三井 清, 太田 清:社会資本の生産性と公的金融, 日本評論社 (1995)

55) 江尻 良, 奥村 誠, 小林潔司：社会資本の生産性と経済成長―研究展望, 土木学会論文集, No.688/IV-53, pp.75–87 (2001)
56) Solow, R. M.：A Contribution to the Theory of Economic Growth, The Quarterly Journal of Economics, 70(1), pp.65–94 (1956)
57) Barro, R. J. and Sala-i-Martin, X.：Economic Growth, McGraw-Hill (1995)
【邦訳】大住圭介 訳：内生的経済成長論 I, II, 九州大学出版会 (1997)
58) Romer, P. M.：Increasing Returns and Long-Run Growth, Journal of Political Economy, 94, pp.1002–1037 (1986)
59) Acemoglu, D.：Introduction To Modern Economic Growth, Princeton University Press (2009)
60) Aghion, P. and Howitt, P.：The Economics of Growth, The MIT Press (2009)
61) Arrow, K. J. and Kurz, M.：Public Investment, the Rate of Return, and Optimal Fiscal Policy, Johns Hopkins Press (1970)
62) 国土交通省：平成21年度国土交通白書 (2010)
63) Dioikitopoulos, E. V. and Kalyvitis, S.：Public capital maintenance and congestion: Long-run growth and fiscal policies, Journal of Economic Dynamics and Control, 32(6), pp.1173–1187 (2008)
64) 石倉智樹：インフラ維持管理技術の変化によるマクロ経済的影響, 土木計画学研究・論文集, vol.27, pp.33–40 (2010)

12章

65) 内閣府：解説パンフレット「新しい国民経済計算 (93SNA)」, http://www.esri.cao.go.jp/jp/sna/kiso/93snapamph/93snapamph_top.html (2012年3月8日参照)
66) Commission of the European Communities, International Monetary Fund, Organisation for Economic Co-operation and Development, United Nations and World Bank：System of National Accounts 1993 (1993)
67) United Nations：System of National Accounts 2008 (2010)
68) 武野秀樹：国民経済計算入門, 有斐閣 (2001)
69) 作間逸雄 編：SNAがわかる経済統計学, 有斐閣 (2003)
70) 内閣府経済社会総合研究所国民経済計算部 編：平成23年版国民経済計算年報, 内閣府 (2011)
71) 上田孝行 編著：Excelで学ぶ地域・都市経済分析, コロナ社 (2009)
72) 石川良文, 宮城俊彦：全国都道府県間産業連関表による地域間産業連関構造の分

析, 地域学研究, 第 34 巻 1 号, 日本地域学会, pp.139–152 (2004)
73) 宮沢健一 編:産業連関分析入門 7 版, 日本経済新聞社 (2002)

13 章

74) 宮沢健一 編:産業連関分析入門 7 版, 日本経済新聞社 (2002)
75) 上田孝行 編著:Excel で学ぶ地域・都市経済分析, コロナ社 (2009)
76) 藤川清史:産業連関分析入門 Excel と VBA でらくらく IO 分析, 日本評論社 (2005)
77) 鷲田豊明:環境政策と一般均衡, 勁草書房 (2004)
78) 細江宣裕, 我澤賢之, 橋本日出男:テキストブック応用一般均衡モデリング, 東京大学出版会 (2004)
79) Francois, J. F. and Reinert, K. A.:Applied Methods for Trade Policy Analysis, Cambridge University Press (1997)
80) 東京大学インフラ経済財務研究室:Integration of Spatial Computable General Equilibrium and Transport Modelling — Bilateral Joint Seminar under agreement between NWO and JSPS (2009)

14 章

81) Warr, P. G.:The private provision of a public good is independent of the distribution of income, Economics Letters, Vol.13, pp.207–211 (1983)
82) Shibata, H.:A Bargaining Model of the Pure Theory of Public Expenditure, Journal of Political Economy, Vol.79, pp.1–29 (1971)
83) ロバート・ギボンズ 著, 福岡正夫, 須田伸一 訳:経済学のためのゲーム理論入門, 創文社 (1995)
84) Bergstrom, T., Blume, L. and Varian, H.:On the Private Provision of Public Goods, Journal of Public Economics, Vol.29, pp.25–49 (1986)
85) Boadway,R., Pestieau, P. and Wildasin, D.:Tax-transfer policies and the voluntary provision of public goods, Journal of Public Economics, Vol.39, pp.157–176 (1989)
86) Andreoni, J.:Giving with Impure Altruism: Applications to Charity and Ricardian Equivalence, Journal of Political Economy, Vol.97, pp.1447–1458 (1989)
87) Olson, M.:The Logic of Collective Action, Harvard University Press, Cambridge, MA (1965)
88) Sandler, T. and Forbes, J. F.:Burden Sharing, Strategy and the Design of

NATO, Economic Inquiry, Vol.18, pp.425–444 (1980)

89) Buchholz, W. and Konrad, K. A.：Strategic transfers and private provision of public goods, Journal of Public Economics, Vol.57, pp.489–505 (1995)

90) Hardin, G.：The Tragedy of the Commons, Science, Vol.162, pp.1243–1248 (1968)

91) Baland, J. M. and Platteau, J. P.：Wealth Inequality and Efficiency in the Commons — Part I: The Unregulated case, Oxford Economic Papers, Vol.49-4, pp.451–482 (1997)

92) Baland, J. M. and Platteau, J. P.：Wealth Inequality and Efficiency in the Commons — Part II: The Unregulated case, Oxford Economic Papers, Vol.50-1, pp.1–22 (1998)

93) Ihori, T.：Impure public goods and transfers in a three-agent model, Journal of Public Economics, Vol.48, pp.385–401 (1992)

94) Diamond, P. A.：National Debt in a Neoclassical Growth Model, American Economic Review, Vol.55, No.5, pp.1126–1150 (1965)

95) Blanchard, O. J. and Fischer, S.：Lectures on Macroeconomics, MIT Press (1989)
【邦訳】高田聖治 訳：マクロ経済学講義, 多賀出版 (1999)

96) Blanchard, O. J：Debt, Deficits, and Finite Horizons, Journal of Political Economy, Vol.93-2, pp.223–247 (1985)

97) Auerbach, A. J. and Kotlikoff, L. J.：Dynamic fiscal policy, Cambridge University Press (1987)

98) 本間正明, 跡田直澄, 岩本康志, 大竹文雄：年金 — 高齢化社会と年金制度, 浜田宏一, 黒田昌裕, 堀内昭義 編, 日本経済のマクロ分析, 第6章, pp.149–175, 東京大学出版会 (1987)

99) 橘木俊詔, 市岡 修, 中島栄一：公共投資と財政赤字, 橘木, 市岡, 中島 編著, 応用一般均衡モデルと公共政策, 経済分析（内閣府経済社会総合研究所）第120号, 第3章, pp.20–29 (1990)

100) 川出真清, 別所俊一郎, 加藤竜太：高齢化社会における社会資本 — 部門別社会資本を考慮した長期推計, ESRI Discussion Paper Series No.64, pp.1–37 (2003)

101) 栗田啓子：道路投資評価の古典的アプローチ, 中村英夫 編, 道路投資の社会経済評価, 東洋経済新報社 (1997)

102) 井堀利宏：公共経済の理論, 有斐閣 (1996)

103) McCandless, G. T. Jr. and Wallace, N.：Introduction to Dynamic Macroe-

conomic Theory, Harvard University Press (1991)
【邦訳】川又邦雄ほか 訳：動学マクロ経済学, 創文社 (1994)
104) 栗田啓子：公共事業と国家の経済的介入―フランス土木公団のエンジニア・エコノミスト, 商学討究, Vol.37-1/2/3, pp.123–150 (1987)
105) 栗田啓子：エンジニア・エコノミスト―フランス公共経済学の成立, 東京大学出版会 (1992)

演習問題解答

2 章

〔**2.1**〕

$$\max_{x_1, x_2} U(x_1, x_2) = \alpha \ln x_1 + (1-\alpha) \ln x_2 \tag{1}$$

$$\text{subject to} \quad p_1 x_1 + p_2 x_2 \leqq I \tag{2}$$

ラグランジュ未定乗数法を用いて解いて，以下のように（マーシャルの）需要関数と間接効用関数を得る。

$$x_1^m = \frac{\alpha}{p_1} I, \quad x_2^m = \frac{1-\alpha}{p_2} I \tag{3}$$

$$V(p_1, p_2, I) = \ln \left(\frac{\alpha^\alpha (1-\alpha)^{1-\alpha} I}{p_1^\alpha p_2^{1-\alpha}} \right)$$

$$= \ln I - \alpha \ln p_1 - (1-\alpha) \ln p_2 + \alpha \ln \alpha + (1-\alpha) \ln(1-\alpha) \tag{4}$$

ロワの恒等式より需要関数を導くと

$$x_1^m = \frac{-\dfrac{\partial V(\cdot)}{\partial p_1}}{\dfrac{\partial V(\cdot)}{\partial I}} = \frac{\dfrac{\alpha}{p_1}}{\dfrac{1}{I}} = \frac{\alpha}{p_1} I \tag{5}$$

$$x_2^m = \frac{-\dfrac{\partial V(\cdot)}{\partial p_2}}{\dfrac{\partial V(\cdot)}{\partial I}} = \frac{\dfrac{1-\alpha}{p_2}}{\dfrac{1}{I}} = \frac{1-\alpha}{p_2} I \tag{6}$$

となる。よって，式 (3) で得た需要関数と一致する。

〔**2.2**〕

$$\min_{x_1, x_2} p_1 x_1 + p_2 x_2 \tag{7}$$

$$\text{subject to} \quad \alpha \ln x_1 + (1-\alpha) \ln x_2 \geqq u \tag{8}$$

ラグランジュ未定乗数法を用いて解き，以下のように補償需要関数と支出関数を得る。

$$x_1^h = \left(\frac{p_2}{p_1} \frac{\alpha}{1-\alpha} \right)^{1-\alpha} \exp u, \quad x_2^h = \left(\frac{p_2}{p_1} \frac{\alpha}{1-\alpha} \right)^{-\alpha} \exp u \tag{9}$$

$$e(p_1, p_2, u) = \left(\frac{p_1}{\alpha} \right)^\alpha \left(\frac{p_2}{1-\alpha} \right)^{1-\alpha} \exp u \tag{10}$$

〔**2.3**〕 p_1 の x_1^m への価格効果に関するスルツキー方程式の各項を確認する。

$$\frac{\partial x_1^m}{\partial p_1} = -\frac{\alpha I}{p_1^2}, \quad \frac{\partial x_1^h}{\partial p_1} = -\frac{\alpha(1-\alpha)I}{p_1^2}, \quad \frac{\partial x_1^m}{\partial I} x_1^m = \frac{\alpha^2 I}{p_1^2} \tag{11}$$

したがって

$$\frac{\partial x_1^m}{\partial p_1} = \frac{\partial x_1^h}{\partial p_1} - \frac{\partial x_1^m}{\partial I} x_1^m \tag{12}$$

の関係が満たされている。

ついで,p_2 の x_1^m への価格効果に関するスルツキー方程式の各項を確認する。

$$\frac{\partial x_1^m}{\partial p_2} = 0, \quad \frac{\partial x_1^h}{\partial p_2} = \frac{\alpha(1-\alpha)I}{p_1 p_2}, \quad \frac{\partial x_1^m}{\partial I} x_2^m = \frac{\alpha(1-\alpha)I}{p_1 p_2} \tag{13}$$

したがって

$$\frac{\partial x_1^m}{\partial p_2} = \frac{\partial x_1^h}{\partial p_2} - \frac{\partial x_1^m}{\partial I} x_2^m \tag{14}$$

の関係が満たされている。x_2 と p_1,p_2 の間のスルツキー方程式も,同様に確認することができる。

3 章

〔**3.1**〕 解答の一例として,2 章でマッケンジーの補題を証明したときの方法を用いる。$\boldsymbol{x}^*$ を価格と産出水準が $(\boldsymbol{w}^*, y)$ のときの費用最小化需要ベクトルとし,関数 $g(\boldsymbol{w}, y)$ を以下のように定義する。

$$g(\boldsymbol{w}, y) = c(\boldsymbol{w}, y) - \boldsymbol{w}\boldsymbol{x}^* \tag{1}$$

$c(\boldsymbol{w}, y)$ は $(\boldsymbol{w}, y)$ が与件のときの最小費用であるので,以下の関係が成立する。

$$c(\boldsymbol{w}, y) \leqq \boldsymbol{w}\boldsymbol{x}^* \quad \Leftrightarrow \quad g(\boldsymbol{w}, y) \leqq 0 \tag{2}$$

また,$g(\boldsymbol{w}^*, y) = 0$ であり,このとき $g(\boldsymbol{w}, y)$ は最大値をとる。よって式 (1) の偏導関数に関して

$$\left.\frac{\partial g(\boldsymbol{w}, y)}{\partial w_i}\right|_{\boldsymbol{w}=\boldsymbol{w}^*} = \left.\frac{\partial c(\boldsymbol{w}, y)}{\partial w_i}\right|_{\boldsymbol{w}=\boldsymbol{w}^*} - x_i^* = 0 \tag{3}$$

が得られる。上式を整理してシェパードの補題を得る。

〔**3.2**〕 1) 固定費用は 30 000 である。
2) 三つの曲線の図示は省略する。

$$\mathrm{AC}(y) = y^2 - 60y + 1\,500 + \frac{30\,000}{y} \tag{4}$$

$$\text{AVC}(y) = y^2 - 60y + 1\,500 \tag{5}$$

$$\text{MC}(y) = 3y^2 - 120y + 1\,500 \tag{6}$$

3) 利潤最大化問題は

$$\max_{y} \; py - C(y) \tag{7}$$

であり，1階の条件 $p - C'(y) = 0$ を解いて，$y = 20 \pm \sqrt{(p-300)/3}$ を得る．そのうち極大点は，$p \geqq 300$ の条件のもとで以下のようになる．

$$y^* = 20 + \sqrt{\frac{p-300}{3}} \tag{8}$$

4) 生産中止価格 p^{SD} は AVC 曲線と MC 曲線の交点として求まる．式 (5), (6) より $(y^{\text{SD}}, p^{\text{SD}}) = (30, 600)$ であるので，供給関数 $S(p)$ は以下のようになる．

$$S(p) = \begin{cases} 0 & \text{if } p < 600 \\ 20 + \sqrt{\dfrac{p-300}{3}} & \text{if } p \geqq 600 \end{cases} \tag{9}$$

4章

[**4.1**] 1) 消費者 $i \, (= A, B)$ の効用最大化問題は，以下のように表される．

$$\max_{x_1^i, x_2^i} \; U^i(x_1^i, x_2^i) = \sqrt{x_1^i} + \sqrt{x_2^i} \tag{1}$$

$$\text{subject to} \;\; p_1 x_1^i + p_2 x_2^i = p_1 e_1^i + p_2 e_2^i = \boldsymbol{p} \cdot \boldsymbol{e}^i \tag{2}$$

ラグランジュ未定乗数法を用いて解き，以下の需要関数が求められる．

$$x_1^{i*} = \frac{p_2 (\boldsymbol{p} \cdot \boldsymbol{e}^i)}{p_1 (p_1 + p_2)}, \quad x_2^{i*} = \frac{p_1 (\boldsymbol{p} \cdot \boldsymbol{e}^i)}{p_2 (p_1 + p_2)} \quad (i = A, B) \tag{3}$$

$\boldsymbol{e}^i$ に $\boldsymbol{e}^A = (20, 50)$, $\boldsymbol{e}^B = (20, 110)$ を代入して，答えを得る．

$$x_1^{A*} = \frac{p_2(20p_1 + 50p_2)}{p_1(p_1 + p_2)}, \quad x_2^{A*} = \frac{p_1(20p_1 + 50p_2)}{p_2(p_1 + p_2)} \tag{4}$$

$$x_1^{B*} = \frac{p_2(20p_1 + 110p_2)}{p_1(p_1 + p_2)}, \quad x_2^{B*} = \frac{p_1(20p_1 + 110p_2)}{p_2(p_1 + p_2)} \tag{5}$$

2) 均衡価格は以下の条件を満たす．

$$x_1^{A*} + x_1^{B*} = e_1^A + e_1^B = 40 \tag{6}$$

$$x_2^{A*} + x_2^{B*} = e_2^A + e_2^B = 160 \tag{7}$$

これより，$p_1^*/p_2^* = 2$, $(x_1^{A*}, x_2^{A*}) = (15, 60)$, $(x_1^{B*}, x_2^{B*}) = (25, 100)$ を得る．

〔**4.2**〕　1) 問題をラグランジュ未定乗数法を用いて解いて，以下の解を得る．

$$x_1^A = 40 - \frac{1}{9}u^2, \quad x_2^A = 160 - \frac{4}{9}u^2, \quad x_1^B = \frac{1}{9}u^2, \quad x_2^B = \frac{4}{9}u^2 \quad (8)$$

2) 初期保有のもとでの効用水準は，以下のように与えられる．

$$u_0^A = U^A(e_1^A, e_2^A) = \sqrt{20} + \sqrt{50} \tag{9}$$

$$u_0^B = U^B(e_1^B, e_2^B) = \sqrt{20} + \sqrt{110} \tag{10}$$

拒否されない配分であるためには，パレート効率的であり，かつ2人の効用が初期の効用よりも高くなければならないので，消費者 B の効用水準 u は以下の条件を満たさなければならない．

$$U^A(x_1^A, x_2^A) = \sqrt{40 - \frac{1}{9}u^2} + \sqrt{160 - \frac{4}{9}u^2} \geq u_0^A \tag{11}$$

$$U^B(x_1^B, x_2^B) = u \geq u_0^B \tag{12}$$

5 章

〔**5.1**〕　1) 収入 $R(y)$，限界収入 $R'(y)$，限界費用 $C'(y)$ は以下のようになる．

$$R(y) = p(y)y = 2\,000y - 2y^2, \quad R'(y) = 2\,000 - 4y, \quad C'(y) = 400 \tag{1}$$

利潤最大化問題は以下のように表される．

$$\max_y \, R(y) - C(y) \tag{2}$$

1階の最適化条件 $R'(y^m) - C'(y^m) = 0$ を満たす独占市場の均衡供給量 y^m と価格 p^m，利潤 π^m は以下のようになる．

$$y^m = 400, \quad p^m = 1\,200, \quad \pi^m = 170\,000 \tag{3}$$

2) 限界費用料金規制により $p(y^f) = C'(y^f)$ の制約が課される．これより供給量 y^f と価格 p^f，利潤 π^f は以下のようになる．

$$y^f = 800, \quad p^f = 400, \quad \pi^f = -150\,000 \tag{4}$$

3) 平均費用料金規制により $p(y^s) = C(y^s)/y^s$ の制約が課される．これを解くと，$y^s = 400 \pm 291.55 = 691.55, 108.45$ が得られる．ファーストベスト解に近いほうを採用すると，供給量 y^s，価格 p^s，利潤 π^s は以下のようになる．

$$y^s = 691.6, \quad p^s = 616.9, \quad \pi^s = 0 \tag{5}$$

〔**5.2**〕 二つの企業を企業 1 と企業 2 と呼ぶ。企業 1 の最大化問題は以下のように表される。

$$\max_{y_1} p(y_1 + \bar{y}_2)y_1 - C(y_1) \tag{6}$$

最適化条件は以下のようになる。

$$p(y_1^o + \bar{y}_2) + p'(y_1^o + \bar{y}_2)y_1^o - C'(y_1^o) = 0 \tag{7}$$

これより最適反応関数 $y_1^o = Y_1(\bar{y}_2) = 400 - \bar{y}_2/2$ を得る。同様に，企業 2 の最適反応関数は $y_2^o = Y_2(\bar{y}_1) = 400 - \bar{y}_1/2$ となる。これより均衡供給量 y_1^o, y_2^o と市場価格 p^o，利潤 π_1^o, π_2^o は，以下のようになる。

$$y_1^o = y_2^o = \frac{800}{3} = 266.7, \quad p^o = \frac{2\,800}{3} = 933.3 \tag{8}$$

$$\pi_1^o = \pi_2^o = -\frac{70\,000}{9} = -7\,777.8 \tag{9}$$

6 章

〔**6.1**〕 財やサービスの市場において，外部性，不完全競争，公共財，情報の非対称性などが存在することが，市場の失敗をもたらすおもな要因である。

〔**6.2**〕 市場の失敗が生じていると，供給者が費用を回収するための適切な収入を得られず，財やサービスの供給がなされなかったり，市場が独占的・寡占的になって競争的な状態よりも供給量が減ったり，価格が上がったりしてしまう可能性がある。その結果，財やサービスの効率的な供給が阻害されてしまうので，種々の規制を設けることや，政府や地方自治体などの公共主体が直接供給を行うことが求められる。

〔**6.3**〕 排除不可能性と非競合性を有する財やサービスのことを公共財という。また，これらのどちらか一つの特性を有する財やサービスは，準公共財と呼ばれる。排除不可能性と非競合性の意味については，6.2 節を参照せよ。

7 章

〔**7.1**〕 便益を公共プロジェクト評価の指標とすることで，貨幣価値の単位で公共プロジェクトの効果が表される。このため，異なるプロジェクト間でも，それらの効果を同じ単位で客観的に比較することが可能となる。

〔**7.2**〕 EV の定義より，$V(p_{1a}, p_2, I_a + \text{EV}) = V(p_{1b}, p_2, I_b)$ であるので，間接効用関数の定義式 $V = p_1^{-\alpha} p_2^{\alpha-1} I$ を代入すると

$$p_{1a}^{-\alpha} p_2^{\alpha-1} (I_a + \text{EV}) = p_{1b}^{-\alpha} p_2^{\alpha-1} I_b \tag{1}$$

の関係が成立する。これを移行して整理すると

$$\mathrm{EV} = \left(\frac{p_{1a}}{p_{1b}}\right)^\alpha I_b - I_a \tag{2}$$

のように，EV が導出される。

同様に，CV の定義は $V(p_{1a}, p_2, I_a) = V(p_{1b}, p_2, I_b - \mathrm{CV})$ であるので

$$p_{1a}^{-\alpha} p_2^{\alpha-1} I_a = p_{1b}^{-\alpha} p_2^{\alpha-1} (I_b - \mathrm{CV}) \tag{3}$$

の関係が成立する。これを移項して整理すると，CV は

$$\mathrm{CV} = I_b - \left(\frac{p_{1b}}{p_{1a}}\right)^\alpha I_a \tag{4}$$

のように表される。

[**7.3**] サービス効率化政策がもたらす公共サービス市場の変化は，**解図 7.1** のように表される。縦軸がサービス利用費用 p であり，横軸がサービス需要量 x である。政策によって，サービス利用費用が p_0 から p_1 へと変化するので，需要関数に沿ってサービス需要量も x_0 から x_1 へと変化する。消費者余剰は，解図 7.1 の網掛け部分の面積として定義される。需要関数が $x = -0.5p + I$ であるので，x_0 と x_1 はそれぞれ $x_0 = -0.5p_0 + I$，$x_1 = -0.5p_1 + I$ である。したがって，消費者余剰 CS は，台形部分の面積，すなわち

$$\begin{aligned}\mathrm{CS} &= \frac{1}{2}(p_0 - p_1)(x_0 + x_1) \\ &= \frac{1}{2}(p_0 - p_1)[2I - 0.5(p_0 + p_1)]\end{aligned} \tag{5}$$

となる。

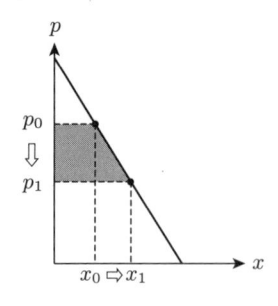

解図 7.1 公共サービス市場内の変化

8 章

〔**8.1**〕 発生ベースの評価手法では,プロジェクトの効率性に特化して便益が評価される。すなわち,プロジェクトがもたらす便益の総額が計測される。帰着ベースの評価手法では,プロジェクトによる便益がだれにどれだけもたらされたのかという視点で便益が計測される。

便益の推定精度の面においては,観測対象となる市場が限定され,需要関数の推定精度が高い発生ベースの評価手法が優れている。さらに,一般的には,発生ベースの評価手法のほうが,帰着ベースの評価手法よりも,便益推定に用いる経済モデルが単純であり,計算の負荷も小さいという利点がある。

しかし,プロジェクトの効果について,経済主体間,地域間,世代間の比較を行うためには,便益の分配を評価する必要がある。発生ベースの評価手法のみでは,便益分配の議論が不可能であるため,こうした場合には必然的に帰着ベースの評価手法による評価が必要となる。

〔**8.2**〕 8.3 節に記述された定義を参照せよ。

〔**8.3**〕 社会的割引率が 4% であるので,t 年目の割引因子を $1/(1+r)^t$ として表し,これを用いて各年の費用と便益と純便益の現在価値を求めると,**解表 8.1** のようになる。

解表 8.1 各年の費用と便益と純便益の現在価値

時点	割引因子	費用の現在価値	便益の現在価値	純便益の現在価値
0	1.000	100.00	0.00	-100.00
1	0.962	48.08	15.38	-32.69
2	0.925	0.00	16.64	16.64
3	0.889	0.00	17.78	17.78
4	0.855	0.00	18.81	18.81
5	0.822	24.66	19.73	-4.93
6	0.790	0.00	19.76	19.76
7	0.760	0.00	19.00	19.00
8	0.731	0.00	18.27	18.27
9	0.703	0.00	17.56	17.56
10	0.676	0.00	16.89	16.89

これらの値を利用すると,各指標の計算が容易になる。プロジェクト便益の純現在価値 NPV は,純便益の現在価値の各行の和であり,この例では NPV = 7.08 である。費用便益比 CBR については,費用の現在価値の総和と便益の現在価値の総和であるので,CBR = 1.04 となる。内部収益率 IRR の導出は手計算では困難であるが,簡単な数値計算などによって最適解を計算すると,IRR = 0.049 が得られる。いずれの

費用便益分析指標においても，本プロジェクトは便益が費用を上回る効率的な事業であると位置付けられる。

9 章

〔**9.1**〕 発生ベースの評価手法によって，直接効果として計測される便益に加えて，間接効果（波及効果または金銭的外部効果）を便益として加算し，便益を過大評価する誤りのことを二重計測の問題という。9.2 節の詳しい解説を参照せよ。

〔**9.2**〕 1. 発生（集中），2. 分布，3. 機関分担（選択），4. 経路配分，という階層化された 4 段階により，交通需要予測手法が構成される。

〔**9.3**〕 非市場財の代表的な便益計測手法として知られるものとして，CVM（仮想的市場評価法），旅行費用法，ヘドニックアプローチがある。例えば，公園整備，水質や騒音などの環境質改善，土地区画整理事業の便益を評価する際には，これらがもたらす効果を取引する市場が存在しないため，非市場財と見なすことができる。

10 章

〔**10.1**〕 1) 与えられた確率を整理すると，以下のようになる。

$$P(\text{car}) = P(\text{bus}) = P(\text{train}) = \frac{1}{3} \tag{1}$$

$$P(\text{late}|\text{car}) = 0.5, \quad P(\text{late}|\text{bus}) = 0.2, \quad P(\text{late}|\text{train}) = 0.01 \tag{2}$$

上司の計算による，太郎が自家用車で通勤した確率は，以下のようになる。

$$\begin{aligned}&P(\text{car}|\text{late})\\&= \frac{P(\text{late}|\text{car})P(\text{car})}{P(\text{late}|\text{car})P(\text{car}) + P(\text{late}|\text{bus})P(\text{bus}) + P(\text{late}|\text{train})P(\text{train})}\\&= 0.704\end{aligned} \tag{3}$$

2) 同僚は以下の事前確率を持っている。

$$P(\text{car}) = 0.15, \quad P(\text{bus}) = 0, \quad P(\text{train}) = 0.85 \tag{4}$$

式 (3) と同様に計算すると，$P(\text{car}|\text{late}) = 0.898$ を得る。

〔**10.2**〕 1) オーナーの効用関数は，以下の性質を持つ。

$$\frac{dU(y)}{dy} = \frac{1}{2}y^{-\frac{1}{2}} > 0, \quad \frac{d^2U(y)}{dy^2} = -\frac{1}{4}y^{-\frac{3}{2}} < 0 \tag{5}$$

よって，オーナーはリスク回避的な選好を持つことがわかる。

2) 保険がないときのオーナーの期待効用水準は，以下のようになる。

$$\frac{1}{5} \times 100^{\frac{1}{2}} + \frac{4}{5} \times 900^{\frac{1}{2}} = 26 \tag{6}$$

一方，保険があればオーナーは確率 1 で $z^{1/2}$ の効用を得ることができる。したがって，オーナーが保険契約を結ぶための条件は，$z^{1/2} \geq 26$ より $z \geq 676$ 〔万円〕となる。

3) 保険会社の期待収益は以下のようになる。

$$-\frac{1}{5} \times (z - 100) + \frac{4}{5} \times (900 - z) = 740 - z \text{〔万円〕} \tag{7}$$

したがって，保険会社の期待収益がゼロ以上になるためには $z \leq 740$〔万円〕でなければならない。したがって，2) の結果とあわせると，契約が結ばれるための z の範囲は $676 \leq z \leq 740$ となる。

〔10.3〕 解答略

11 章

〔11.1〕 公共投資の対象となる社会基盤は，一般に建設期間や共用期間（寿命）が長期間である。さらに，投資プロジェクトの意思決定に要する，計画策定，用地取得，事前評価，パブリックインボルブメントなどのプロセスや，寿命を終えた社会基盤の廃棄・更新段階においても長期を要することがある。

〔11.2〕 劣化予測技術やライフサイクル費用評価などの個別要素技術は発展が著しく，すでに研究開発段階から実践的な道具へと移行しているものが多い。一方，アセットマネジメントのシステム全体を体系化することについては，個々の社会基盤施設の異質性が大きいことや，統一的な定式化などの基準化された定量的手法の構築が困難であることもあり，未だ発展途上にある。

〔11.3〕 定常状態では $\dot{k}_t = \dot{y}_t = 0$ より，$sk_t^\alpha = (g + n + \delta)k_t$ となる。これを k について解くと，定常状態の k の水準である k^* は

$$k^* = \left[\frac{s}{g + n + \delta}\right]^{\frac{1}{1-\alpha}} \tag{1}$$

のように表される。ここで生産関数へ k^* を代入すると，定常状態の y の水準である y^* が

$$y^* = \left[\frac{s}{g + n + \delta}\right]^{\frac{\alpha}{1-\alpha}} \tag{2}$$

と求められる。

社会基盤整備によって，ある時点での生産技術が A^0 から A^1 へと変化することを考える。生産技術の成長率 g は不変であるので，式 (1) より，定常状態の k について

は影響がないことがわかる．しかし，$k = K/AL$ であるので，生産技術変化後の k を k_1 とすると

$$k_1 = \frac{A_0}{A_1} k^* \tag{3}$$

となる．$A_1 > A_0$ であれば，$k_1 < k^*$ であるので，ソローダイヤグラムを用いると，$\dot{k}$ が正となり k が増加する方向に変化することがわかる．その変化は，A_1 のもとでの k が k^* と等しくなるまで継続し，以降はまた定常状態となる．つまり，社会基盤整備による生産技術向上は，一時的に有効労働当り総生産の成長率を加速させるが，その成長率自体は社会基盤整備以前の値へと収斂する．

12 章

〔**12.1**〕 生産勘定，所得支出勘定，蓄積勘定

〔**12.2**〕 最終消費支出，総資本形成，純輸出の和が，支出側の GDP を構成する支出項目である．なお，マクロ経済学の分野では，民間消費，民間投資，政府支出，純輸出に分類されることもある．これは，最終消費支出を民間消費と政府消費に分けて考え，同様に総資本形成についても民間による投資と政府による投資を区別し，政府消費と政府投資（公的投資）をあわせて政府支出とすることで，先の分類と対応付けられる．

〔**12.3**〕 以下のような産業連関表となる．

解表 12.1 産業連関表（2 産業部門）

	産業 1	産業 2	国内最終需要	輸出	輸入（控除）	国内生産額
産業 1	100	30	40	30	−40	160
産業 2	20	150	50	50	−30	240
付加価値	40	60				
国内生産額	160	240				

13 章

〔**13.1**〕 与えられた投入係数からレオンチェフ逆行列を求めると

$$(\mathbf{I} - \mathbf{A})^{-1} = \begin{pmatrix} 1.195 & 0.160 & 0.038 \\ 0.501 & 1.910 & 0.269 \\ 0.465 & 0.567 & 1.454 \end{pmatrix} \tag{1}$$

となる．均衡産出高モデルより，産業 3 に 10 億円の最終需要増加があったとすると，各産業の生産誘発額 $\Delta X_1, \Delta X_2, \Delta X_3$ は

$$\begin{pmatrix} \Delta X_1 \\ \Delta X_2 \\ \Delta X_3 \end{pmatrix} = (\mathbf{I} - \mathbf{A})^{-1} \begin{pmatrix} 0 \\ 0 \\ 10 \end{pmatrix} = \begin{pmatrix} 0.383 \\ 2.685 \\ 14.539 \end{pmatrix} \quad (2)$$

となる。

〔**13.2**〕 利点としては，ミクロ経済理論と整合的に構築されているため，モデル分析の結果から，経済厚生評価の指標である便益を算出できるという長所がある。さらに，産業別生産額や所得の変化など，政策実施による経済効果を定量的に推定することができる。応用一般均衡モデルを多地域モデルとして拡張した空間的応用一般均衡モデルでは，それぞれの地域における生産額や家計の所得変化や，さらには便益の空間的分布をも描き出すことが可能である。

欠点としては，モデル構築に必要となるデータセットの作成やモデルの演算のために，一定レベル以上の知識と労力が必要であり，他の経済分析手法に比べてコストがかかる手法であるという課題がある。また，一般的には，構築されるモデルの規模が大きく，システムが複雑であるため，モデルの定式化段階やプログラミング段階においてミスが生じやすく，それらの発見と修復にも労力を要する。

14 章

〔**14.1**〕 1) 企業の利潤最大化問題は

$$\max_{x} \; px - x^2 \quad (1)$$

で表される。1 階の条件 $p - 2x^0 = 0$ より，$x^0 = p/2$，$\pi^0 = p^2/4$ となる。

2) 社会的に最適な生産量は

$$\max_{x} \; px - x^2 - \frac{x^2}{2} \quad (2)$$

の解として決まる。1 階の条件 $p - 2x^* - x^* = 0$ より，$x^* = p/3$ となる。

3) ピグー課税の税率は $\tau = \gamma'(x^*) = p/3$ と設定される。企業の利潤最大化問題は

$$\max_{x} \; px - x^2 - \frac{p}{3}x \quad (3)$$

である。1 階の条件 $p - 2x^p - p/3 = 0$ より，$x^p = p/3$，$\pi^p = p^2/9$ となる。

4) 企業の利潤最大化問題は

$$\max_{x} \; px - x^2 + \sigma(x^0 - x) \quad (4)$$

である。1 階の条件 $p - 2x^s - \sigma = 0$ より，$x^s = (p-\sigma)/2$ となる。これが x^* と一致するためには $\sigma = p/3$ でなくてはならない。また，このときの企業の利潤は $\pi^s = 5p^2/18$ となる。

〔**14.2**〕 1) $\mathrm{MRS}^i_{Zx} = (\partial U/\partial Z)/(\partial U/\partial x_i)$, $\mathrm{MRT}_{Zx} = 1$ であるので，サミュエルソン条件は

$$\frac{x_A^*}{Z^*} + \frac{x_B^*}{Z^*} = 1 \tag{5}$$

となる。社会全体の財の制約 $x_A^* + x_B^* + Z^* = 2\bar{x}$ を考慮すると，$Z^* = \bar{x}$ を得る。

2) 家計 A の問題は z_B を与件として

$$\max_{x_A, Z} x_A Z \tag{6}$$
$$\text{subject to} \quad x_A + Z = \bar{x} + z_B \tag{7}$$

で表される。これより

$$\tilde{x}_A(\bar{x}+z_B) = \tilde{Z}^A(\bar{x}+z_B) = \frac{\bar{x}+z_B}{2} \tag{8}$$
$$\tilde{z}_A(z_B) = \tilde{Z}^A(\bar{x}+z_B) - z_B = \frac{\bar{x}-z_B}{2} \tag{9}$$

となり，家計 B も同様に

$$\tilde{x}_B(\bar{x}+z_A) = \frac{\bar{x}+z_A}{2}, \quad \tilde{z}_B(z_A) = \frac{\bar{x}-z_A}{2} \tag{10}$$

となる。これより均衡は $(z_A^0, z_B^0) = (\bar{x}/3, \bar{x}/3)$ となる。また，公共財の総量は $Z^0 = z_A^0 + z_B^0 = 2\bar{x}/3 < Z^*$ となる。

3) 家計 A と家計 B の初期保有量はそれぞれ $3\bar{x}/4$, $5\bar{x}/4$ となる。両家計の反応関数は

$$\tilde{x}_A\left(\frac{3}{4}\bar{x}+z_B\right) = \frac{\frac{3}{4}\bar{x}+z_B}{2}, \quad \tilde{z}_A(z_B) = \frac{\frac{3}{4}\bar{x}-z_B}{2} \tag{11}$$
$$\tilde{x}_B\left(\frac{5}{4}\bar{x}+z_A\right) = \frac{\frac{5}{4}\bar{x}+z_A}{2}, \quad \tilde{z}_B(z_A) = \frac{\frac{5}{4}\bar{x}-z_A}{2} \tag{12}$$

である。これより均衡は $(z_A^1, z_B^1) = (\bar{x}/12, 7\bar{x}/12)$ となる。また，公共財の総量は $Z^1 = z_A^1 + z_B^1 = 2\bar{x}/3 = Z^0$ となり，中立命題が成立していることを確認できる。

索　引

【あ】

アセットマネジメント
asset management　139

【い】

維持・修繕費用
maintenance and repair cost　35

一般均衡
general equilibrium　92

一般均衡分析
general equilibrium analysis　42

インセンティブ規制
incentive regulation　60

【え】

エッジワースボックス
Edgeworth box　44

エンゲル曲線
Engel curve　15

【お】

オイラー方程式
Euler equation　148

黄金律
golden rule　194

応用一般均衡
computable general equilibrium, CGE　173

オプション
option　133

オプション価格
option price　131

オプション価値
option value　132

【か】

外部性
externality　181

価格消費曲線
price-consumption curve　15

下級財
inferior goods　18

確実性等価
certainty equivalent　128

家計
household　7

寡占
oligopoly　56

仮想的市場評価法
contingent valuation method, CVM　114

可変要素
variable factor　23

間接効用関数
indirect utility function　11

完全競争
perfect competition　51

完全競争市場
perfectly competitive market　40

完全性
completeness　9

緩和投資
mitigation　133

【き】

機会費用
opportunity cost　35

技術的外部性
technical externality　181

期待効用理論
expected utility theory　126

期待値
expected value　125

期待余剰
expected surplus　131

ギッフェン財
Giffen's goods　15

規模に関して収穫一定
constant returns to scale　25

規模に関して収穫逓減
decreasing returns to scale　25

規模に関して収穫逓増
increasing returns to scale　25

規模に関する収穫
returns to scale　25

逆需要関数
inverse demand function　57

客観的確率
objective probability　123

均衡
equilibrium　40

均衡価格
equilibrium price　40

均衡産出高モデル
Input-Output model　168

金銭的外部性
pecuniary externality　181

【く】

空間的応用一般均衡
spatial computable general equilibrium, SCGE　178

クールノー＝ナッシュ均衡
Cournot-Nash equilibrium　63

【け】

契約曲線
contract curve　50

限界効用		
marginal utility		8

限界収入
　marginal revenue　57

限界生産性
　marginal productivity　24

限界生産性逓減の法則
　Law of diminishing marginal productivity　24

限界生産性逓増
　increasing marginal productivity　25

限界代替率
　marginal rate of substitution, MRS　9

限界費用料金規制
　marginal cost pricing regulation　60

限界変形率
　marginal rate of transformation　26

減価償却費用
　depreciation　35

現在価値
　present value　98

顕示選好
　revealed preference　115

【こ】

コ　ア
　core　50

公共財
　public goods　70

――の私的供給
　private provision of public goods　185

――の中立命題
　the neutrality theorem in the private provision of public goods　188

厚生経済学の第1基本定理
　the first fundamental theorem of welfare economics　51

厚生経済学の第2基本定理
　the second fundamental theorem of welfare economics　52

効　用
　utility　7

効用可能性フロンティア
　utility possibility frontier　52

効用関数
　utility function　7

効率性
　efficiency　92

合理的
　rational　7

国内総生産
　gross domestic product, GDP　142

固定費用
　fixed cost, FC　29

固定要素
　fixed factor　23

コブ＝ダグラス型効用関数
　Cobb-Douglas utility function　11

【さ】

最終需要
　final demand　159

最適化理論
　optimization theory　3

最適成長モデル
　optimal growth model　147

産業連関表
　Input-Output table　159

サンクトペテルブルクのパラドックス
　St. Petersburg paradox　126

サンク費用
　sunk cost　35

産出物
　output　23

【し】

シェパードの補題
　Shepard's lemma　34

事後確率
　posterior probability　123

死重損失
　dead weight loss　108

支出関数
　expenditure function　13

市場の失敗
　market failure　69

市場の普遍性
　universality of markets　51

事前確率
　prior probability　123

自然独占
　natural monopoly　56

支払い意思額
　willingness to pay　114

社会基盤
　infrastructure　2

社会的割引率
　social discount rate　98

集計的供給関数
　aggregate supply function　40

集計的需要関数
　aggregate demand function　40

主観的確率
　subjective probability　122

需要関数
　demand function　10

需要曲線
　demand curve　15

需要の価格弾力性
　price elasticity of demand　18

需要の所得弾力性
　income elasticity of demand　19

索　引

需要予測
　demand forecast　109
準オプション価値
　quasi-option value　135
純現在価値
　net present value,
　NPV　100
準公共財
　quasi-public goods　71
純粋交換経済
　pure exchange economy　42
純便益
　net benefit　94
上級財
　superior goods　17
消費者余剰
　consumer's surplus　83
所得効果
　income effect　16, 87
所得消費曲線
　income-consumption
　curve　15
真の不確実性
　genuine uncertainty　122

【す】

推移性
　transitive　9
ストック
　stock　34
スルツキー分解
　Slutsky decomposition　16
スルツキー方程式
　Slutsky equation　16

【せ】

生産可能集合
　production possibility
　set　23
生産関数
　production function　23
生産経済
　production economy　46

生産性
　productivity　142
生産中止価格
　shutdown price　37
生産要素
　input　23
正常財
　normal goods　15
正の外部性
　positive externality　181
セカンドベスト
　second best　108
　――の規制
　second-best regulation　60
世代重複モデル
　overlapping generation
　model　190

【そ】

総超過需要関数
　total excess demand
　function　44
双対性アプローチ
　duality approach　14
（粗）代替財
　gross substitutes　19
（粗）補完財
　gross complements　19
ソローモデル
　Solow model　143
損益分岐価格
　breakeven price　37

【た】

大数の法則
　law of large numbers　123
代替効果
　substitution effect　16, 87
短　期
　short run　23
短期可変費用
　short run variable
　cost, SVC　29

短期限界費用
　short run marginal
　cost, SMC　30
短期平均可変費用
　short run average
　variable cost, SAVC　29
短期平均固定費用
　short run average fixed
　cost, SAFC　29
短期平均費用
　short run average cost,
　SAC　30
単調性
　monotonicity　10
弾力性
　elasticity　18

【ち】

知的財産権
　intellectual property
　right　56
中間投入
　intermediate input　159
超過需要
　excess demand　44
長　期
　long run　23
長期限界費用
　long run marginal
　cost, LMC　31
長期平均費用
　long run average
　cost, LAC　31

【つ】

付け値地代
　bid rent　118

【て】

定常状態
　steady state　145

【と】

動学的効率性
　dynamic efficiency　191

221

等価変分
　equivalent variation, EV　81
投入係数
　input coefficient　166
独占
　monopoly　56
独占的競争
　monopolistic competition　64
凸環境
　convex environment　53
凸性
　convexity　53
トランスファーパラドックス
　transfer paradox　189

【な】

内生的成長理論
　endogenous growth theory　149
内部化
　internalize　182
内部収益率
　internal rate of return, IRR　101

【に】

二重計測
　double counting　106

【ね】

ネットワークの経済性
　economy of network　59

【は】

排除不可能性
　non-excludability　70
配分
　allocation　48
パレート改善
　Pareto improvement　49, 94
パレート効率的
　Pareto efficient　48
パレート最適
　Pareto optimal　49
パレート支配
　Pareto dominance　49

【ひ】

比較静学分析
　comparative statics analysis　14
非競合性
　non-rivalness　71
ピグー課税
　Pigovian tax　182
ピグー補助金
　Pigovian subsidy　184
非市場財
　non-market goods　114
ヒックスの需要関数
　Hicksian demand function　13
費用関数
　cost function　29
費用最小化問題
　cost minimization problem　28
費用便益比
　cost benefit ratio, CBR　101
費用便益分析
　cost benefit analysis　4
表明選好
　stated preference　115

【ふ】

ファーストベスト
　first best　108
　——の規制
　first-best regulation　60
不可逆性
　irreversibility　134
不確実性
　uncertainty　121, 134
複占
　duopoly　62
負の外部性
　negative externality　181
部分均衡
　partial equilibrium　91
部分均衡分析
　partial equilibrium analysis　42
プライスキャップ規制
　price cap regulation　61
プライステイカー
　price taker　40
フロー
　flow　34
分配
　distribution　48

【へ】

平均費用料金規制
　average cost pricing regulation　60
ベイズの定理
　Bayes' theorem　123
ヘドニックアプローチ
　hedonic approach　117
ベルトラン均衡
　Bertrand equilibrium　64
便益
　benefit　73, 79
便益帰着構成表
　benefit incidence table　108

【ほ】

ボーエン＝サムエルソン条件
　Bowen-Samuelson conditions　74
補償原理
　compensation principle　96
補償需要関数
　compensated demand function　13
補償変分
　compensating variation, CV　81

索　引

ホテリングの補題
　Hotelling's lemma　27

【ま】

マーシャルの需要関数
　Marshallian demand function　10
マッケンジーの補題
　McKenzie's lemma　13

【み】

見えざる手
　invisible hand　52

【む】

無差別曲線
　indifference curve　8

【や】

ヤードスティック規制
　yardstick regulation　61

【ゆ】

尤度
　likelihood　124

【よ】

要素需要関数
　factor demand function　26

要素所得
　factor income　155
予算制約式
　budget constraint　9

【り】

利子費用
　interest cost　35
利潤
　profit　22
利潤関数
　profit function　27
利潤最大化問題
　profit maximization problem　22
利潤分配規制
　profit sharing regulation　61
リスク
　risk　121
リスク愛好的
　risk-seeking　129
リスク回避的
　risk-averse　127
リスク中立的
　risk-neutral　129
リスクプレミアム
　risk premium　128

リスクマネジメント
　risk management　121
旅行費用法
　travel cost method, TCM　116
リンダールメカニズム
　Lindahl mechanism　74

【れ】

レオンチェフ逆行列
　Leontief inverse　168
劣化予測
　deterioration forecasting　140

【ろ】

ロワの恒等式
　Roy's identity　11
論拠不十分の原理
　principle of insufficient reasons　123

【わ】

割引率
　discount rate　98
ワルラス均衡
　Walrasian equilibrium　46
ワルラス法則
　Walras' law　45

【英字】

CBR
　cost benefit ratio　101
CGE
　computable general equilibrium　173
Ｃ Ｖ
　compensating variation　81

CVM
　contingent valuation method　114
Ｅ Ｖ
　equivalent variation　81
Ｆ Ｃ
　fixed cost　29
GDP
　gross domestic product　142

IRR
　internal rate of return　101
LAC
　long run average cost　31
LMC
　long run marginal cost　31
MRS
　marginal rate of substitution　9

NPV
　net present value　*100*

SAC
　short run average cost　*30*

SAFC
　short run average fixed cost　*29*

SAVC
　short run average variable cost　*29*

SCGE
　spatial computable general equilibrium　*178*

SMC
　short run marginal cost　*30*

SNA
　Systems of National Accounts, SNA　*152*

SVC
　short run variable cost　*29*

TCM
　travel cost method　*116*

X 非効率性
　x-inefficiency　*60*

【数字】

4 段階推定法
　four steps method　*110*

—— 著者略歴 ——

石倉智樹（いしくら　ともき）
【執筆担当章：1, 6～9, 11～13 章】
1997 年　東北大学工学部土木工学科卒業
1999 年　東北大学大学院情報科学研究科博士前期課程修了（人間社会情報科学専攻）
2002 年　東北大学大学院情報科学研究科博士後期課程単位取得退学（人間社会情報科学専攻）
2002 年　博士（情報科学）（東北大学）
2002 年　国土交通省国土技術政策総合研究所勤務
2008 年　東京大学特任講師
2010 年　東京大学特任准教授
2011 年　首都大学東京准教授
2020 年　東京都立大学准教授
　　　　　現在に至る

横松宗太（よこまつ　むねた）
【執筆担当章：2～5, 10, 14 章】
1997 年　京都大学工学部土木工学科卒業
1999 年　京都大学大学院工学研究科修士課程修了（土木工学専攻）
2001 年　京都大学大学院工学研究科博士後期課程中退（土木工学専攻）
2001 年　鳥取大学助手
2003 年　博士（工学）（京都大学）
2005 年　京都大学助教授
2007 年　京都大学准教授
　　　　　現在に至る

公共事業評価のための経済学
Economics of Infrastructure Project Evaluation
ⓒ Tomoki Ishikura, Muneta Yokomatsu 2013

2013年6月7日 初版第1刷発行
2021年2月10日 初版第3刷発行

検印省略	著　者	石　倉　智　樹
		横　松　宗　太
	発 行 者	株式会社　コロナ社
		代 表 者　牛 来 真 也
	印 刷 所	三 美 印 刷 株 式 会 社
	製 本 所	有限会社　愛千製本所

112-0011 東京都文京区千石4-46-10
発 行 所　株式会社　コ ロ ナ 社
CORONA PUBLISHING CO., LTD.
Tokyo Japan
振替 00140-8-14844・電話(03)3941-3131(代)
ホームページ https://www.coronasha.co.jp

ISBN 978-4-339-05640-2　C3351　Printed in Japan　　（中原）

〈出版者著作権管理機構　委託出版物〉
本書の無断複製は著作権法上での例外を除き禁じられています。複製される場合は，そのつど事前に，出版者著作権管理機構（電話 03-5244-5088, FAX 03-5244-5089, e-mail: info@jcopy.or.jp）の許諾を得てください。

本書のコピー，スキャン，デジタル化等の無断複製・転載は著作権法上での例外を除き禁じられています。購入者以外の第三者による本書の電子データ化及び電子書籍化は，いかなる場合も認めていません。
落丁・乱丁はお取替えいたします。

土木系 大学講義シリーズ

(各巻A5判，欠番は品切または未発行です)

- ■編集委員長　伊藤　學
- ■編集委員　青木徹彦・今井五郎・内山久雄・西谷隆亘
  　　　　　　榛沢芳雄・茂庭竹生・山﨑　淳

配本順				頁	本体
2.(4回)	土木応用数学	北田俊行著		236	2700円
3.(27回)	測量学	内山久雄著		206	2700円
4.(21回)	地盤地質学	今井・福江 足立 共著		186	2500円
5.(3回)	構造力学	青木徹彦著		340	3300円
6.(6回)	水理学	鮏川登著		256	2900円
7.(23回)	土質力学	日下部治著		280	3300円
8.(19回)	土木材料学(改訂版)	三浦尚著		224	2800円
11.(28回)	改訂鋼構造学(増補)	伊藤學著		258	3200円
13.(7回)	海岸工学	服部昌太郎著		244	2500円
14.(25回)	改訂上下水道工学	茂庭竹生著		240	2900円
15.(11回)	地盤工学	海野・垂水編著		250	2800円
17.(30回)	都市計画(四訂版)	新谷・髙橋 岸井・大沢 共著		196	2600円
18.(24回)	新版橋梁工学(増補)	泉・近藤共著		324	3800円
20.(9回)	エネルギー施設工学	狩野・石井共著		164	1800円
21.(15回)	建設マネジメント	馬場敬三著		230	2800円
22.(29回)	応用振動学(改訂版)	山田・米田共著		202	2700円

定価は本体価格+税です。
定価は変更されることがありますのでご了承下さい。

図書目録進呈◆

土木・環境系コアテキストシリーズ

(各巻A5判)

- ■編集委員長　日下部 治
- ■編集委員　小林 潔司・道奥 康治・山本 和夫・依田 照彦

	配本順			頁	本体
		共通・基礎科目分野			
A-1	(第9回)	土木・環境系の力学	斉木 功 著	208	2600円
A-2	(第10回)	土木・環境系の数学 ―数学の基礎から計算・情報への応用―	堀市 宗朗 村 強 共著	188	2400円
A-3	(第13回)	土木・環境系の国際人英語	井合 進 R. Scott Steedman 共著	206	2600円
A-4		土木・環境系の技術者倫理	藤原 章 木村 定雄 共著		
		土木材料・構造工学分野			
B-1	(第3回)	構　造　力　学	野村 卓史 著	240	3000円
B-2	(第19回)	土　木　材　料　学	中村 聖三 奥松 俊博 共著	192	2400円
B-3	(第7回)	コンクリート構造学	宇治 公隆 著	240	3000円
B-4	(第4回)	鋼　構　造　学（改訂版）	舘石 和雄 著	240	3000円
B-5		構　造　設　計　論	佐香 藤月 尚次智 共著		
		地盤工学分野			
C-1		応　用　地　質　学	谷 和夫 著		
C-2	(第6回)	地　盤　力　学	中野 正樹 著	192	2400円
C-3	(第2回)	地　盤　工　学	髙橋 章浩 著	222	2800円
C-4		環　境　地　盤　工　学	勝見 武 乾 徹 共著		
		水工・水理学分野			
D-1	(第11回)	水　　理　　学	竹原 幸生 著	204	2600円
D-2	(第5回)	水　　文　　学	風間 聡 著	176	2200円
D-3	(第18回)	河　　川　　工　　学	竹林 洋史 著	200	2500円
D-4	(第14回)	沿　岸　域　工　学	川崎 浩司 著	218	2800円
		土木計画学・交通工学分野			
E-1	(第17回)	土　木　計　画　学	奥村 誠 著	204	2600円
E-2	(第20回)	都　市・地　域　計　画　学	谷下 雅義 著	236	2700円
E-3	(第12回)	交　通　計　画	金子 雄一郎 著	238	3000円
E-4		景　観　工　学	川﨑 雅史 久保田 善明 共著		
E-5	(第16回)	空　間　情　報　学	須﨑 純一 畑山 満則 共著	236	3000円
E-6	(第1回)	プロジェクトマネジメント	大津 宏康 著	186	2400円
E-7	(第15回)	公共事業評価のための経済学	石倉 智樹 横松 宗太 共著	238	2900円
		環境システム分野			
F-1		水　環　境　工　学	長岡 裕 著		
F-2	(第8回)	大　気　環　境　工　学	川上 智規 著	188	2400円
F-3		環　境　生　態　学	西田 修三 山村 寛典 共著		
F-4		廃　棄　物　管　理　学	中山 裕文 中島 岡山 隆行 共著		
F-5		環　境　法　政　策　学	織 朱實 著		

定価は本体価格+税です。
定価は変更されることがありますのでご了承下さい。

図書目録進呈◆